Umberta Telfener

Hilfe, ich liebe einen Narzissten

Überlebensstrategien für alle Betroffenen

Aus dem Italienischen von
Elisabeth Liebl

Die italienische Originalausgabe erschien 2006 unter dem Titel
»Ho sposato un narciso. Manuale di sopravvivenza per donne innamorate«
bei Castelvecchi Editore srl, Italien, Rom.

Das FSC-zertifizierte Papier für dieses Buch
Munken Premium Cream liefert
Arctic Paper Munkedals AB, Schweden.

1. Auflage
Deutsche Erstausgabe
© 2009 der deutschsprachigen Ausgabe
Arkana, München
in der Verlagsgruppe Random House GmbH
© 2006 der Originalausgabe Alberto Castelvecchi Editore srl
Lektorat: Ralf Lay
Satz: Greiner & Reichel, Köln
Druck und Bindung: GGP Media Gmbh, Pößneck
Printed in Germany
ISBN 978-3-442-33846-7

www.arkana-verlag.de

Inhalt

Einführung   9

Der Mythos   21

Spieglein, Spieglein an der Wand: Wer ist Narziss?   25
Einen Gang hochschalten   25
Die Sucht zu gefallen   27
Da ist diese Leere in der Brust   29
Pflichtgefühl und Herausforderung
   sind seine Themen   37
Der Narzisst funktioniert wunderbar,
   wenn's um Machtspielchen oder Krisen geht   39
Zwei Typen von Narzissten   41
Die unbewusste Annahme der eigenen Schwäche
   und mangelnden Liebenswürdigkeit   48
Die Verteidigung der Unabhängigkeit   52
Wechselhaftigkeit   55
Komplizenschaft statt Nähe   58
Die absolute Zeit   63
Selbstbezogenheit   68
Das alltägliche Drama: Verletzen und bereuen   71

Gefährliche Liebschaften: Narziss und
   Bindungsfähigkeit   75
Bindungsfähigkeit   75
Mögliche Beziehungen   83

Welche Partnerin gewünscht wird	89
Tendenz zur Idealisierung	94
Das Bedürfnis nach Verschmelzung	96
Die Enttäuschung lauert immer und überall	101
Die Projektion des Selbst auf andere	104
Das goldene Zeitalter der Verliebtheit	107
Von der Verliebtheit zur Routine	111
Die Schwierigkeit, ein Leben zu zweit auf die Beine zu stellen	118
Eine Tür bleibt immer offen: Die Möglichkeit der Rückkehr	121

Das lange Goodbye: Der Narzisst und die Abwendung ... 125

Die Trennung	125
Die Angst, von Frauen abhängig zu sein	132
Immer und überall auf Abwehr	136
Ausgelöscht	138
Das Sperrfeuer der Kritik	140
Der »komplizierte« Streit	143
Dauernd ist Schluss: Pausen, Unterbrechungen, Unsicherheit in der Beziehung	147
Neue Begegnungen: Der Weg von einer Liebe zur nächsten	155
Mehrfachbeziehungen	158

Die Frauen des Narzissten ... 171

Der Anteil der Frauen	171
Warum er?	187
Wie man die Beziehung mit dem Narzissten aufrechterhält	193
Man will sie – um jeden Preis	199
»Ich bin, wie du mich haben willst«	202

Die häufige Eifersucht	203
Den Narzissten verlassen?	205
Warum man den Narzissten nicht vergisst	208

Das Paarspiel ... 213
Der Beziehungstanz ... 213
Der »Himmelskreis« ... 218
Der Teufelskreis ... 220
Sich selbst erfüllende Prophezeiungen ... 224
Nicht mit dir, nicht ohne dich ... 227
Der »gemeinschaftliche« Verrat ... 230
Das narzisstische Paar: Die Gefechte im Untergrund ... 233
Vertrauen? ... 238
Die schlimme Liebe ... 239

Fallen für die Partnerin ... 243
Was ist eine »Falle«? ... 243
Welche Fallen gibt es? ... 245
Wie man die Fallen umgeht: Positive Strategien ... 260

Überlebensstrategien ... 273
Bewahren Sie sich Ihren Freiraum ... 274
Machen Sie Ihren Wert nicht vom anderen abhängig ... 275
Machen Sie den Narzissten nicht zum Ungeheuer ... 276
Nehmen Sie ihn nicht zu ernst ... 278
Versuchen Sie nicht, ständig mit ihm zusammen zu sein ... 279
Schenken Sie ihm Lob und Bestätigung ... 280
Immer ein Quäntchen Unsicherheit lassen ... 281
Keine Opposition, keine Konfrontation ... 283
Streicheleinheiten ... 283

Vergessen Sie nicht, dass der Narzisst mit
  Nähe Probleme hat   285
Denken Sie daran, dass er gern provoziert   287
Schlagen Sie ihm Unternehmungen vor   288
Nähren Sie sein Ego   289
Geben Sie ihm nichts, was er nicht selbst
  verlangt hat   290
Nehmen Sie düstere Stimmungen nicht allzu ernst 291
Verlangen Sie keine Liebesbeweise   292

Die Narzisstin in uns   295
Die Narzisstin und die Liebe   308
Frau und Sex   334
Die Narzisstin und Kinder   336
Die Ursprungsfamilie   340
Wie man seinen narzisstischen Anteilen die
  Spitze nimmt   343
Zu guter Letzt   351

Und was nun?   355

Anhang   359
Kurz gesagt   359
Der Narzisst in der Literatur   360
Der Narzisst auf der Leinwand   363
Bibliographie   368
Anmerkungen   369

Einführung

Ich habe dieses Buch aus den verschiedensten Gründen in Angriff genommen. Zum einen, weil ich in meiner Praxis als Psychotherapeutin und in meinem persönlichen Umfeld immer wieder auf narzisstisch veranlagte Menschen gestoßen bin.[1] Mit einigen habe ich therapeutisch gearbeitet – und mit anderen äußerst anregende und konfliktgeladene persönliche Beziehungen geführt, die zwar kompliziert, aber nie banal waren.

Zum anderen, weil der Begriff »Narzisst« mittlerweile in aller Munde ist. Der Narzissmus ist zunächst einmal ein gesunder Überlebensmechanismus. Des Weiteren kann er aber auch eine Persönlichkeitsstörung beschreiben, weil der Betroffene selbst schlecht behandelt worden ist und nun in der Folge mit anderen ähnlich umspringt. Es handelt sich dabei um den Begriff für einen Persönlichkeitstyp, welcher der Vielfalt und dem Facettenreichtum seines realen Gegenübers nicht gerecht wird.

Eines Tages las ich in einer Frauenzeitschrift den Beitrag eines bekannten Sexualwissenschaftlers, der den Frauen zum Vorwurf machte, sie verliebten sich vorzugsweise in Männer aus einer der drei folgenden Kategorien: Depressive, Alkoholiker und Narzissten.[2] Dieser Artikel konnte meine Zustimmung nicht finden, denn er schert die Typen mehr oder weniger über einen Kamm und übersieht ein wichtiges Faktum; denn der Narzisst zeichnet sich durch bestimmte Merkmale aus, die ihn von den anderen beiden wesentlich unterscheiden: Er ist viel interessanter, vielleicht auch gefährlicher, aber ganz sicher weitaus faszinierender als der niedergeschlagene oder suchtkranke Mann. Narzissten sind, wie wir noch sehen werden, hochintelligent, geradezu brillant. Sie können einfach immer noch einen Gang zulegen. Oder – wie einer meiner Freunde es ausdrückte –: »Egal, auf welchen Knopf man drückt, wo sie sind, da spielt die Musik.«

Sie werden feststellen, dass ich den Narzissten durchaus kritisiere. Doch an bestimmten Punkten sehen Sie mich auch von seinen Gaben überwältigt. In jedem Fall sind Narzissten außergewöhnlich. Ich kann mich auch noch deutlicher ausdrücken: Ich finde narzisstische Männer absolut phantastisch. Sie faszinieren mich, selbst wenn es letztlich unmöglich ist, den Zwiespalt zu übersehen, in den sie andere immer wieder bringen.

Der dritte Grund aber, aus dem ich dieses Buch geschrieben habe, ist, dass dieser Typus Mann tatsächlich jede Menge Unheil anrichtet. Er verhält sich verletzend. Und selbst wenn keine Absicht dahintersteckt, so ist er doch Gift für das Selbstbewusstsein jeder gesunden Frau. Eine Freundin erzählte mir einmal, ihr Partner höre ihr so zerstreut und ungeduldig zu, dass sie irgendwann angefangen habe, schnell zu sprechen und nur das Wesentliche zu sagen, auch wenn sie sich mit ganz anderen Leuten unterhalte. Bei wieder anderen Paaren kommt es regelrecht zu Formen seelischer Gewalt.[3] Einige Frauen allerdings durchschauen die Verhaltensweisen ihres Partners und können, zumindest partiell, damit umgehen, wenn sie erst einmal verstanden haben, worum es geht. Kennt man sie, werden Narzissten nämlich ziemlich durchschaubar: Sie richten dann weniger Schaden an, verursachen weniger Leid.

Zuallererst müssen wir akzeptieren, wie bzw. was sie sind – vor Publikum autonom und brillant, zu Hause aber rachsüchtig und passiv –, um uns dann klar abzugrenzen, ihre Schuldzuweisungen nicht mehr zu akzeptieren und uns nicht mehr verletzen zu lassen. Also wissen, wie man sie nehmen muss. Und dann die richtige Dosis aus Ironie und Bewunderung anwenden. All das sind Strategien, die uns helfen, den Teufelskreis zu durchbrechen, in dem die Interaktion mit narzisstischen Partnern sich so häufig verfängt. Dann können wir auch wieder ihren Schwung, ihre Sensibilität und ihre Energie schätzen. Verstehen Sie mich bitte nicht falsch: Ich glaube keineswegs, dass an Beziehungsschwierigkeiten nur einer der Partner »Schuld« hat. Wie wir sehen werden, tragen beide Partner mit ihren Verhaltensweisen, die meist mit der Präzision eines Uhrwerks ineinandergreifen, zu diesen Schwierigkeiten bei, die sich dann als durchaus schmerzhaft erweisen.

Einige Persönlichkeitsaspekte, die ich Ihnen vorstellen werde, treffen auf alle Männer zu; und das ist ja eine erkleckliche Anzahl! Andere wiederum sind typisch für den Narzissten – sie bilden sozusagen ein »erkennungsdienstliches Merkmal«. Die im Folgenden beschriebenen Charakterzüge decken das ganze Spektrum von der neurotischen Ausprägung bis hin zum normalen Alltagsverhalten ab.[4] Damit allerdings ist nur eines gesagt: dass der Narzisst sich verhält wie andere Männer auch. Er ist gut, böse, großzügig, geizig ... Und doch besitzt er einige Wesenszüge, die sich besonders in Krisenzeiten oder unter emotionaler Belastung bemerkbar machen, unter Stress beispielsweise, in konfliktgeladenen, aber auch in von der Routine nahezu erstickten Beziehungen.

Was den Narzissten vom »Normalmann« unterscheidet, sind seine übermäßige Empfindsamkeit und seine ausgeprägte Emotionalität: Seine Gefühlswelt schlägt in kürzester Zeit vom absoluten Wohlbefinden zur verzweifelten Sehnsucht nach Flucht um, weil er Angst hat, sich zu verlieren oder sich dem Partner als Opfer auszuliefern. Hier entsteht dann das Bedürfnis des Narzissten, den anderen auf Distanz zu halten oder auf die Probe zu stellen.

Ein weiterer charakteristischer Aspekt ist es, dass der Narzisst die Tendenz aufweist, die eigene Bedeutung – also jene Dimension, in der das Individuum sich selbst vollkommen zum Ausdruck bringt – in einer Zweierbeziehung zu suchen, die von Emotion, Pathos und Sexualität geprägt ist. Die Zweierbeziehung aber ist es, die dem Narzissten das höchste Maß an persönlicher Befriedigung verschafft.[5] Wie bei den »normalen« Männern finden sich auch unter den Narzissten nette und bezaubernde, unsympathische und gefühllose. Alle jedoch sind außergewöhnlich intelligent.

Um die Wahrheit zu sagen, war ich mir meiner Sache gar nicht so sicher, bevor ich zu schreiben begann: Einen Menschen auf einige seiner Charakterzüge zu reduzieren schien mir doch, bestimmte Vorurteile allzu sehr zu bedienen. Außerdem wollte ich Narziss nicht in den Käfig enger Definitionen sperren. Ich wollte nicht in die Falle tappen, in die meiner Meinung nach so viele Autoren gehen: Geschichten zu erzählen, welche die Gegenwart mit Hilfe der Vergangenheit rechtfertigen; eine allumfassende Theorie vorzustellen, die letztlich gar nichts erklärt. Ich wollte keine »intuitiven« Erklärungsmodelle aufstellen, wonach im Spermium bereits der Embryo sichtbar ist, oder fixe Vorstellungen präsentieren, die Verhaltensmuster in Beton gießen, die in Wirklichkeit offen und in ständiger Veränderung begriffen sind. Ich hatte Bedenken, das unendlich Schöpferische des menschlichen Verhaltens in banale, fest zementierte Schablonen zu pressen. Doch die schiere Vielzahl der Geschichten, die ich von anderen Frauen gehört habe, sowie meine ganz persönlichen Erfahrungen – die sich meist wiederholten und so vorhersehbar waren wie die vieler meiner Geschlechtsgenossinnen – haben mich letztlich von der Notwendigkeit überzeugt, das, was ich vom Narzissten begriffen habe, anderen zur Verfügung zu stellen. Ich denke, man sollte sich tunlichst vor Standarderklärungen hüten, die scheinbar für alles passen. Stattdessen werde ich Ihnen Beobachtungen, Bilder und Szenen aus dem Alltag schildern, die Ihnen Gelegenheit geben, sich über die individuellen Charakterzüge der beteiligten Personen den einen oder anderen Gedanken zu machen.

Bleibt sich der Narzisst über die Jahre hinweg immer gleich? Veränderungen sind eine Herausforderung, der wir alle uns stellen können. Narzisstische Männer allerdings sehen Veränderung meist als Vernichtung statt als mögliche Prüfung. Doch die Arbeit am eigenen Charakter steht uns allen offen. Meist kommt es zu Veränderungen ja erst nach Krisen oder anderen bedeutsamen Einschnitten im Leben. Nicht alles ist Karma. Nicht alles geschieht unter dem Signum eines unveränderlichen Geschicks: Im Prozess des Wachstums können Menschen sich entwickeln, Bewusstheit schaffen, sich an ihre Lebensumstände anpassen und ihre Neurosen abbauen. Das ist das Schöne daran.

Der Narzissmus in der Psychologie ist definiert als »Konzentration der Interessen der Psyche auf das Ich«. Es

14 · *Einführung*

gibt einen primären Narzissmus,[6] der ganz »natürlich« ist, eine unvermeidliche Phase im Entwicklungsprozess, in der das Kind lernt, die eigene libidinöse Energie[7] auf sich und nicht auf äußere Objekte zu konzentrieren. Auf diese Weise schafft es sich ein einheitliches Körperbild und erhält so eine erste Vorstellung von seinem Ich im Gegensatz zu der Person, die für die Erfüllung seiner primären Bedürfnisse zuständig ist.[8] Doch es gibt auch eine narzisstische Persönlichkeitsstörung (sekundärer Narzissmus), bei welcher der Betroffene im Verlangen nach einer ursprünglichen Erfahrung sich nur auf sich selbst bezieht – im Grunde also eine Verlängerung der fötalen Erfahrung ins Grenzenlose, wo dies die einzige dem Individuum zugängliche Form des Wohlbefindens war. In solchen Menschen bleibt ein verzweifeltes Verlangen nach Erfüllung der eigenen Bedürfnisse zurück: Das Gegenüber riskiert, vom Narzissten nicht als unabhängiges Wesen wahrgenommen zu werden, sondern als Teil des eigenen, narzisstischen Selbst. Doch dazu später mehr.

»Aber was soll denn das für ein Mann sein, wenn er nicht narzisstisch ist? Gar kein Mann ist das. Der Mann muss immer auch Star sein«, sagte mir einst eine Frau, die sich von einem besonders destruktiven und manipulativen Narzissten auf grausame Weise hatte ausbeuten lassen, ohne es zu merken. Auch für mich ist der Narzisst wie gesagt ein faszinierender Typ, sogar weit faszinierender als der Großteil seiner Geschlechtsgenossen, doch er benimmt sich so, als wäre er der Beherrscher der Welt. Gleichzeitig aber – und das mag merkwürdig erscheinen – läuft er stets Gefahr, gar nicht zu existieren. Und beides ist ihm nicht bewusst. Ebendiese mangelnde Bewusstheit sowohl seiner Stärke als auch seiner Schwäche (die zur selben Zeit ausagiert werden) wird – wie wir sehen werden – zur Quelle zahlloser Probleme, die nicht nur ihm, sondern auch seinem Umfeld zu schaffen machen.

Warum aber spreche ich, wenn es um narzisstische Persönlichkeitstypen geht, nur von Männern? Auch Frauen sind so veranlagt. Sie können ebenfalls egozentrisch sein. Frauen aber haben ihren Narzissmus gewöhnlich gut integriert. Das mag an der andersgearteten Erziehung liegen, aber auch daran, dass sie lernen, sich selbst und andere zu lieben und dadurch die Kluft zwischen dem idealen und dem realen Selbst zu verringern. Die typischen Charaktermerkmale des Narzissten decken sich vollkommen mit dem kulturellen Idealbild des westlichen Mannes:[9] Das »persönliche Epos«, um einen Jung'schen Begriff aufzugreifen, wird diktiert von der eigenen Stellung innerhalb der Gesellschaft. Für Männer sind – mehr als für Frauen – Arbeit, Karriere und Erfolg Indikatoren ihrer Sicherheit und ihrer persönlichen Befriedigung. Aus diesem Grund sehen sie wenig Anlass, ihre Charakterzüge, wie sie sich in bedeutsamen Bindungen zeigen, zu verändern, und werden im Allgemeinen akzeptiert, wie sie sind. Der Charakter der Frauen hingegen wird geprägt durch die Tatsache, dass sie ein stärkeres Bedürfnis nach emotionaler Bindung haben und aus historischen wie soziokulturellen Gründen jahrhundertelang auf die Hinwendung zum anderen getrimmt wurden und daher mehr soziale Flexibilität (da weniger soziale Macht?) mitbringen. Andererseits auch durch die Tatsache, dass sie in Beziehungen eher nach Konfrontation als nach Bestätigung suchen. Frauen ändern einige ihrer Charakterzüge, weil sie Beziehungen im Allgemeinen sehr viel mehr Aufmerksamkeit widmen und ein kulturell stärkeres Bedürfnis danach haben.

Wir leben also in einer Gesellschaft, die eindeutig vom Narzissmus geprägt ist, von einer konsumistischen Haltung dem Leben gegenüber, und die ausgerichtet ist auf unmittelbare Bedürfnisbefriedigung sowie auf die Ausbeutung anderer: Persönliches Wohlbefinden, sofortige Befriedigung und die Privatsphäre stehen im Vordergrund – lauter Elemente, die wenig mit sozialen und kollektiven Themen zu tun haben.[10] Wir alle sind uns dieser Tatsache bewusst, sind wir doch mittlerweile zur Genüge mit ihren gravierenden Folgen konfrontiert.

Es war nicht leicht, dieses Survival-Kit für die Partnerin des Narzissten zu schreiben – sowohl für die, welche bei ihm bleiben, als auch für jene, die sich von ihm trennen möchte. Ich wollte es vermeiden, die ganze Aufmerksamkeit auf eine der beteiligten Personen zu lenken, als sei diese unabhängig von ihrem Umfeld. Ganz sicher bin ich nicht so naiv zu glauben, was in einer Paarbeziehung geschieht, werde nur von einem Menschen bestimmt. Sagt nicht schon eine vielbemühte Volksweisheit, dass zum Streiten immer zwei gehören?

Als ich meinen Freundinnen und Kolleginnen erzählte, dass ich ein Buch über diesen »tollen«, aber immer recht schwierigen Typus schreiben wolle, fiel unweigerlich der Satz: »Also, da kann ich dir eine Geschichte erzählen!« Gefolgt von »... meine Partner waren wohl alle narzisstisch«. Erst da wurde mir klar, wie verbreitet der Narzisst in der Welt ist.

Viele meiner Patientinnen kommen in die Praxis, um mit mir über ihre schwierigen Beziehungen zu narzisstischen Männern zu sprechen. Einige haben mir erlaubt, Ihnen ihre Geschichte zu erzählen. Aber auch meine männlichen Patienten, die mir halfen, ihre Lebensweise zu verstehen, hatten nichts dagegen, dass ich ihre Probleme hier vor Ihnen ausbreite. Natürlich habe ich einige, für das Verständnis unwichtige Details verändert, um die Persönlichkeitsrechte zu wahren.

Jeder meiner Patienten hat den Abschnitt gelesen, in dem es um ihn oder sie geht. Einige sind immer noch mit ihren narzisstischen Partnern zusammen, andere Beziehungen haben mittlerweile ein Ende gefunden. Ich wünsche mir, dass dieses Buch jenen Frauen hilft, die mit ihrem Narziss zusammenbleiben wollen, damit sie dies mit mehr Bewusstheit tun können. Aber auch jenen, denen die Trennung nicht leichtfiel, die – wie es so häufig der Fall ist – immer noch an ihren Erinnerungen an diesen Menschen hängen und fürchterlich leiden.

Natürlich musste ich mich beim Schreiben organisieren. Das hat mir geholfen, diese besondere Art von Mann besser zu verstehen. Außerdem ist daraus ein Frauennetzwerk entstanden, in dem wir gemeinsam lachen können und das Gute an unseren Liebesgeschichten sehen lernen, um uns von den Fehlern oder vom Scheitern nicht erdrücken zu lassen. Denn Humor ist immer noch die beste Medizin für jede Art der Beziehung: Dies gilt umso mehr, wenn wir mit einem echten Narzissten liiert sind.

Ich hoffe, dass »die Narzissten« mir dieses Porträt verzeihen ... Ich weiß, dass ich ihre Verhaltensweisen extrem vereinfacht, ihre vielen Tugenden nicht einmal ansatzweise richtig gezeichnet und ihren Charme nicht ausreichend gewürdigt habe. Mit einem Wort: Ich bin ihnen nicht gerecht geworden. Der Narzisst ist ein »toller Typ«, weil er genial ist, intelligent, sympathisch und sich so viel Mühe gibt, all seine möglichen Bewunderinnen zu erobern. Andererseits: Wie viele Möglichkeiten, sich ein gutes Leben zu schaffen, verlieren Narzissten doch so nebenbei! Wissenschaftlich werden ihre guten Momente wie folgt beschrieben: Ihre Themen sind »Grandiosität, Unabhängigkeit, Überlegenheit, Einzigartigkeit, das Sichhervorheben aus einer Gruppe oder das Gefühl, zu einer idealen, nicht selten eingebildeten Gemeinschaft zu gehören. Ihre Gefühlswelt besteht aus: Kälte, Distanz, Euphorie, Empfindung von Kraft und hoher Effizienz. Ihren Körper nehmen sie als kraftvoll und vital wahr, auch wenn sie somatischen Empfindungen keine Aufmerksamkeit widmen.«[11] Aus ebendiesen und vielen anderen Gründen finden wir sie anziehend und lassen uns von ihnen erobern.

Ich möchte Ihnen hier einige Menschen vorstellen, die als Single oder als Paar in der Therapie ihre Geschichte mit mir geteilt haben, und die einzelnen typischen Aspekte vertiefen, die dabei ans Licht treten. In einigen Fällen erzählen die Betroffenen selbst, in anderen lesen wir Briefe oder E-Mails, die die Beteiligten einander geschrieben haben (wie gesagt natürlich alles mit ihrem Einverständnis). Andere Beziehungen und Menschen hingegen stelle ich nur kurz vor. Doch der Narzisst soll nicht allein in Geschichten aus dem wirklichen Leben aufscheinen. Mitunter nehmen wir auch Anleihen in der großen Literatur, in der ganz phantastische Narzissten zum Leben erweckt werden. Geschieht es doch nicht selten, dass der Roman plastischer als das Sachbuch die tieferen Schichten einer Persönlichkeit darzustellen und ihre Quintessenz zu symbolisieren vermag.

Eines noch: Immer wenn sozusagen »aus dem prallen Leben« berichtet wird, signalisiert dies die Überschrift »Wie das Leben so spielt«. Kommen derartige Äußerungen im laufenden Text vor, sind sie durch Anführungszeichen gekennzeichnet. Die Geschichten, die von den

Patienten in einer Therapiesitzung erzählt wurden, tragen die Überschrift »Nachrichten von der Couch« und »Direktaufnahme«. Die Korrespondenz der Paare ist durch die Überschrift »Das Leben zu zweit in E-Mails und Briefen« gekennzeichnet.

Doch bevor es losgeht, möchte ich Ihnen kurz noch folgende Hinweise mit auf den Weg geben. Es kommt immer wieder vor, dass wir es mit einem waschechten Narzissten zu tun und uns gleichsam im Netz seiner Verführungstaktiken verfangen haben, ohne dass wir dies sofort bemerken, wir uns dessen nicht bewusst sind. Wie also erkennt man einen Narzissten? Nun, Sie sollten sofort Verdacht schöpfen, wenn jemand Sie ständig mit Anklagen überhäuft, ohne auch nur einen Funken Verantwortung für das Geschehen zu übernehmen. Oder wenn Sie mit einem Mann im Auto unterwegs sind und die Scheiben beschlagen, der Herr auch sofort das Taschentuch zückt, um diesen ärgerlichen Zustand zu beheben. Wenn Sie dann da sitzen und mit offenem Mund zusehen, wie er das Fenster nur auf seiner Seite putzt, dann ... Werden Sie misstrauisch, wenn ein Mann Sie an einem Tag auf Händen trägt und Ihnen das Gefühl gibt, eine wahre Königin zu sein, am nächsten Tag aber Ihre Gegenwart überhaupt nicht mehr wahrzunehmen scheint oder Sie gar mit harscher Kritik bedenkt. Passen Sie auf, wenn Sie mit einem Mann durch die Straßen gehen, der immer ein paar Schritte schneller ist als Sie. Wenn er zu allem, was Sie vorschlagen mögen, zunächst einmal nein sagt, nur weil die Idee nicht von ihm kommt.

Doch es gibt nicht nur negative Erkennungszeichen! Schöpfen Sie vor allem dann Verdacht, wenn ein Mann einfach in jeder Hinsicht zu viel zu sein scheint: zu sympathisch, zu galant, zu intelligent, zu geistvoll ...

Der Mythos

Die erste vollständige Version des Mythos von Narziss findet sich in den *Metamorphosen* des Ovid (Buch III, V, 339–510).[1] Zu Beginn der Erzählung steht die Geschichte der wunderschönen Nymphe Liriope, die schwanger wird, weil sie im Fluss Cephisus badet. Sie bringt ein Kind zur Welt, das, kaum geboren, schon »Liebe verdient«: Narziss.

Die Nymphe geht mit ihm zum Seher Teiresias und bittet ihn um Auskunft im Hinblick auf sein Schicksal. Dieser antwortet, der Junge werde sich eines langen und guten Lebens erfreuen, wenn er »sich fremd« bleibe. Die Prophezeiung bezieht sich also auf einen Mangel an Bewusstheit als Garantie für ein langes Leben. Genau diese innere Einstellung werden wir später im Psychogramm des Narzissten wiederfinden.

Im Mythos begegnet uns Narziss selbst als Sechzehnjähriger, ganz entschieden hochmütig und ständig auf der Flucht vor Frauen (unter anderem der Nymphe Echo) und auch Männern, die ihn lieben und vor Sehnsucht nach ihm schmachten. Narziss flieht, er gibt sich nicht hin, sondern zeigt sich allen gleich: unberührbar, vielleicht aus Hochmut, vielleicht aber auch aus Angst, einen anderen Menschen zu brauchen.

Der Mythos jedoch vereint Narziss und die Nymphe Echo, eine seiner Anbeterinnen: Sie begegnet ihm und entbrennt in Liebe zu dem Knaben. (Warum ausgerechnet zu ihm? Weil er sehr schön, doch mehr deswegen, weil er ihr ähnlich ist: auf den ersten Blick unabhängig, aber letztendlich nur durch den anderen existierend.) Sie begehrt ihn und verfolgt ihn: »Ach, sie wollte so oft mit schmeichelnden Reden ihm nahen, weich liebkosend ihn bitten.« Doch Juno, die Gattin des Zeus, hat Echo eine harte Strafe auferlegt. Sie kann nicht sprechen, sondern darf nur die letzten Worte eines anderen wiederholen.

Eines Tages sieht Echo Narziss von weitem bei der Jagd und verzehrt sich vor Kummer darüber, dass sie nicht zu ihm sprechen kann. Der Jüngling, der seine Jagdgenossen sucht, ruft: »Ist jemand zugegen?« – »Zugegen«, antwortet Echo, und der erstaunte Narziss blickt sich um. »So komm!«, ruft er. »Komm!«, tönt es zurück. »Warum denn meidest du mich?« Und: »Warum denn meidest du mich?« Da ruft er aufgebracht: »Wir wollen hier uns vereinigen!« – »Uns vereinigen«, wiederholt Echo entzückt und springt aus ihrem Versteck, um ihn zu umarmen. Schrecklich, diese Echo, nicht wahr? So wenig Autonomie! Ganz beschränkt darauf, ständig die Worte des Gefährten zu wiederholen: Sie braucht jemand anderen, um überhaupt in Erscheinung treten zu können, einen Menschen, der Worte sagt, die ihr erlauben, einen Dialog zu entspinnen und sich lebendig zu fühlen.

Narziss flieht vor ihr und scheucht sie weg: »Fort! Eher würde ich sterben. Du meinst, dir würde ich mich schenken?« Die verschmähte Nymphe versteckt sich im dichten Wald, doch die Liebe brennt heiß in ihr, heißer noch als vorher, weil nun darin der Schmerz der Zurückweisung lodert. Und so streift Echo durch die einsamen Täler, seufzend vor Liebe und Leid, bis von ihr nur noch die Stimme übrig ist. Sie leidet und verbirgt sich, ihr Körper verkümmert im Schmerz. Doch ist sie nicht die einzige Verschmähte. Einer von ihnen fleht am Ende zum Himmel: Möge doch Narziss sich verlieben, ohne je den geliebten »Gegenstand« zu besitzen. Die liebende Echo aber wird es sein, die schließlich die letzten Worte des Schönsten wiederholt: »Wehe!« Darin schwingt die ganze Trauer um die fehlgeschlagene Begegnung, um das mit, was ihrer beider Liebe hätte sein können.

Narziss aber erscheint auf den ersten Blick völlig autark: Er braucht offenbar niemand anderen, ja, wird sich der anderen nicht einmal bewusst. Wenn er es aber tut, dann enttäuscht er sie unvermeidlich. Nemesis ist es, die Rachegöttin, die ihn letztlich bestraft, weil zu viele Menschen seinetwegen gelitten haben. Er verliebt sich in sich selbst, was bedeutet, dass er für immer liebt, ohne selbst geliebt zu werden, ohne Anerkennung von anderer Seite. Eines Tages nähert er sich einer verzauberten Quelle, über die er sich beugt, um seinen Durst zu stillen. Dabei verliebt er sich in sein Spiegelbild. »Ergriffen liebt er einen körperlosen Schemen: Was Wasser ist, hält er für Körper.«

Narziss verharrt verzaubert vom eigenen Spiegelbild: »Sich begehrt er, der Tor, der Liebende ist der Geliebte und der Ersehnte der Sehnende, Zunder zugleich und Entflammter.« Er wird zum Gefangenen seiner selbst, in eine symbiotische Beziehung zum eigenen Bild, zur eigenen Projektion gebannt. Gerade er, der im Dialog seine inneren Spannungen ausleben möchte, seine Hoffnungen und Ängste, sein Bewusstsein seiner selbst, er, der sich in der Liebesbeziehung besser kennenlernen und das Leben mit einem anderen teilen möchte, wird gewahr, dass dieser andere nicht existiert, dass er nur sein eigenes Bild auf der Wasseroberfläche sieht. Seine leidenschaftliche Liebe ist also wieder nichts weiter als

Projektion, ein leeres, beziehungsloses Sichwiderspiegeln.

»Weder der Hunger noch Ruhebedürfnis vermag von der Stelle ihn zu vertreiben.« Und Narziss klagt, weil sein Geliebter sich ihm nicht zuwendet: »Er selbst wünscht meine Umarmung. Denn sooft ich zum Kuss nach dem klaren Gewässer mich neige, gleich oft strebt er mir zu mit empor sich wendendem Munde [...] Die Liebenden trennt nur ein Kleines.« Diese Ungreifbarkeit ist es, die Narziss traurig werden, ja, verzweifeln lässt. Gleichzeitig aber zieht er daraus tiefste Befriedigung, denn nun weiß er, dass er keine Kompromisse mit anderen Menschen einzugehen braucht. Er wird sich selbst nicht verraten. Er bleibt »unberührt«. Weil er sein Leiden beenden will, entscheidet er sich für den Tod: »Schwer ist der Tod mir nicht, er wird vom Leiden mich erlösen.« In einigen Versionen beendet der schöne Jüngling sein Leben durch das Schwert, in anderen wird er »allmählich verbrannt vom verborgenen Feuer«, oder er ertrinkt: »Der Tod schloss ihm die Augen, die so die eigene Schönheit bestaunten.« Sein Körper entschwindet, an seine Stelle tritt eine Blume, die Narzisse: »krokusfarben, den Kelch von weißen Blättern umschlossen«.

Den einen oder anderen wird es wahrscheinlich trösten, dass Ovid seinen Helden »zur Wohnung der Toten« gelangen lässt. Dort bewundert er weiterhin sein Bild in den Wassern des Styx.

Spieglein, Spieglein an der Wand: Wer ist Narziss?

Einen Gang hochschalten

> »Er hat alle Schätze der Welt und
> ist doch unfähig, sie zu besitzen.«
> *Johann Wolfgang von Goethe*

Charismatisch, beredsam, ein echter *encantador* eben, »mein Märchenprinz«. Der narzisstische Mann zeigt sich gern von seiner brillanten Seite. Er liebt es, gleichsam vorn am Pult zu stehen und eine große Zuhörerschar um sich zu versammeln. In all seiner Selbstsicherheit verträgt man ihn letztlich nur in kleinen Dosen. Er ist amüsant, meist unkonventionell und kein bisschen banal: Auf ihn richten sich bei jeder Party alle Augen. Er fällt mit absoluter Sicherheit auf. Die Frauen an seiner Seite fühlen sich wahrgenommen und umworben, sind sich seiner Liebe jedoch nie ganz sicher. Er muss im Mittelpunkt der Aufmerksamkeit stehen (»Ich muss mich immer geliebt und geschätzt fühlen«) und braucht ständig Bestätigung. Er ist der Phönix, der in jeder Sekunde aus der Asche aufsteigen kann. Er ist der Nabel der Welt, etwas Besonderes einfach. Dabei sucht er nach starken, dauerhaften Emotionen, die für ihn lebensnotwendig sind.

Mit einem Narzissten langweilen Sie sich nie: Er wirkt als Mensch sehr anziehend und immer hochintelligent.

Auf der Beziehungsebene allerdings ist er eine echte Herausforderung. Denn er funktioniert vor allem in der Krise. Wenn er sich langweilt, geht er ein wie ein Primelchen. Das Schlimmste ist, wenn es ihm an Anregungen fehlt (»Ich brauche Futter für meinen Kopf«, »Ich lebe von Emotionen und Empfindungen«). Der Narzisst sieht das Leben von seiner ästhetischen Seite. (»Nur intelligente Unterhaltungen interessieren mich.« Oder: »Ich brauche Poesie im Leben.«) Er hat vor nichts und niemandem Respekt, daher erträgt er auch keinerlei Beschränkung. Er fühlt sich nur lebendig, wenn er frei ist und seine Bedürfnisse erfüllt werden. Immer scheint er mit einem Fuß im Himmel zu stehen, mit dem anderen über dem Abgrund zu schweben. Geht es ihm gut, fühlt er sich voller Energie und kann annehmen, was das Leben ihm schenkt. Doch wehe, es geht ihm schlecht, dann wird er sprunghaft und unberechenbar, dann lässt er sein vermeintliches Leiden nicht nur an sich, sondern auch an seiner Umgebung aus. Irgendwie scheint ihn die Sehnsucht nach dem Absoluten anzutreiben: Das ist es, wonach er sucht und was er schmerzlich vermisst, wenn er es verloren zu haben meint. Dabei richtet der Narzisst seinen Blick von außen auf die Welt, als stünde er irgendwo am Rande und müsse zusehen.

Die Sucht zu gefallen

> »Jimmys großes Problem war, dass er den Menschen –
> mir und allen anderen – unbedingt gefallen wollte, und zwar so
> sehr, dass er seine eigenen Gedanken nicht mehr wahrnahm.
> Diese Taubheit machte ihn unberechenbar. Man konnte nicht
> wissen, wann er denn nun seine eigene Stimme finden würde.«
> *Ethan Hawke*, Aschermittwoch[1]

Wenn man einen Narzissten verstehen will, sind »Geltung« und »Wert« die zentralen Begriffe. Er fühlt sich »wertvoll«, wenn er von anderen anerkannt wird, aber auch wenn er das Gefühl hat, stark zu sein und alles unter Kontrolle zu haben. Dieses Gefühl zeigt sich als Bedürfnis zu gefallen – sich selbst und anderen. Aus diesem Grund ist der Narzisst trotz seines fast grenzenlosen Bedürfnisses nach Freiheit nur selten allein. Gewöhnlich wird er vom »Blick des anderen gleichsam aufgesogen«. Er braucht Freunde, die ihm treu ergeben sind, Schüler und Kollegen, die ihn bewundern, und eine oder mehrere Frauen an seiner Seite, die ihm als Spiegel dienen und sein Leuchten reflektieren. Die Frauen schenken ihm durch ihre Liebe Selbstsicherheit und Bestätigung. Daher lebt der Narzisst nicht selten in einer Paarbeziehung, auch wenn er nicht müde wird zu betonen, dass er seine Zukunft ohne Partnerin sieht oder, wenn schon, dann mit mehreren Frauen, auf keinen Fall aber in einer Zweierbeziehung. Bei Prahlereien in der Kneipe oder unter Kollegen tut er jedenfalls so, als wäre er allein auf der Welt. So versucht er, jeden Menschen, der auch nur ansatzweise seine Aufmerksamkeit verdient, auf seine Seite zu ziehen. Ob Männer oder Frauen, ist dabei nicht von

Belang: »Die Menschen widmen mir stets einen großen Teil ihrer Energie.«

Dass er Gefallen am Gefallen findet, ist für ihn wie eine Droge, das Gefühl, auf das er nicht verzichten kann: Ohne sich dessen bewusst zu sein, wird er einen Abend dann als Erfolg betrachten, wenn er irgendwie aufgefallen ist, wenn es ihm gelungen ist, andere durch seine Worte, Gesten, Argumente zu erstaunen und zu begeistern. Ein Abend, der gut verläuft, bietet dem Narzissten die Möglichkeit, tiefe Emotionen zu erleben oder in irgendeiner Form einen persönlichen Gewinn herauszuziehen. »Ich muss gefallen«, erklärte einer meiner Patienten einmal. »Die Leute müssen mir etwas abgewinnen können. Ich muss mich einzigartig fühlen, weil ich dem anderen das Gefühl vermittle, einzigartig und großartig zu sein. Ich brauche immer jemanden, der mich gut findet.« Etwas wert sein heißt für den Narzissten natürlich auch, dass er eine oder mehrere Frauen hat, dass er viele »haben« könnte und sich als Teil einer intensiven Beziehung fühlt, in der er viel Bewunderung und Lob erhält.

Da ist diese Leere in der Brust

»Seit kurzem hatte ich ein Problem, bei dem ich einfach nicht aufhören konnte zu weinen – oder besser zu heulen: [...] Ich hatte dieses Loch in meiner Brust, eine ungeheure Leere. Manchmal glaubte ich, ich bräuchte nur was zu essen [...] Oder ich trank fünf Kurze schnell hintereinander, um es auszuspülen oder aufzufüllen – aber egal, was ich tat, dieses trostlose Loch in meinem Brustkorb war immer noch da. Genau über meinem Magen und unter meinem Herzen. Wenn ich ganz still dasaß und lang und tief einatmete, konnte ich es packen oder anfassen – fast jedenfalls. Aber immer wenn ich das versuchte, bekam ich's mit der Angst zu tun, als ob irgendeine große Lüge da drin säße und nur darauf wartete aufzuplatzen. Verdammt, ich will mich nicht ändern, dachte ich. Ich will einfach nicht.«

Ethan Hawke, Aschermittwoch

Jimmy Heartsock, der Protagonist im Roman *Aschermittwoch*, ist eine Persönlichkeit, die die düsteren Züge des Narzissten verkörpert, seine Unruhe, sein *mal de vivre*, das ihn im Guten wie im Bösen begleitet: Diese Männer sind wie Kometen, strahlend und leicht entflammbar, doch im Innern tragen sie einen Kern aus Eis. Sie sind Menschen mit einer sehr komplexen und wenig integrierten Persönlichkeit. Auf der rationalen und kognitiven Ebene denken sie, alles unter Kontrolle zu haben, und wirken auch so – stabil, vital, reif, vor allem, wenn es um die beruflichen Aspekte ihres Lebens geht, wo sie häufig sehr erfolgreich sind. Auf emotionaler Ebene, besonders in Beziehungen, aber können sie sehr unreif und extrem verletzlich wirken. Wenn man näher mit ihnen in Berührung kommt, in der Familie beispielsweise, zeigt sich ihre Schwäche in Depressionen, Launenhaftigkeit,

Schweigen, mangelnder Energie oder umgekehrt in einem ständigen Verlangen nach Bestätigung und Beachtung. Sehr deutlich tritt dann ihre Unfähigkeit hervor, ein normales Leben zu führen, als wäre dies ein Laster oder eine Form der Oberflächlichkeit, derer man sich schämen müsse. Und so versuchen sie grundsätzlich, »vollkommen« zu sein. So sehen sie sich selbst, so fühlen sie sich am liebsten, und so werden sie häufig auch wahrgenommen.

In Wirklichkeit zeigt sich neben dem grandiosen Ich eine enorme emotionale Unsicherheit, die darin gründet, dass das Beziehungsleben immer schwierig erscheint, stets aus der Defensive heraus gelebt wird, als wären Narzissten ununterbrochen in Gefahr. Ebendiese tiefe Kluft, dieses mangelnde Gleichgewicht zwischen dem, wie sie sein können, und dem, und wie sie sich tatsächlich fühlen, lässt sie leiden und macht sie letztendlich auch »gefährlich«, weil sie kaum zu begreifen sind. Einerseits also zeigt der Narzisst sich selbst und den anderen sein potenzielles Sein, das im Idealen wurzelt und immer großartig zu sein hat – sein stärkstes Bedürfnis ist ein Selbstgefühl der Stärke –: Ihm ist alles möglich, alle Türen stehen ihm offen. Sein Leben und das Dasein derer, die es mit ihm teilen, scheinen stets einfach zu sein. Größe ist etwas, wonach er anscheinend nur die Hand ausstrecken muss.

Auf der anderen Seite aber steht der Ansturm der negativen Emotionen, der Narzissten quält und dem sie etwas entgegensetzen müssen. Im Alltag allerdings finden sie nicht immer die nötige Energie, um ihren eigenen Ansprüchen und denen der Umwelt zu genügen (die sie allerdings selbst ausgelöst haben): Unduldsamkeit, schlechte Laune, Angst, verletzt zu werden, das Gefühl der Gefährdung und der Enge sind Empfindungen, die sie stets begleiten.² Sie funktionieren nur, sofern sie diesen Teufelskreis durchbrechen können. Wenn man sie im Beruf nicht lobt, wenn sie kein ausgeprägtes positives Identitätsempfinden entwickeln können, scheitern sie gnadenlos. Dann werden die Menschen in ihrem Umfeld zu Sündenböcken umfunktioniert: Sie werden bestraft für die Probleme, die der Narzisst spürt, deren Ursache er jedoch nie bei sich selbst sucht. Lieber gibt er die Schuld jemand anderem. So als lebten diese Menschen auf zwei verschiedenen Ebenen: Da ist zum einen die Verheißung eines idealen, außergewöhnlichen Lebens voller phantastischer Dinge und Ereignisse, das sich vor ihren Augen abzuzeichnen scheint. Und zum anderen eine beschränkte Wirklichkeit, in der diese Verheißungen niemals Realität werden, in der irrationale Ängste, eine Unsicherheit kosmischen Ausmaßes oder tiefe Schuldgefühlen dominieren. Ebendiese Doppelung ist es, die andere als »Spaltungsirrsinn« beschreiben oder, höflicher ausgedrückt, als »komplexe Persönlichkeit«.

Der Narzisst hat mitunter mehr Probleme, das Leben zu bewältigen, als »normale« Männer. (»Ich trage den Frost im Herzen.« Oder: »Ich verzehre mich vor Schmerz.« – »Leiden ist die einzige Lebensform, die ich kenne.« – »Ich kann mit dem Leben einfach nicht umgehen.«) Der richtige Moment zum Feiern, zum Wegfahren, zum schönen Leben scheint sich irgendwie nie einstellen zu wollen: »Wir sind überdurchschnittlich – in der Liebe und im Schmerz.« Wohlbefinden und Amüsement werden als Zeichen der Oberflächlichkeit wahrgenommen. Umgekehrt schenken Leid und Schmerz dem Narzissten ein Gefühl der Identität, das er unbewusst immer wieder anstrebt: Leiden ist die Essenz. Daher ist es unabdingbar, sich das Leben bis zum Äußersten zu verkomplizieren, weil dies das Selbstgefühl stärkt und dem Individuum einen besonderen Wert verleiht.

»Ich muss mich außergewöhnlich fühlen«, sagte mir ein Mann, als er seine grandiose Seite zu Wort kommen ließ, die er nur widerstrebend aufgeben wollte. »Der Exzess ist es, der mich anzieht. Was für einen Sinn hätte es sonst zu leben? Da ist der Tod ja besser.« (»Ich will unter allen Umständen anders sein als die anderen. Wenn ich es nicht mit Glanz und Gloria schaffe, dann wenigstens durch die Tiefe meines Unglücks.«) Der Narzisst scheint zu denken: »Ich leide, also bin ich.« Wie der Protagonist des Romans *Versuch über die Liebe*[3]. »Niemand versteht mich, aber gerade deshalb verdiene ich vollstes Verständnis.«

Dieses Bedürfnis bewirkt, dass der Narzisst eine enorme Angst hat, allein zu bleiben. Aus demselben Grund hat er eine Partnerschaft nach der anderen. Er braucht ständig neue Frauen, die sein Selbstbild stützen: Sie treten in die Beziehung gleichsam ein und wieder aus – ganz real, aber auch in psychologischer Hinsicht, denn sie können weder bleiben noch gehen, weil sie es nie schaffen, Vertrauen zu entwickeln. Oder sie begeben sich in eine symbiotische Beziehung, in der sie vom Partner die absolute Hingabe verlangen. Die Unfähigkeit, den Alltag zu leben, rechtfertigt der Narzisst mit seinem Wunsch, ins absolute Wohlbefinden einzutauchen (tiefe Regression): in die Freiheit von allen Wünschen und Verwerfungen der äußeren Welt, in ein vollkommenes Gleichgewicht wie im Mutterleib. Natürlich ist dies eine reine Phantasievorstellung, die niemals verwirklicht werden kann.

Nachrichten von der Couch
Olimpia und Furio sind beide Narzissten, die schon zahlreiche gescheiterte Beziehungen hinter sich haben. Sie sind Beamte und haben erwachsene Kinder. Als sie sich im Alter von fünfzig Jahren begegnen, hoffen beide, eine Beziehung eingehen zu können, die bis ins Alter anhält. Ihnen ist klar, dass sie ein emotional sehr unruhiges Leben geführt, stets Angst hatten und davongelaufen sind. Doch sie hoffen, ihr wechselseitiger Respekt, ihre intellektuelle Lebendigkeit, viele gemeinsame Interessen und die ähnliche Lebenserfahrung tragen dazu bei, dass sie ihre Ängste überwinden und sich gemeinsam ein schönes Leben aufbauen können. Anfangs ist diese Beziehung besonders intensiv. Die beiden haben einen ähnlichen Geschmack sowie vergleichbare Interessen, und sie können sich stundenlang darüber unterhalten. Jeder schätzt und bewundert den anderen.

Von den beiden scheint Olimpia am meisten in die Beziehung zu investieren: Als Furio sie zum ersten Mal ohne Vorankündigung verlässt, fühlt sie sich gedemütigt, doch sie ruft ihn trotzdem wieder an. In den sechs Jahren ihrer Beziehung ist immer sie es, die ihn sucht, die Beziehung kitten und erneut die Bindung will. Er kommt jedes Mal zurück, ohne sich groß bitten zu lassen, doch gibt er auch nie selbst zu erkennen, dass ihm an der Verbindung etwas liegt.

Die Beziehung erscheint den beiden nach jedem Bruch noch tiefer, andererseits aber sind da die Verletzungen, die sie einander zugefügt haben, und die Abwehrstrategien, die daraus entstehen. Keiner der beiden sieht, wo er selbst die Verantwortung für den gemeinsamen Tanz trägt, der letztlich unvermeidlich zur Auflösung der Beziehung führt.

Ich habe die beiden bei dem Versuch begleitet, sich nicht mehr wehzutun. Furio arbeitet sehr viel, gilt in seinem Beruf als kompetent und wird hochgeschätzt. In jedem Projekt ist er die unbestrittene Führungspersönlichkeit, da er sich hundertprozentig einbringt. In die Arbeit investiert er alle Energie, die er aufbringen kann. Wenn er jedoch abends nach Hause kommt, überfällt ihn das Leiden an der Welt. Er wünscht sich eine Atempause, möchte sich zurückziehen und nur für seine Musik leben.

Doch daheim erwarten ihn die Ansprüche seiner Partnerin, und er verabscheut sie dafür: Er fühlt sich nicht respektiert. Manchmal gelingt es ihm nicht, Grenzen zu ziehen und ihr zu sagen, dass er jetzt mal zwei Stunden für sich braucht, dass er sich ihr danach wieder widmen könne, vielleicht um gemeinsam zu kochen oder auszugehen. Stattdessen lässt er sich in eine Depression sinken, die ihm alle Energie raubt, eine Verzweiflung kosmischen Ausmaßes, die ihn in die Knie zwingt. Dann spielt er sein Instrument nicht, redet nicht und tritt auch sonst in keine sichtbare Form der Interaktion mit der Partnerin. Er ruiniert sich den ganzen Abend, und zwar nicht nur sich, sondern auch jedem Menschen, der ihm zu jener Zeit nahe ist.

Der Narzisst erlebt die Unfähigkeit, den Alltag zu bewältigen, auch als Angst, dass der Alltag alles sein könnte, alles, was man erreicht hat, alles, was man erreichen kann. Und so scheint er Angst zu haben, aus der Wartestellung herauszukommen, da diese ihm Sicherheit gibt. In der Warteschlange hat er ja alles noch vor sich, alle Möglichkeiten stehen ihm offen. Sich dem Alltag zu stellen aber heißt, die Erinnerung an die Vergangenheit aufzugeben, die immer ein wenig glanzvoller erscheint, weil sie natürlich subjektiv korrigiert wurde, damit sie den Anforderungen des grandiosen Selbstbilds entspricht. Den Alltag zu akzeptieren bedeutet, sich einzugestehen, dass das, was jetzt gelebt wird, das einzige Leben ist, das tatsächlich da ist, das einzige Leben, das gelebt werden kann. Daher ist es für den Narzissten so wichtig, Alternativen zu haben oder zumindest den Alltag idealisieren zu können. Doch eben auf diese beiden Auswege muss er verzichten, wenn er sein Verhalten ändern will.

Nachrichten von der Couch
Paolo lebt von der Reue. Im Urlaub zum Beispiel hat er stets das Gefühl, an einem anderen Ort wäre er besser aufgehoben gewesen. Jede Frau, der er den Hof macht, ist nicht die »Richtige«. Die Richtige wäre nämlich eine andere gewesen, doch die wollte ihn ja leider nicht. Oder er hat sie gehen lassen. Auch bei der Arbeit stehen der aktuellen Situation stets mehrere theoretisch mögliche gegenüber. Beruflich hat er eine Station nach der anderen abgehakt und dabei recht frustrierende Erfahrungen gemacht, bis er zum Direktor einer Niederlassung ernannt wurde. Die Tatsache, dass ihm nun niemand Befehle erteilen kann und dass er die Arbeit als echte Herausforderung erlebt, gaben seiner Arbeitsleistung Auftrieb, sodass er nun endlich den Erfolg hat, der ihm vorher stets versagt geblieben war. An jeder neuen Arbeitsstelle zeigte er sich zunächst anstellig und eifrig, doch dann verlor er das Interesse und kündigte entweder oder ließ sich den Vertrag nicht verlängern.

Paolo ist vierzig Jahre alt und hatte nur wenige Liebesbeziehungen. Keine dauerte länger als zwei Monate. Gewöhnlich kommt er mit Frauen zusammen, die irgendwann dann eine tiefe Freundschaft mit ihm eingehen, einfach weil er es nicht schafft, sein erotisches Interesse lange genug aufrechtzuerhalten, um eine dauerhafte Liebesbeziehung zu ermöglichen. Er möchte von den Frauen geliebt werden, will, dass sie sich für ihn interessieren. In diesem Fall würde er sich dann tatsächlich herablassen.

Dass er stets eine mögliche Beziehung ansteuert, nur um dann wegzulaufen, zeigt, dass er letztlich Angst hat, nicht liebenswert zu sein. Darüber hinaus idealisiert er Beziehungen, sodass keine je wirklich »intensiv« genug sein kann. Er wünscht sich gegenseitiges Verständnis ohne Worte, eine Vertrautheit, die er mit keiner Frau auf »natürliche« Weise entstehen lassen kann, weil er sich keine Mühe gibt. Er wünscht sich eine Selbstverständlichkeit des Zusammenseins, die niemals auf die Probe gestellt werden muss.

Eine weitere Quelle des Leids für den Narzissten ist die Abwertung äußerer Objekte oder der Welt, die sich entweder darin zeigt, dass er alles kritisiert, was nichts mit ihm zu tun hat, oder der Außenwelt gegenüber vollkommen gleichgültig ist. Er zieht sich in den Schlaf zurück oder in die Inaktivität. Wie wir noch sehen werden, ist dies ein typisches Verhaltensmuster des trügerischen Narzissten. Für diesen Typus ist es besser, wenn seine Träume nie Wirklichkeit werden, weil sie sich dann ihrerseits als enttäuschend erweisen: »Die Wirklichkeit ist festgefügt und statisch, von Routinen geprägt, die sich niemals ändern. Doch dem Himmel sei Dank gibt es dieses glückliche Traumleben, das nie Realität wird. Nur eine dünne Tür trennt vom Glück, doch leider ging der Schlüssel verloren, und so lässt sie sich nicht öffnen, was dazu führt, dass man es auch gar nicht erst versucht.«

Pflichtgefühl und Herausforderung sind seine Themen

> »Sie haben keine Vorurteile, so wenig als ich sie habe oder jemals hatte [...] wie ich mich auch tatsächlich nie gescheut habe, wenn es das Schicksal oder auch nur meine Laune so forderte, eine Schurkerei zu begehen oder vielmehr das, was die Narren dieser Erde so zu nennen pflegen. Dafür war ich aber auch, gleich Ihnen, Lorenzi, in jeder Stunde bereit, mein Leben für weniger als nichts aufs Spiel zu setzen, und das macht alles wieder wett.«
>
> Arthur Schnitzler, Casanovas Heimfahrt[5]

Glaubt der Narzisst an ein Projekt, dann zeigt er sich fest entschlossen, es durchzusetzen. In diesem Fall engagiert er sich vollkommen. Daher ist der Narzisst im Beruf häufig sehr erfolgreich. Ihn treibt sein Pflichtgefühl (»Ich tue nicht, was ich will oder wonach mir ist, sondern ich tue, was ich muss, nach einer Regel, die ich verinnerlicht habe«), das ihm einen sicheren Rahmen liefert, innerhalb dessen er sich im Alltag bewegen kann: »Die Arbeit ist mein Ort der Sicherheit.«

Die einzige Möglichkeit, seine Wünsche zu verfolgen, findet er darin, sie zu Werten umzudeuten. So umglänzt seine Wahl der Glorienschein der objektiven Rechtfertigung. Viel in seinem Leben dreht sich um seinen Beruf, vor allem wenn er ihn auf brillante und unabhängige Weise ausüben kann, denn hier bekommt er die Möglichkeit, sich selbst zu beweisen: Das funktioniert noch besser, wenn der Beruf von ihm fordert, sich immer wieder infrage zu stellen. Dann tatsächlich haben Narzissten hohe Erwartungen und legen bei deren Einlösung ein beträchtliches strategisches Geschick an den Tag. (»Mein

Motor sind Hochmut und Stolz.« Oder: »Immer wenn außergewöhnliche Leistung erforderlich ist, wenn es zu Veränderungen und Krisen kommt, laufe ich zur Hochform auf. Sonst finde ich das Leben mit seinen Pflichten recht anstrengend. Ich brauche es einfach, mich ständig unter Strom zu fühlen.«)

In schwierigen Momenten geben sie alles, selbst wenn die Ambivalenz,[6] die sich vor allem in zwischenmenschlichen Beziehungen zeigt, nie ganz schwindet. »Ich habe Angst, es nicht zu schaffen«, sagte Vito, der, immer wenn er auf dem Höhepunkt seiner Karriere war, den Job wechselte. »Aber gleichzeitig fürchte ich mich zu gewinnen, weil dann der Kampf vorüber wäre. Ich hätte endlich Ruhe, würde einschlafen, vielleicht nie wieder erwachen. Außerdem ist es auch ein Problem, sich auf dem Gipfel des Erfolgs zu halten, ein unendlicher Stress. Dann habe ich wieder Angst, es nicht zu schaffen. Wenn alles ruhig verläuft, fühle ich mich wie zum Tode verurteilt. Ich spüre keine Freude in der Zukunft, sehe keine Möglichkeit vor mir, als könne die Situation sich nur verschlechtern.«

Die Arbeit ist für den Narzissten der Trost schlechthin, der Bereich, in den er vor seinen Lebensproblemen fliehen kann: das Bild vom Homo Faber, vom schaffenden Menschen, als Befreiung, als spirituelles Heilsversprechen.

Der Narzisst funktioniert wunderbar, wenn's um Machtspielchen oder Krisen geht

> »Auch Narziss weint.«
>
> *Ein Freund*

Die Tendenz, andere zu benutzen, um seine eigenen Wünsche zu verwirklichen, der stets auf den eigenen Vorteil gerichtete Blick sowie das Bedürfnis nach ständiger Bestätigung werfen die Frage auf, wie der Narzisst zum Thema »Macht« steht. Im Allgemeinen gibt es dazu eher wenig zu sagen. »Macht« ist eine Vokabel, die der Narzisst nicht besonders mag. Sie ist ihm zu wenig idealistisch. Schließlich will er sich die Hände nicht »schmutzig machen«. Der Beruf hingegen bietet ihm – wie gesagt – eine Bühne, auf der er seinen Eigenwert erleben kann. Geschieht dies nicht, so beginnt er das Machtspiel ganz »spontan« und automatisch, damit er sich stärker fühlen kann. Mit anklagenden Worten und geschickten Verleumdungen zieht er gegen jene zu Felde, die nicht denken wie er, und gibt ihnen so das Gefühl, in der Minderheit zu sein.

Andererseits bedient er sich wieder sehr offensichtlicher Verführungstechniken, um daraus Bestätigung zu ziehen. Er inszeniert sein ganz persönliches Wettkampfdrama aus der irrationalen, aber stets vorhandenen Furcht heraus, jemand könne besser sein als er. Er tritt in Wettbewerb mit einem ständigen Schwanken zwischen Sicherheit und Unsicherheit, das ihn am Ende dazu verleitet, sich selbst stets so wahrzunehmen, als lebe er den letzten Tag seines Lebens. Daher braucht er auch ständig Bestätigung. Wenn er von seinem Vorgesetzten nicht gelobt wird, wenn seine Qualitäten keine Anerkennung finden, verliert er schnell den Glauben an sich selbst. In diesem Fall läuft er Gefahr, sich einer Nabelschau mit eindeutig selbstzerstörerischem Hintergrund zu überlassen. Um Hilfe zu bitten liegt ihm nicht, Zusammenarbeit auch nicht, denn ehrgeizig und eingebildet, wie er ist, glaubt er natürlich, er müsse alles selbst machen.

In Situationen dagegen, in denen man sich ununterbrochen auf schnelle Veränderungen einstellen muss, ist der Narzisst ungeschlagen. Wenn es hart auf hart geht, wenn der Schlachtenlärm erklingt, dann scheint er keine Zeit zu haben, seine grundsätzliche Unzufriedenheit mit dem Leben zur Kenntnis zu nehmen, seinen sehnsüchtigen Wunsch, anderswo zu sein, wo es ihm – natürlich – besser geht. Er gibt sich der Illusion hin, dass der Wandel ihn davor bewahrt, sich mit seiner Unzufriedenheit und seiner Angst zu beschäftigen. Bei Auseinandersetzungen konzentriert er sich auf das Ziel und verliert so seine Selbstbezogenheit, die ihn immer wieder an einen toten Punkt bringt. Manchmal scheint es fast, als könne er unter den Bedingungen der Normalität nicht leben, als würde die Routine in Beruf und Beziehung ihn sein übersteigertes Selbstwertgefühl kosten.[7] Und doch sollte man nicht übersehen, dass diese Männer ihre Höhenflüge haben und von sich und anderen viel verlangen: Aus diesem Grund fallen sie auch leicht der Enttäuschung anheim. Da sie dieses Gefühl so gut kennen, flüchten sie sich immer wieder in Wut oder Isolation, Gefühle, die dann auf den ersten Blick völlig unmotiviert wirken.

Ein Tiefenpsychologe[8] erklärte mir einmal, die Konfrontation mit dem eigenen Schatten[9] verleihe dem narzisstischen Mann ein besonders feines intuitives Gespür, das aus dem Unbewussten komme. Der Narzisst ist ein

Instinktmensch. Er erfasst die menschliche Seele, indem er sich von seiner feineren, weiblichen, lunaren Seite leiten lässt. Immer wieder zeigt er eine Wahrnehmungsfähigkeit, die sich aus Herz und Intuition speist: Das macht ihn natürlich zu etwas ganz Besonderem, selbst wenn er dadurch sehr sensibel wird, was selbstzerstörerische Tendenzen zur Folge haben kann.

Zwei Typen von Narzissten

Innerhalb der großen Gruppe der Narzissten[10] – ob nun intro- oder extravertiert – unterscheiden wir vor allem zwei Erscheinungsformen, die sich weniger durch Charakterzüge und Verhalten unterscheiden als durch ihre Neigung zur *Grandiosität* (im Volksmund auch »Größenwahn« genannt) bzw. zur *Depression*. Sie lassen sich auch nach dem Typ Frau katalogisieren, den sie sich aussuchen, und nach der Art der Beziehungsgeschichte, die sie leben.

Der integrativ-grandiose Typ

Mitunter schafft es der Narzisst, seine Bedürfnisse zu integrieren und seine narzisstischen Eigenschaften in Übereinstimmung mit seinem Umfeld zu leben: Die Sucht nach Einzigartigkeit, das Bedürfnis nach Sicherheit und Bestätigung werden syntonisch gelebt, das heißt, sie bringen ihn dazu, den Einklang mit seiner Umwelt zu suchen. Trotzdem drückt sich in seinem Lebensstil eine gewisse Neigung zur Grandiosität aus, die er auch in seiner Wahrnehmung und der Einschätzung seines persönlichen Wertes zeigt. Dieser Hang zur Grandiosität durchzieht alle Lebensäußerungen. Integrierte Grandiose vom extravertierten Typ umgeben sich stets mit Menschen. Sie brauchen die anderen und benutzen sie, um ihr eigenes Selbstwertgefühl aufzublähen. Sie können sich durchaus an ihre Umgebung anpassen, aber nur, wenn sie sich von uneingeschränkter Anerkennung getragen fühlen. Sie achten auf jedes Detail und schaffen sich so eine Ausnahmesituation, die an jene Postkarten erinnert, auf denen alle lokalen Sehenswürdigkeiten im Kleinformat abgebildet sind. Natürlich essen sie nur im besten Restaurant der Stadt. Der Masse gehen sie grundsätzlich aus dem Weg. Ihre Reisen, ihre Abende mit Freunden, ihr Haus – alles wird mit absoluter Sorgfalt in Szene gesetzt.

Auf diese Weise wird eine Begegnung mit anderen Menschen zur Gelegenheit, sich in all seiner schillernden Einzigartigkeit zu zeigen. Der Narzisst hat einen raffinierten Geschmack. Er geht großzügig mit Geld um, ist durch und durch Ästhet und versucht, aus dem eigenen Leben ein Meisterwerk von ungeheurer Intensität zu machen. Wer mit ihm leben möchte, muss sich diesen Bedürfnissen anpassen. Narzissten achten sehr auf ihr Erscheinungsbild, machen schöne Reisen, geben ihr eigenes und das Geld anderer Leute aus (meist finden sie ohnehin eine Frau, die sich an den Kosten beteiligt), kaufen ununterbrochen ein und umgeben sich vorzugsweise mit schönen, aber auch recht kostspieligen Gegenständen. Treffen mit Freunden werden regelrecht inszeniert. Der Narzisst geht auf den anderen ein und sucht eine möglichst intensive Nähe. Doch all sein Geben, sein Besitz dienen letztlich nur dazu, der Welt zu zeigen, wie außergewöhnlich, großzügig, wunderbar er ist. Daher sucht er auch Geschenke mit großer Sorgfalt aus. Der Narzisst macht sich ein Bild vom Empfangenden und sucht das Geschenk dann nach diesem Bild aus.

Die gleiche Aufmerksamkeit lassen integrative Grandiose auch ihrem intellektuellen Werdegang, ihrem beruflichen Status, ihrem Charisma und ihren Interessen angedeihen. Sie vertiefen ihre Studien, lernen und streben nach Erfahrungen, die ihrem persönlichen Wachstum dienlich sind. Auf kulturellem oder beruflichem Gebiet treten sie mit anderen offen oder verdeckt in Wettbewerb, je nachdem, ob sie zum extravertierten oder zum introvertierten Typus gehören. Der introvertierte Typ hat weniger Interesse, seine Fähigkeiten offen zu zeigen: Häufig will er sich nicht zu Streitigkeiten »herablassen« und mischt sich deshalb gar nicht erst ein. Sowohl der intro- als auch der extravertierte Typ allerdings unterzieht sich selbst einer strengen Kontrolle. Er sucht sich bestimmte Referenzgrößen oder Menschen in der Außenwelt, um sich dann mit ihnen zu vergleichen. Beide Typen investieren eher ins Beziehungsleben als in sich selbst, wenn sie aus der Beziehung sozusagen ihr Meisterwerk machen wollen. Natürlich bedeutet das nicht, dass sie auf gelegentliche Seitensprünge verzichten, die sie geheim halten, damit sie sie besser als Ausweis ihrer Größe nehmen können.

Intensität, Geplauder, Harmonie: Für solche Menschen wird der Partner zur Referenzgröße, sodass sie ihm eine Vorzugsstellung in ihrem Leben einräumen. Der Narzisst darf und muss an ihrem Tun und Denken teilhaben. Voraussetzung dafür ist allerdings, dass der Partner ihn anbetet, dass er ihm sein ganzes Leben widmet und ihm ebenso viel Raum wie Bestätigung schenkt.

Der desintegrativ-destruktive Typ

> »Von niemandem ist man weniger abhängig,
> mit niemandem solidarischer als mit sich selbst.«
> *Ein Patient*

Im Gegensatz zu seinem integrierten Gegenstück ist der depressive (oder desintegrativ-destruktive) Narzisst problembeladener und sehr viel unsicherer: Ständig schwankt er zwischen seiner Grandiosität und dem Gefühl der Wertlosigkeit hin und her. Und sogar diese Zerrissenheit gerät ihm zur Schuld. Der Alltag bereitet ihm Schwierigkeiten: Er braucht seine ganze Energie, um jenen Aspekt seines Lebens zu pflegen, der ihm am wichtigsten ist, die Menschen aber, die mit ihm leben, werden ununterbrochen auf die Probe gestellt.

Dieser Typus zeigt selbstzerstörerische Züge. Er ist pessimistisch, anstrengend und letztlich stets davon überzeugt, im Grunde nicht liebenswert zu sein. Trotzdem ist auch dieser Erscheinungsform des Narzissten eine gewisse Brillanz nicht abzusprechen. Er zeigt sie im Beruf und erweist sich am Anfang einer Beziehung unweigerlich als wunderbarer Partner. Denn zu Beginn wird er noch vom Wunsch getrieben, dem anderen – im Grunde also sich selbst – den eigenen Wert zu beweisen. Mehr als andere leidet er unter Stimmungsschwankungen und scheint unfähig, in eine dauerhafte Beziehung zu investieren (auch in sich selbst, doch dessen wird er sich so gut wie nie bewusst), so als würde er sich instinktiv von seinem Selbstbetrug und der Unmöglichkeit einer erfolgreichen emotionalen Beziehung leiten lassen. Er tut so, als sei die Zurückweisung durch den Partner und das unmittelbare Umfeld unvermeidlich. Die Momente der Grandiosität bei allem, was neu ist, ob bei Projekten oder Begegnungen und in den positiven Augenblicken des Lebens, wechseln sich mit Augenblicken tiefer Depression ab, in denen der Narzisst alles Interesse am Gegenüber verliert. An diesem Unglück, dieser Einsamkeit aber hängt er mit ganzem Herzen.

Beim depressiven Narzissten zeigt sich die Unfähigkeit, den ihm nahestehenden Menschen etwas Gutes zu tun, vor allem darin, dass er sich im Privatleben verschließt. Er erscheint abweisend, verschlossen, feindselig, isoliert und vollkommen unfähig, die Bestätigung, die ihm zuteil wird, zu einem festen Bestandteil seines emotionalen Gepäcks zu machen, der ihm Sicherheit schenken könnte: »Ich fühle mich wie ein Fass ohne Boden. Jeder schüttet hinein, und trotzdem reicht es nie.« Er ist ein Egozentriker, der sich schwertut, die im Alltag anfallenden Kosten einfach ohne großes Aufheben zu begleichen. Dennoch käme er nie auf die Idee, dass er geizig wäre, ganz im Gegenteil: Er hält sich selbst für generös. Einige verhalten sich so, weil sie glauben, der Welt etwas schuldig zu sein: Der Narzisst hat nie genug Geld, um sich sicher zu fühlen; und ein anderer Mensch, der für die Rechnungen aufkommt, wird hier als gerechter Ausgleich empfunden. Da Freude am Leben ihm letztendlich suspekt bleibt, hat er wenig zu geben: Er schert sich nicht darum, ob man ihn schätzt oder nicht, als glaube er, er habe ohnehin nichts zu bieten. Gelegentlich ist er geizig zu sich selbst und kaum in der Lage, sich um seine eigenen Bedürfnisse zu kümmern. Gelegentlich zieht er sich sogar schlecht an:[11] Darum jedoch macht er allerhand Getue, eine Art Gegensnobismus also, seine Art, sich von der Masse abzuheben. Wie ein Spürhund auf der Suche nach Wild schnüffelt er jeder auffindbaren Enttäuschung hinterher, ohne sich je dessen bewusst zu werden.

Nur die Liebe könnte ihn retten, doch er selbst ist es, der letztlich ihre Macht in Zweifel zieht, da er sich nie zufriedengeben kann. So enttäuscht der Enttäuschte letztlich die anderen und setzt dieses Grundmuster bis in alle Ewigkeit fort, weil er es nicht erkennt: Er springt vielmehr von einem emotionalen Extrem zum nächsten und ist stets davon überzeugt, die Vernunft auf seiner Seite zu haben, selbst das arme, verfolgte Opfer zu sein. Daher ist sein besonderes Merkmal die Ambivalenz, die er in Beziehungen an den Tag legt.

Das grandiose Ich, das beide Typen steuert

> »Ich möchte aufhören, über irgendein fiktionales Ich in meinem Kopf zu phantasieren, das leben könnte, wenn ›dies‹ passierte, oder leben würde, wenn ›das‹ geschähe. Ich will jetzt jemand sein.«
> Ethan Hawke, Aschermittwoch

Wenn ein Kind noch klein ist und sich unsicher und schwach fühlt, wird es den Aufschneider mimen, um mit seinem Umfeld gleichzuziehen und sich inmitten der anderen zu behaupten. Dies ist eine sinnvolle Anpassungsstrategie, die dem Kind hilft, sich nicht verschreckt von der Welt zurückzuziehen, sondern stattdessen zu lernen, mit ihr umzugehen. Der Narzisst scheint dasselbe Verhalten zu zeigen, wenn er sich als überlegen, unabhängig oder in intellektueller und geistiger Hinsicht

Otto Normalverbraucher überlegen präsentiert. Doch der Narzisst schafft es nicht, diese Strategie, das Schlagen des Pfauenrads, sinnvoll in sein Persönlichkeitsinstrumentarium zu integrieren, sodass er im Bedarfsfall stets auf sie zurückgreifen kann. Äußerlich erscheint er selbstsicher, stark, kontrolliert und strahlt Autorität aus. Jeder würde dieses Bild sofort akzeptieren, wenn ... ja, wenn der Narzisst es schaffte, selbst daran zu glauben. Stattdessen aber fühlt er sich in seiner Sicherheit ständig bedroht.

»Manchmal hat man das Gefühl, Sie sind ein Baby von höchstens acht Monaten«, sagte ich einmal zu einem hyperkompetenten Manager. Er antwortete mir gerührt, er fühle sich endlich verstanden, und erzählte, wie schwer er es doch finde, seinen Alltag zu organisieren. Die Grandiosität dieses Persönlichkeitstyps zeigt sich in seinem äußeren Verhalten, mit dem der Narzisst alles regeln zu können glaubt. Gleichzeitig jedoch fühlt er sich unsicher. Die Unsicherheit erfährt er mehr oder weniger bewusst und passiv. Sie stellt ihm ein Bein, sowohl was die Aufrechterhaltung seines Erfolgs als auch seines seelischen Wohlbefindens anbelangt.

Im Mythos heißt es, Teiresias habe Narziss prophezeit, er würde lange leben, wenn er sich fremd bliebe. Dieses Sich-selbst-nicht-Kennen, die Unfähigkeit, die eigene emotionale Befindlichkeit wahrzunehmen, wird für den Narzissten zur grundlegenden Abwehrstrategie, zur Lebensweise, die es ihm erlaubt, sich geschützt in der Welt zu bewegen.[12] Dabei läuft der Narzisst Gefahr, sich immer auf die gleiche Weise zu verhalten.

Nicht über die eigenen Verhaltensweisen nachzudenken kann verführerisch sein, weil es einem ermöglicht, sich der Dynamik zu entziehen, die man selbst ausgelöst hat ... und auf solche Weise schließt sich der Teufelskreis. Positiv bei diesem Mangel an Bewusstheit ist, dass die unbewussten Anteile des Betroffenen überdurchschnittlich funktionieren: Er entwickelt eine enorme Intuition, durchschaut vieles und versetzt sich in Einklang mit den unbewussten Aspekten seines Gegenübers. Kurz gesagt: Er zeigt Kompetenzen, die er uns Frauen abgeguckt zu haben scheint.

Die unbewusste Annahme der eigenen Schwäche und mangelnden Liebenswürdigkeit

> »Und wenn ich in den Spiegel schaue, dann fast immer, um nachzusehen, ob ich überhaupt noch da bin.«
> Ethan Hawke, Aschermittwoch

Eine »falsche« Grundannahme bezüglich der eigenen Person, die viele Narzissten teilen (und die sich unbewusst in ihrem Leben zeigt), ist die Vorstellung, psychisch labil zu sein. Diese Idee arbeitet in ihrem Innern und bestimmt ihr Leben, wobei sie sich mitunter auf körperlicher Ebene mit klar hypochondrischen Symptomen manifestiert. Das macht den Narzissten hypersensibel, was sein Gegenüber angeht, wodurch er sich schwach und verwundbar fühlt. Dieser hochmütige, draufgängerische Typ Mann verbirgt in sich häufig ein tiefes Gefühl der Einsamkeit und Schwäche, an dem er sehr leidet. Er lebt ein intensives, dauerhaftes Psychodrama und nutzt die narzisstischen Strategien als Hilfestellung zum Schutz vor ebenjener tief empfundenen Unsicherheit. Er ist dem Gürteltier vergleichbar, einer wunderbaren Kreatur prähistorischen Ursprungs, die einen dicken Panzer trägt, obwohl ihr Fleisch zart und delikat ist.

Das Leben des Narzissten dreht sich darum, ob er geliebt und akzeptiert wird. Liebe und Bewunderung anderer Menschen sind sein Lebenselixier. Und doch kann schon eine Kleinigkeit ihn zutiefst verletzen: Er hat stets Angst vor dem Verlassen- und Betrogenwerden, vor jedem noch so kleinen Verlust. Gerade diese Verletzlichkeit ist es, die ihn zum Folterknecht für sein Umfeld werden lässt. Der Narzisst lebt in einer Haltung größter Achtsamkeit, stets auf der Hut. Er hat Angst, Vertrauen zu schenken und dem anderen damit zu viel Macht einzuräumen. Er weiß einfach nicht, wie man eine Beziehung aufrechterhält. Er leidet schrecklich, und dies bei jeder möglichen Gelegenheit – natürlich nur, wenn sich die Routine breitmacht, niemals im Rausch neuer Begegnungen oder Ereignisse. Doch er wird sich nie bewusst, wie selbstzerstörerisch dieses Verhalten ist und wie sehr es sein eigenes Tun ist, das ihm dieses Leiden beschert.

Nachrichten von der Couch

Ein brillanter Notar um die vierzig erzählt mir, dass er neben seiner Familie – Frau und Kindern – noch drei Geliebte »manage«. Warum er sich diesem Stress aussetze? Weil er sich nur so sicher sein könne, dass er »liebenswert« sei, weil er nur so genug Bestätigung erhalte, weil er Angst habe, allein zu bleiben.

Wie das Leben so spielt

Ein narzisstisch veranlagter Freund erzählt mir eines Tages, dass es für ihn ein hartes Stück Arbeit ist, an einem Abendessen teilzunehmen, zu dem er eingeladen ist. Schließlich müsse er sich dort als brillanter Redner erweisen, eine gute Figur machen, sodass er sich selten entspannen und anderen einfach zuhören könne. Er fühlt sich als der große Macher, der verblüfft und verführt, sonst fühlt er sich bedroht, und Angst überkommt ihn.

Dieser Freund hat mich nie als Erster kontaktiert, obwohl er immer wieder behauptet, dass er mich sehr schätzt. Er wartet stets, bis ich anrufe. Das Höchste der Gefühle ist eine SMS. Wenn ich nicht antworte, dann kommt er nicht etwa auf die Idee, dass seine Nachricht nicht angekommen oder meine Antwort verloren gegangen sein könnte. Alsdann zieht er sich beleidigt zurück und zweifelt an unserer Freundschaft – bis ich ihn anrufe.

Der Narzisst greift immer wieder gern zu Drogen, um seine eigene Schwäche aushalten und seiner Grandiosität mehr Nahrung geben zu können, um der Wirklichkeit zu entrinnen und sich stimuliert und stimulierend zu fühlen. Er muss sich betäuben, seine Energie mit Alkohol oder vergleichbaren Substanzen aufladen. Er hat einfach mehr Mut, wenn er ein wenig angeheitert ist. Der Rückgriff auf Drogen im weitesten Sinne hilft ihm, sich der großen, bedrohlichen Welt zu stellen. Andererseits entfernt er sich dadurch noch mehr von sich selbst, was letztlich dazu führt, dass er noch mitleidloser, noch kritischer, noch ablehnender wird. Manchmal fühlt er sich nackt und ausgeliefert, ohne Schutzwall und Verteidigungslinie. In diesem Augenblick hat er Angst vor dem Leben. Dann fängt er an, sich leidzutun und das Opfer zu spielen. »Mein Gott, wie tief bin ich gesunken!«, kommt es dann aus seinem verzweifelten Mund, weil er sich von der Geliebten im Stich gelassen fühlt, die ihm bislang als Spiegel für sein grandioses Ich gedient hat.

Für den Narzissten ist dann das Leiden ein Spiegel, der ihm sein Bild zurückwirft, der ihm erlaubt, sich zu spüren und unabhängig zu funktionieren. Das Leid hat für ihn ein ästhetische Funktion. Er reflektiert sich im Unglück, um sein Selbst zu finden, wenn ihm alle äußeren Gegenbilder abhandengekommen sind. Das Leid ist ihm zum unverzichtbaren Seelenzustand geworden, das er akzeptiert und wiedererkennt. Denn wenn es ruhig um ihn wird, fürchtet er, »dass die Ruhe den Geist einschläfert«.

Natürlich muss der Schmerz mit einem Freund oder einer Freundin geteilt werden. Manchmal stellt er ihn einem größeren Publikum zur Schau, stets überzogen und ein bisschen ironisch, um sich endlos darüber auszulassen – in Klagen oder gelehrten Abhandlungen. Wichtig ist, dass alle Augen sich auf ihn richten. Manchmal aber zieht der Narzisst sich auch einfach von der Welt zurück. Dann wird ihm das Hobby, dem er all seine Aufmerksamkeit widmet, zur Kompensation.

Die Verteidigung der Unabhängigkeit

»Mit mir gibt es keinen Austausch.«
Ein Patient

»Hinter dem üblichen beschlagenen Fenster,
an dem ich die Welt enden lasse, wenn ich auf ihn
keine Lust habe und er auf mich.«
Margaret Mazzantini, Geh nicht fort[13]

Die Fähigkeit der Anteilnahme, des Sicheinfühlens in die Bedürfnisse anderer, ist für den Narzissten eng mit dem zwanghaften Bedürfnis verbunden, sich selbst Aufmerksamkeit zu sichern. Würde man eine Werteskala bilden, an deren einem Ende der krasseste Egoismus steht, am anderen die vollkommene Selbstaufgabe im Dienst am Nächsten, so würden wir feststellen, dass auch diese außergewöhnlichen Männer zwischen jenen beiden Polen hin- und herpendeln. Dies hängt ganz von ihrer persönlichen Geschichte ab, davon, ob sie als Kinder genug Liebe bekommen haben, ob sie ein starkes Selbstgefühl entwickeln konnten und ob sie ihre Grenzen als durchlässig oder sicher und feststehend erleben. Fühlen sie sich schwach, kümmern sie sich gezwungenermaßen ausschließlich um sich selbst. Haben sie jedoch ein Gefühl der Sicherheit, dann sind sie durchaus zur Anteilnahme fähig und können den anderen ihre Aufmerksamkeit widmen.

Diese Haltung ist nichts, was dem Narzissten ein für alle Mal auf den Leib geschrieben wäre. Sie wechselt vielmehr im Verlauf des Lebens. Für manche Narzissten bedarf es einer bewussten Anstrengung, um sich für andere zu interessieren und an ihrem Leben teilzuhaben. Mitunter »erledigen« sie dies, als machten sie Schulaufgaben. Sie sind sich bewusst, dass es einen Austausch mit anderen Menschen geben muss. Wie die Kinder in der ersten Klasse, die sich beim Schreibenlernen bemühen, nicht über die Zeile hinauszugeraten. Andere wiederum nehmen dies als Gesellschaftsspiel, haben jedoch Momente, in denen ihre Aufmerksamkeit sich nur auf sie selbst konzentriert.

Direktaufnahme
»Ich habe in meinem Leben immer versucht, das zu tun, was ich wollte. Ich habe von anderen verlangt, sich mir anzupassen, und nur selten auf ihre Bedürfnisse geachtet. Heute kann ich darüber reden, doch in dieser Form würde ich das normalerweise nicht einmal unter der Folter eingestehen. Die Dinge müssen so laufen, wie ich mir das vorstelle, ich will alles ... Die Regeln einer Beziehung stelle ich auf, und ich muss mich als meines Schicksals Schmied fühlen können.«

Der gesellschaftliche Drang zur Anpassung erregt das Misstrauen der Narzissten. Als verlören sie durch Anpassung an andere ihre Kräfte, ihre Einzigartigkeit. Als würden sie damit vorhersehbar und eintönig, als ginge ihnen die Fähigkeit verloren, andere zu überraschen: »Dir recht geben? Dir etwas zugestehen? Nicht einmal im Traum!« Dieses provokante Verhalten dem Partner gegenüber bietet darüber hinaus einen ausgezeichneten Grund, sich von ihm zu entfernen: Schließlich dürfen wir nicht vergessen, dass der Narzisst meist nur Abwehrstrategien aufbaut, weil er es nicht schafft, dem anderen zu vertrauen.

Nachrichten von der Couch
Furio trennte sich während der sechsjährigen Beziehung mit Olimpia mehrmals von ihr, wobei er immer ihr die Gründe für sein Verhalten und seine Rochaden unterschob. Statt seine Beziehungsfähigkeit infrage zu stellen und Olimpia mit seiner Erfahrung zu konfrontieren, statt Nähe herzustellen oder gemeinsam über die Beziehung nachzudenken, zog er es vor zu gehen.

Er meinte, er könne seinen Empfindungen vertrauen, die ihm »Nicht-Liebe« signalisierten und ihm rieten, die Partnerschaft zu beenden, weil die Frau etwas falsch gemacht habe: »Im Laufe der Monate ist sie mir fremd geworden. Von einem bestimmten Augenblick an bewies sie mir kein Verständnis mehr. Ich habe nicht genug Kraft und Energie für eine schwierige Beziehung, und deshalb beschloss ich zu gehen.«

In diesen Krisenmomenten schien ihm der Bruch notwendig und unaufschiebbar. Dies war seine einzige Abwehrstrategie gegen ein glücklicheres Leben.

Eine narzisstische Persönlichkeit lebt also immer auf zwei verschiedenen Ebenen: Beruflich werden Pläne geschmiedet und Strategien ausgeheckt, in der Beziehung aber wird man entweder bedingungslos geliebt, oder man läuft eiligst davon, weil man sich augenblicklich bedroht fühlt und weil die Partnerin damit gleichsam entwertet und uninteressant erscheint.

Natürlich spielen die Frauen das Spiel mit. Olimpia wird nicht etwa wütend und wendet sich von Furio ab, sondern sie akzeptiert seine Schwäche: Sie sucht keine Auseinandersetzung. Sie stellt ihn nicht wegen seines kindischen und feigen Verhaltens zur Rede. Jedes Mal, wenn er ging, um eine »bessere« Liebe zu suchen, konnte Furio sich das nicht einmal selbst eingestehen, weil dies sein Selbstbild beschädigt hätte. Er log, versteckte sich vor seinen Freunden und umwarb heimlich die neue Frau, zu der die Liebe freilich nur so lange andauerte, wie sie geheim blieb. Wenn diese Beziehung ihr Ende gefunden hatte oder Olimpia ihn anrief, kehrte er zu ihr zurück, weil er sich von Neuem von ihr geliebt fühlte. Erst da merkte er, dass Olimpia ihm gefehlt hatte: Er konnte sich mit seinen eigenen Gefühlszuständen nicht anfreunden und sie auch nicht auf plausible Weise deuten.

Wechselhaftigkeit

> »Er selbst, vor kurzem noch ein im tiefsten aufgewühlter, ein verzweifelter, ja, ein zu bösem Tun bereiter Mann – war er jetzt nicht sanft, gütig und zu so lustigen Späßchen aufgelegt, dass die kleinen Töchter Olivos sich manchmal vor Lachen schüttelten?«
> *Arthur Schnitzler,* Casanovas Heimfahrt

Bei jedem Narzissten wechseln sich gewöhnlich Zeiten des Wohlbefindens mit schwierigen Momenten ab, in denen er allein bleiben und sich in sich selbst verkriechen muss. Dann glaubt er, dass sich nichts mehr ändern wird, und fällt in eine absolut apokalyptische Weltsicht. Und die Menschen in seinem Umfeld werden zur bevorzugten Zielscheibe seiner Unzufriedenheit: »Wenn wir zum Essen ausgehen, vielleicht gar noch mit Bekannten, sprüht er nur so vor Leben; denn seine Scheiße lädt er nur bei Leuten ab, die ihm nahestehen.«

Um diese Wechselhaftigkeit des Narzissten zu erklären, möchte ich zwei Psychotherapeuten zitieren, die verschiedene Artikel über den Narzissmus veröffentlicht und dabei mehrere Unterarten der negativen Seelenzustände unterschieden haben. Der erste Typ nach Dimaggio und Semerari[14] ist gekennzeichnet durch eine unangenehme Empfindung der Leere, die sich in einer Haltung der Kälte ausdrückt, im Bedürfnis, in eine Phantasiewelt zu fliehen, sich in Beziehungen abzuschotten, und im Gefühl, nirgendwo dazuzugehören: Der Betroffene hat keine Wünsche und lebt in einer unangenehm unwirklichen Welt. Der zweite Typ lebt vor allem in seinen depressive Zuständen: Der Narzisst spricht nicht gern darüber, weil er diese als sehr negativ empfindet. Dabei geht es um das Thema des Scheiterns, des Ausgestoßenwerdens aus der Gruppe, der Bedrohung, der Niederlage und der folgenden Selbstwertung bis hin zum Gefühl der Brüchigkeit der eigenen Identität.[15] Die hier auftretenden Gefühle sind Trauer, Scham, Sehnsucht nach dem goldenen Zeitalter des grandiosen Sich-gut-Fühlens, Angst bis zur Panik und ein fragmentarisches Selbstgefühl. In diesen Augenblicken kommt es zu hypochondrischen Symptomen. Nichts ist mehr in der Lage, dem Betroffenen Freude zu schenken. Er betrachtet das eigene Leben als »an allen Fronten gescheitert«.

Wenn der Patient die Gefahr wahrnimmt, dass er in die Depression verfällt, ist er im Übergangsstadium. In diesem Zustand empfindet er Wut, die ihm dazu dient, seine Selbstachtung aufrechtzuerhalten und Hindernisse aus dem Weg zu räumen. Dazu kommen Stimmungsschwankungen, die zu aggressivem Verhalten sich selbst und anderen gegenüber führen können, und eine gewisse Neigung zum Konsum stimulierender Substanzen:

»Wenn er trinkt, bemächtigt sich seiner eine Leichtigkeit, die er anders gar nicht mehr aufbauen kann.« Mitunter neigt er dazu, sich an seine Arbeit zu klammern, und macht sich auf die Jagd nach romantischen Abenteuern. »Ständig muss ich mit seiner Wut, seinem Terminplan und seiner Nichtverfügbarkeit fertig werden«, meinte die Partnerin eines Narzissten. »Manchmal habe ich das Gefühl, Achterbahn zu fahren.«

Doch diese Anwandlungen der Entwertung aller Objekte der äußeren Welt, die in der wissenschaftlichen Literatur immer wieder beschrieben werden, sowie die offenkundige Gleichgültigkeit werden selten konkret ausgedrückt: Tatsächlich müssen Sie beim Narzissten stets »zwischen den Zeilen« lesen, weil er eine geradezu sibyllinische Geheimnistuerei pflegt, auch und vor allem sich selbst gegenüber. Die Menschen aber, die ihn umgeben, versuchen, dieses Verhalten zu deuten, und lassen seine Launen über sich ergehen. Dies kostet zweifelsohne große Kraft, ist jedoch auch enorm wichtig, zumindest für all jene, die mit dem Narzissten tatsächlich leben wollen. Sie müssen lernen, seine Düsternis zu akzeptieren, weil sie Teil seiner Welt ist: Bestrafen Sie ihn also nicht, sondern gehen Sie mit ihm – freilich ohne sich selbst deprimieren zu lassen. Wie Ihnen das gelingen kann, erfahren Sie im Kapitel »Überlebensstrategien«.

Komplizenschaft statt Nähe

»Aber die Intimität ist ein schwieriges Pflaster.«
Margaret Mazzantini, Geh nicht fort

Liebes- und freundschaftliche Beziehungen sind für jeden Menschen wichtig. Tatsächlich ist die Komplizenschaft mit anderen, die beide Formen der Beziehung mit sich bringen, ein Wert, den wir durchaus genießen können. Für den Narzissten ist Freundschaft wichtig: Er ist ein vertrauenswürdiger Freund und durchaus in der Lage, sich dem anderen zuzuwenden, vor allem wenn dieser ihn braucht. Natürlich nur dann, wenn es ihm passt und wenn man Abwesenheiten aufgrund von Ablenkungen hinnimmt.

»Tom gibt sein Bestes nur seinen Freunden«, erzählt Maria Pace Ottieri in einem Roman, in dem ein extravertierter und manischer Narzisst seine Partnerin immer unglücklicher macht. Diese verkümmert gleichsam und wird dabei zunehmend verbitterter – was ja auch in Wirklichkeit nicht selten geschieht. Die Frau konzentriert sich vollkommen auf die außerordentlichen Qualitäten ihres Partners, ohne auf das eigene Unbehagen zu achten und damit auf den Preis, den sie für diese Beziehung bezahlt. »Er ist ein wunderbarer Freund, wie jeder ihn sich wünschen würde, sensibel, aufmerksam, unerwarteter Großzügigkeit fähig, unglaublicher Aufmerksamkeit und wärmster Unterstützung in schweren Zeiten [...] Tom ist umso aufmerksamer, je weniger nahe ihm ein Mensch steht.«[16]

In dem Roman *Geh nicht fort* betrügt der narzisstische Protagonist eine bewundernswerte Frau, die ihn liebt (sie ist vielleicht etwas unterkühlt und befindet sich notwendigerweise in der Defensive), mit einer Frau, die »nichts ist« und ihm alles wird, eben weil sie sich ihm vollkommen zur Verfügung stellt – ohne eigene Persönlichkeit, fähig, ihn vollkommen anzunehmen. Er fühlt sich ihr nahe, obwohl er sie kaum kennt, obwohl sie nicht im Geringsten seinen Wünschen entspricht und er sich dieses Faktum nicht erklären kann.

Die Illusion der totalen Verschmelzung, die Möglichkeit, vollkommen miteinander in Einklang zu sein – das ist es, was der Narzisst in der Liebe sucht, aber auch in der Freundschaft und in allen Beziehungen, die er schätzt. Ein Freund wird immer ein Freund bleiben, selbst wenn man sich nur sporadisch sieht. Die Komplizenschaft wird zur unabdingbaren Würze des Lebens, zur Droge, nach der er strebt und die ihm erlaubt, sein Selbstgefühl wiederzufinden und sich seiner Liebenswürdigkeit zu versichern. Komplizenschaft heißt für ihn, mit einem Freund zusammen zu sein, Frauen den Hof zu machen und sie verliebt zu sehen, sich der goldenen Zeiten der eigenen Jugend zu erinnern und Anekdoten zu erzählen, in denen der Narzisst unbestrittener Held ist. Es bedeutet auch, sich gemeinsam früherer Freundinnen zu erinnern. Oder mit der aktuellen Freundin in vollkommener Harmonie zu leben, wobei einer zur narzisstischen Projektion des anderen wird in einem Taumel des Jubels und der Wertschätzung, der zum Mittelpunkt der Beziehung wird. Die Suche nach Komplizenschaft ist ein Merkmal, das dem Narzissten seine ungeheure Intensität und Begeisterungsfähigkeit verleiht.

Wenn sie nicht in der Lage sind, diesen Einklang zwischen sich und der Partnerin herzustellen, werden diese Männer ihn anderswo suchen, und zwar mit einer gewissen Dringlichkeit: Entweder schütten sie der Tochter ihr Herz aus oder einer Freundin bzw. einer Kollegin. Diese Komplizenschaft, die sie mit Nähe verwechseln, stecken sie sich ans Revers und brüsten sich damit vor der Partnerin, der sie häufig vorwerfen, nicht »mit von der Partie« zu sein, als ob das nur an ihr läge und als ob der Narzisst dadurch eines Grundrechts beraubt würde. Als ob Komplizenschaft eine Tributzahlung wäre, die ihnen zustünde, und kein Spiel, das aus dem Zusammenwirken beider entsteht.

Wie das Leben so spielt
Ein Mann geht mit seiner Partnerin ins Kino. Am Ende der Vorstellung stellt sich heraus, dass der Film ihm gefallen hat, ihr nicht. Verstört, ja wütend über diesen Mangel an Übereinstimmung, ruft der Mann sofort eine Freundin an, der er den »phantastischen« Film bis ins kleinste Detail schildert. Im Auto – die Partnerin fährt – diskutiert er nicht etwa mit ihr den Film, sondern ergreift vielmehr die Gelegenheit, jener Freundin seine Eindrücke zu schildern, um deren Zustimmung zu provozieren und so ein Gefühl der Gemeinsamkeit herzustellen.

Nachrichten von der Couch
Einer meiner Patienten verbringt seine Nächte mit Chatten. Wenn seine Frau aufzuräumen beginnt, schaltet er den Computer ein und stellt ihn erst um vier Uhr morgens wieder aus. Bei der Arbeit ist er ständig erschöpft und bringt nie seine Höchstleistung, doch das interessiert ihn nicht, denn mittlerweile zieht er die höchste Befriedigung für sein grandioses Ich aus seiner Fähigkeit, zu anderen eine »Beziehung« auf-

zunehmen, die er jedoch nur im Chat auslebt.[17] Im Chat kann er die Illusion aufrechterhalten, sehr intime Beziehungen zu idealisierten Menschen zu haben, auf die er alles Wunderbare dieser Welt projizieren kann.

Die Frauen, die er beim Chatten kennenlernt, stellt er sich schön, gebildet, an ihm interessiert vor. Natürlich sind sie auch verfügbar und erotisch höchst anregend. Von seiner Frau hat er sich emotional entfernt und wirft ihr Kälte vor. Mit ihr unternimmt er nur das absolut Nötigste. Sein eigentliches Dasein spielt sich im virtuellen Bereich ab, wo er Freundschaften, Liebschaften, Antipathien und Leidenschaft lebt.

Konsequenterweise hat er entschieden, dass er die Frauen, mit denen er in Kontakt steht, nicht kennenlernen will: Anfangs hat er dies versucht, doch er wurde regelmäßig enttäuscht. Und so werden seine Wünsche ihm zum Wegweiser durch die virtuelle Beziehungswelt, in der er sich jeglicher Phantasie bereitwillig hingibt, wenn nur irgendjemand sie teilt.

Unabdingbare Voraussetzung für die Empfindung der Nähe ist, dass die Beteiligten sich emotional als zwei getrennte Wesen erfahren, zwischen denen eine Brücke geschlagen wird: Man vertieft die Bekanntschaft mit dem Du und akzeptiert des anderen Mängel und Schwächen. Daher ist Nähe auch etwas anderes als Symbiose, bei der es nicht zu einer echten Begegnung der Beteiligten kommt. Narzissten fürchten die Nähe und wehren sich mit Händen und Füßen dagegen. Häufig inszenieren sie die Distanz zu ihrem Gegenüber regelrecht, weil sie vor der Annäherung Angst haben und dazu kaum fähig sind. Sie haben Angst, verletzt zu werden, weil sie sich »nackt« und gefährdet fühlen. (»In Beziehungen entwickle ich immer seltsame Phantasien, als hätte ich Angst, in einer

Zweierbeziehung zu leben.« Oder: »Ich erlebe Nähe als enorme Bedrohung.«)

Für diese Männer ist das Sichöffnen – sich dem anderen zuzuwenden und sich um ihn zu kümmern – nur in den magischen Zeiten der Verliebtheit möglich, während das grandiose Ich gleichsam aufflammt, oder wenn sie ein intensives Bedürfnis nach einem Partner verspüren. Doch es ist schwierig, wenn nicht unmöglich für sie, ein derartiges Verhalten über diese Zeit hinaus aufrechtzuerhalten. In solchen Beziehungen nimmt man häufig eher das wahr, was der andere einem nimmt, statt das, was er mitbringt und was er selbst für die Beziehung aufgibt.

»Immer wenn es emotional wird, rebelliert er und wehrt sie aggressiv ab, statt sie anzunehmen. Er tut das aus Angst. Angst vor größerer Nähe zwischen uns beiden, Angst, in der Beziehung zu mir verletzt zu werden, sich wehzutun, die Grenzen hinter sich zu lassen.« Doch wer immer eine Beziehung mit einem Narzissten führt, sollte sich bewusst machen, dass es zu unterscheiden gilt zwischen »Er will nicht mit mir zusammen sein« und »Er kann keine Beziehung führen«. Letzteres trifft zu: Es ist kein Zufall, dass betroffene Frauen diese Männer immer wieder mit einem bestimmten Bild beschreiben. Sie benehmen sich, »als hätten sie keine Arme, mit denen sie einen festhalten können«. Als wären sie nicht in der Lage, eine Beziehung zu führen und sich selbst darum zu kümmern, was auf der emotionalen Ebene nötig ist (wie wir im Kapitel »Überlebensstrategien« sehen werden).

Die absolute Zeit

> »Nur, wo er Erinnerung bedeutete, vermochte sein Wort,
> seine Stimme, sein Blick noch zu bannen;
> seiner Gegenwart war die Wirkung versagt.«
> *Arthur Schnitzler,* Casanovas Heimfahrt

> »Davon abgesehen ist man unsterblich, solange man lebt.«
> *Philip Roth,* Das sterbende Tier[18]

Kronos, Sohn von Himmel und Erde, Vater von Zeus, repräsentiert in der griechischen Mythologie die irdische Zeit, die Zeit der kleinen Dinge, des alltäglichen Werdens und Vergehens.[19] Der Narzisst fühlt sich vom Pulsieren des Alltagslebens eingeschränkt und erträgt es nur, wenn absolut nötig (im Beruf beispielsweise), wobei er dann durchaus zu Konzentrationsleistungen imstande ist. Im Vergleich zur mühseligen Gegenwart hingegen gerät ihm die Vergangenheit zum heroischen Epos, weil sie sich so schön idealisieren lässt. Die Zukunft aber macht ihm Angst, weil sie den Tod bringt, vor dem der Narzisst sich fürchtet. Daher ist er auch immer in Eile, als wäre die Zukunft kein Verbündeter, sondern ein Feind, den es zu bekämpfen gilt. Wie die Gegenwart eben, die ihn zwingt, sich mit dem auseinanderzusetzen, was in Wirklichkeit passiert. Die Dimension des Aiòn aber (von der Plato im *Timaios* spricht) ist das Zeitalter der Götter und Heroen, die transzendente Zeit, die aufgehobene Zeit jenseits des Alltags. Der Sieg des Idealen über das Praktische, der heiligen Maske über das Gesicht des Profanen: Diese Dimension erlaubt dem Narzissten, die Ereignisse aus einer höheren und privilegierten Warte zu betrachten, weil er nicht darin verwickelt ist. Er sieht gleichsam das »größere Ganze«.

Das Leben zu zweit in Briefen und E-Mails
Olimpia an Furio: »Mir kam gestern die Idee, dass wir beide auf zwei verschiedenen Zeitebenen operieren: Für mich ist die Geschichte ein passender Rahmen. Es gibt ein Vorher, ein Nachher, die Zeit verändert sich ständig. Genau das, was dich stört. Sagtest du nicht immer, dass meine ewigen Datierungen dich stören? Oder die Abfolge der Ereignisse, die mir hilft, meine Angst zu bekämpfen und das zu verstehen, was passiert?

Du aber funktionierst nicht nach den Regeln der Erzählung. Für dich ist nur das Ewige gegenwärtig. Für dich zählen die Empfindungen im Hier und Jetzt. Raum, Zeit, Geschichte – für dich konzentriert sich alles in dem einen Augenblick, den du erlebst, in einer Art einzigartigen Raumzeit. Vielleicht schaffst du es deshalb nicht, eine Beziehung zu führen, die in die Zukunft weist. Wenn du dich eingesperrt fühlst, wirst du zum Flaschengeist, den das Gefangensein auf so engem Raum all seine Lebenskraft kostet. Wenn du eine Liebesgeschichte erlebst, die dich nicht berührt, weil sie nur einen Teil von dir anspricht, dann fühlst du dich sicher, weil niemand dich fangen kann. Du bist nicht gefährdet.

Eine Möglichkeit wäre es, dass wir uns nur dann sehen, wenn wir darauf Lust haben. Auf diese Weise müssen wir unsere Geschichte nicht den Regeln und der Konvention überantworten. Aber werden wir dazu fähig sein?«

Der Narzisst hat ein tragisches Verhältnis zum Altern. (Ist das Alt-werden-Können tatsächlich ein Zeichen von Intelligenz? Ganz sicher verlangt es die Fähigkeit, sich vom eigenen Ich distanzieren zu können.) Er altert mit Bedauern, Zynismus, Angst vor dem Sterben und Neid auf jüngere Menschen: »Ich habe aus meinem Leben nichts gemacht, aber das geht ja wohl allen so.« Das Sicherheitsgefühl des Narzissten wird nie ganz erfüllt. Also bildet er in seinem Bewusstsein eine massive Opposition von »jung« und »alt« heraus, die dem Anpassungsprozess nicht gerade förderlich ist. Sie fördert vielmehr die Kluft zwischen Aktion (die der Jugend eigen ist, denen, die »noch nicht zum Mann gereift sind«) und Reflexion (die dem Alter zugeschrieben wird, denen also, die »nicht mehr Mann sind«).

Ich habe alternde Narzissten kennengelernt, die wirklich schon weit in die Jahre gekommen waren, sich aber immer noch so benahmen, als seien sie jung, und sich vom Alter unberührt zeigen wollten: als hätten sie vom Leben noch nicht genug gelernt und wollten die Waffen nicht niederlegen. Sie veränderten sich nicht, blieben allen Ermahnungen gegenüber taub, machten sich gelegentlich lächerlich, weil sie unfähig waren, in die natürliche Zeitdimension des Alters und der Abhängigkeit einzutreten, die ja auch etwas Tröstliches hat. Nehmen wir beispielsweise Schnitzlers wunderbaren Roman *Casanovas Heimkehr*[20]. Darin gelingt es dem gealterten Narzissten Casanova nicht, sich vom Bild seiner Jugend zu trennen, das ihm so viele erotische Abenteuer bescherte, deshalb überlässt er sich dem Verfall und der Selbstzerstörung. Wie es im Nachwort heißt, ist Casanova nicht deshalb allein, weil er die Erfolge seiner Jugend nicht mehr zu wiederholen vermag, sondern weil er das Alter nicht akzeptieren kann, das über ihn hereinbricht, und nicht fähig ist, den altersbedingten Abbau als natürlichen Teil des Lebenszyklus hinzunehmen. Er schafft es zwar, eine junge Frau zu haben, doch nur, weil er sich als ein anderer ausgibt. Mit Entsetzen – das er jedoch schleunigst wieder vergisst – bemerkt er den Blick voller Ekel, den die junge Dame ihm zuwirft, als sie ihn nach der Liebesnacht erkennt.

Doch ich habe auch Narzissten kennengelernt, die sich ihrer Verhaltensweisen bewusst sind, die der Introspektion also nicht aus dem Weg gehen: Einige von ihnen leben gleichsam mit dem Tod als Gefährten. Sie befinden sich im Taumel einer universellen Angst, als wäre der Tod ein Synonym für ihr aktuelles Leben, der einzige Freund, der ihrem unbewussten Fühlen geblieben ist, treuer Zeuge ihrer Fehler und der emotionalen Kälte ihres Daseins. Andere haben sich mit ihrem Egoismus arrangiert und es geschafft, sich der Welt zu öffnen: Sie können Vergangenheit und Zukunft, Zeitlichkeit und Ewigkeit verbinden. Wenn der alternde Narzisst die psychologische Achse Puer-Senex[21] wiederherstellt, kann er das Band zwischen Anfang und Ende, zwischen Erblühen und Sich-wieder-Verschließen erhalten. Dann gerät ihm nicht nur die Gegenwart zur Quelle des Vergnügens, sondern auch die geschichtliche Zeit in ihrer narrativen und normativen Qualität. Nur wenn er die Brücke schlägt zwischen seinem Dasein als Jüngling und als alter Mann, kann die Weisheit in Dialog mit der Vitalität treten, das Denken mit dem Tun, was den Aspekt der Selbstbetrachtung stärkt. Auf diese Weise tritt der Narzisst heraus aus dem Gefängnis der Selbstbezogenheit, in dem er ausschließlich damit beschäftigt ist, Rechtfertigungen für das eigene Tun zu suchen.

Ein anderes Faktum, das zeitgebunden ist, jedoch offensichtlich allen Männern zwischen fünfzig und sechzig Jahren eignet, ist, dass sie eine Vorliebe für sehr junge

Frauen entwickeln. Die Angst vor der Impotenz treibt sie zu Phantasien, in denen sie als Retter junger Damen auftreten, vor allem wenn diese aus Ländern kommen, in denen die Frau aus kulturellen Gründen und wirtschaftlicher Not dem Mann unterlegen ist. Diesen Frauen bieten die älteren Herren dann ein leichtes Leben im Verbund mit männlicher Hingabe: »Ich habe mir eine junge Frau gesucht, weil ich dachte, ich könne das Altern so aufhalten. Ich habe mich für sie entschieden, weil sie jung und schön ist. Das befriedigt mich. Außerdem bin ich klüger als sie und kann ihr im Leben weiterhelfen. Dadurch fühle ich mich wichtig und mächtig. Und schließlich kann ich hier endlich der aufmerksame Vater sein, der ich meiner Tochter nie war.« Offensichtlich brauchen diese Männer die Figur der Jugend außerhalb ihrer selbst verkörpert und versuchen, sie zu integrieren, indem sie in ihren Armen die Gegenwart vergessen.[22]

Wie schreibt doch der bekannte Tiefenpsychologe und Analytiker James Hillman? »Die Tochter-Anima baut den ›alten‹ Mann wieder auf, weil sie sein Unglück mit anderen Gedanken füllt, sodass es eine andere Qualität annimmt als zuvor, im Leben mit der nährenden Mutter oder der schwesterlichen Gattin. Mit der Tochter-Gespielin treten Gleichwertigkeit, Abwechslung und erotische Intimität in den Hintergrund und machen Platz für eine zukunftsorientierte Anima.«[23] Dahinter steckt die fixe Idee von der Suche nach der ewigen Jugend, die leicht in Selbstbetrug umschlägt, in den Wunsch nach Zerstörung.

Kommen wir noch einmal auf den Roman von Arthur Schnitzler zurück, in dem Casanova die Liebe einer gleichaltrigen Frau zurückweist, obwohl sie sein Selbstbild vom großartigen Verführer und phantastischen

Liebhaber bestätigt. Diese Beziehung würde ihm sein Selbstvertrauen zurückgeben und für ihn eine Möglichkeit schaffen, mit der Gegenwart fertig zu werden. Stattdessen folgt er seiner Leidenschaft für eine junge Dame, die an ihm nicht im Geringsten interessiert ist. »Ich habe auf eine tiefergehende Beziehung verzichtet«, gestand mir ein ansonsten durchaus kluger Fünfzigjähriger bei einer Therapiesitzung, »und mich stattdessen einem strahlenden Geschöpf zugewandt, das stets bester Laune ist, liebevoll, niemals rachsüchtig, und das zudem immer hinter mir steht, weil ich ihr Idol bin. Einfach ein Engel, eine junge, einfache Frau, süß und sanftmütig ... Doch das genügt mir nicht. Ich will mehr von ihr. Und das, was mir fehlt, lässt mich überspannt und nervös werden.«

Selbstbezogenheit

> »Manchmal vergisst sie, dass Tom das Objekt ihrer Nachforschungen ist, und versucht, ihm ihre Entdeckungen mitzuteilen. Doch Tom zeigt sich an solchen Dingen so desinteressiert wie die Natur, die sich von der Interpretation durch den Mathematiker auch nicht rühren lässt.«
> *Maria Pace Ottieri*, Abbandonami

Den Aspekt der Selbstbezogenheit zu erklären ist vergleichsweise schwierig. Gemeint ist damit in erster Linie die Leichtigkeit, mit der der Narzisst sich seine Vorstellungen über sich selbst und die Welt bestätigt, um das grandiose Bild, das er von der eigenen Person hat, nicht angetastet zu sehen und sich seine grundlegenden Überzeugungen zu bestätigen. Die grundsätzliche Tendenz zu einer derart selbstzentrierten Weltsicht ermöglicht ihm, sich stets treu zu bleiben, und ist dafür verantwortlich, dass er seine Verhaltensweisen ständig wiederholt.

Auch Ovid überliefert uns im Mythos, dass Narziss sich selbst treu bleibt. Er setzt sein Selbstbild keiner Konfrontation aus, was auch immer geschehen mag. Es ist, als dürften die Fundamente seines Daseins keiner näheren Prüfung unterzogen werden: erstens die Grandiosität und die darin liegende Schwäche, zweitens die absolute Notwendigkeit, sich allen Beziehungen durch Flucht zu entziehen, drittens die Neigung, sich stets als Opfer der anderen zu sehen, und viertens der Schmerz, sich ständig verletzt zu fühlen und auf andere angewiesen zu sein.

Diese Grundpfeiler werden nie infrage gestellt und lassen sich daher auch nicht verändern, nicht einmal, wenn die Außenwelt ihr unnachsichtiges Licht darauf wirft. Der Narzisst bleibt, wie er ist: Er organisiert sein Handeln so, dass er sich unverändert ins Unendliche fortsetzen kann. »Ich finde immer alles gut, was mir wehtut«, sagt Vito, der sich intellektuell jederzeit infrage stellen lässt, nur um dann mit den üblichen Verhaltensweisen fortzufahren.

Die Selbstbezogenheit, die einer meiner Freunde »Taubheit der Seele«[24] nennt, ist es auch, die den Narzissten dazu bringt, Wort und Tat an den ständig wechselnden Bedürfnissen des Augenblicks und an seiner Gefühlslage auszurichten. (»Er folgt einfach seinen Empfindungen, die er im Nachhinein erklärt, indem er ihnen einen Namen gibt und eine Theorie konstruiert, die rechtfertigt, weshalb er sich so fühlt, wie er sich fühlt.« Oder: »Ich habe immer das Gefühl, dass er mir einfach nicht zuhört oder meinen Standpunkt einfach absolut nicht begreifen kann.« – »Er ist so sprunghaft. Er macht alles Mögliche, denkt an alles Mögliche, rennt jeder Idee hinterher, die ihm durch den Kopf geht, tut alles und dann wieder das Gegenteil.«)

Die Fähigkeit zum Selbstbetrug ist beim Narzissten sehr ausgeprägt. Gleichzeitig sorgt er fleißig dafür, dass »stets genug Wasser auf seine Mühlen« fließt, damit er nie im Unrecht ist und er sein Handeln immer rechtfertigen kann. Auf diese Weise stoßen wir stets wieder auf Versionen von Ereignissen, die sich im Laufe der Zeit verändern und die irgendwann einmal mit dem, was wirklich passiert ist, nicht mehr viel zu tun haben. Ich kenne wirklich fähige Männer, die nicht in der Lage waren, den Standpunkt ihrer Partnerin zu verstehen. Andere wiederum glauben eher ihren Phantasien als dem, was vor ihren Augen real geschieht.

Wie das Leben so spielt

Furio ist davon überzeugt, dass er Beziehungen beenden muss, weil die Partnerin ihn nicht liebt. Er erklärt, er habe Olimpia verlassen, weil sie eine Minute später mit ihm Schluss gemacht hätte. In seiner Vorstellung ist er es also, der verlassen wird, selbst wenn er die Trennung vollzieht. Er merkt nicht, dass er sich langweilt und Angst hat, und projiziert seine Fluchttendenzen auf Olimpia. Dass er sich ständig gegen die fixe Vorstellung verteidigen muss, nicht ausreichend geliebt zu werden und gefährdet zu sein, ist ihm nicht bewusst. Auch dass er eine selbstzentrierte und persönliche Art hat, die Ereignisse zu interpretieren, entgeht ihm. Trotzdem ist Furio ein hochintelligenter Mensch!

Direktaufnahme

»Warum hast du deinen Fuß unter meinen geschoben?«, fragte mich ein Freund eines Tages wutentbrannt, nachdem er mir auf den Fuß gestiegen war.

»Ich fühle mich mit mir allein ganz wohl«, meinte ein anderer Freund, der, seit ich ihn kenne, allerhöchstens eine Woche lang solo war.

»Du verstehst mich überhaupt nicht. Ich bin nicht, wie du mich hinstellst. Ich bin ganz und gar nicht so, wie du mich siehst«, lautet die klassische Antwort des Narzissten, wenn man ihm beschreibt, wie er sich verhält, weil er so nicht gesehen werden will.

Das alltägliche Drama: Verletzen und bereuen

> »Ich bin neben mir hergelaufen, nicht in der Lage, mich mit der Realität abzufinden, unfähig, mich für etwas zu begeistern, zwar irgendwo zu wohnen, aber nur, um von dort wieder wegzulaufen.«
> Eric-Emmanuel Schmitt, Kleine Eheverbrechen[25]

Das eigentliche Drama des Narzissten haben wir bislang noch nicht ausreichend behandelt. Sein Leben wird vor allem von seiner schmerzhaften Wunde bestimmt, die sich niemals schließt, von seiner Einsamkeit und der Undurchdringlichkeit, die ihn immer und überallhin begleitet. Er lebt aus einem Gefühl der Schwäche und der Gefährdung heraus, das sich besonders in Beziehungen mit anderen Menschen entzündet, was den Narzissten mitunter sadistische Züge annehmen lässt. Sein tägliches

Brot sind Selbstzerstörungswut und ewiges Bedauern, als sei das Leben ihm etwas schuldig geblieben. Diese immer offene Wunde löst einen mitunter unerklärlichen dauerhaften Schmerz aus. Daher sind die Verhaltensweisen, die wir vorgestellt haben und noch vorstellen werden, meist defensive Strategien gegen diese alles durchdringenden Emotionen. Es scheint, als suchten jene Männer ständig etwas, was sie nicht besitzen und nie besessen haben, doch als fände diese Suche nie ein Ende: Vielleicht streben sie nach der idealen Liebe oder nach dem Glück, nach der Chance ihres Lebens. Vielleicht ist es auch die Erfüllung aller nicht eingelösten Versprechen oder die Rache für das, was sie alles nie bekommen haben.

Narzissten leben selten in der Gegenwart, die sie als unbefriedigend empfinden. Sie hoffen stets auf etwas, was sie letztendlich doch noch zufriedenstellt. Diese ewige Suche verleitet sie dazu, die Menschen in ihrem Umfeld als Störenfriede zu betrachten. Sie erleben diese nicht als Gefährten, mit deren Hilfe sie ein besseres Leben erlangen können, sondern als Hindernis für die Prachtentfaltung einer hypothetischen Zukunft, als gefährliche Agenten des Unglücks also. Daher nutzt der Narzisst andere häufig als »Mülleimer« für seine überschießenden Ängste, in den er seinen Zorn quasi »hineinkotzt«.

Die rückwärtsgewandte Sehnsucht nach der vollkommenen Verschmelzung,[26] in die der Narzisst nicht mehr einzutauchen vermag, macht ihn häufig liebesunfähig: In der Wissenschaft wird er beschrieben als unsensibel für die Gefühle anderer;[27] als unfähig, die Ambivalenz auszuhalten, die in längeren Beziehungen immer vorhanden ist (was den Narzissten in die Flucht treibt); als gleichgültig, was die Lösung zwischenmenschlicher Konflikte angeht.

Jenem Drama wenden wir uns im folgenden Kapitel zu, in dem wir die Bindungsstrategien des Narzissten ausführlicher betrachten und vor allem das damit einhergehende Bedürfnis nach Rückzug und Flucht. Ich möchte dieses Kapitel schließen mit dem Hinweis auf den Schmerz und die Angst, die der Narzisst empfindet, auf das Gefühl des »eigenen Wesens, an dem es ihm gebricht«, das seine Identität sprengt und ihn noch verlorener, noch verängstigter zurücklässt, weil er sich plötzlich bedürftig fühlt.

Wie bereits gesagt wurde, hat der Narzisst große Angst vor dem Verschmelzen mit dem anderen und kämpft mit aller Gewalt dagegen an. Häufig wähnt er sich auch nicht für das geliebt, was er ist, sondern für das, was er zu sein vorgibt: Das aber macht ihn wütend und flößt ihm das heftige Verlangen ein, die Liebe und den Menschen, der ihn liebt, auf die Probe zu stellen. Dadurch entsteht eine gefährliche Doppelbindung: Einerseits verstärkt diese Empfindung das Gefühl, um jeden Preis sicher, kontrolliert und vital zu erscheinen (das idealisierte Selbst), andererseits den authentischeren und empfindsameren Teil seiner selbst zu verstecken, den kindlichen, verletzlichen Aspekt, in dem all seine Zwischentöne zu Hause sind und der daher sehr liebenswert wirkt. Und so entsteht der Bruch, der ihn von dem Wunsch entfernt, diese Teile seiner selbst zu integrieren.

Zusammengefasst könnte man also sagen, dass der Narzisst ein Mensch mit vielen Facetten ist, der jene, die er wirklich liebt, auch seine Schwächen und seine Antriebslosigkeit sehen lässt, eine Seite seiner Persönlichkeit, vor der er enorme Angst hat. Da er jedoch dieses Bild von sich hasst, muss er sich von denen entfernen, denen er es gezeigt hat, um in Beziehungen zu anderen Menschen (Frauen) jenes Selbst wiedererstehen zu lassen, das seinem Idealbild eher entspricht. Das ist ziemlich mühselig – sowohl für ihn als auch für seine Partnerin. Für all diejenigen, die trotzdem die Beziehung zu »ihrem Narzissten« aufrechterhalten wollen, sei gesagt, dass das Sprichwort »Angriff ist die beste Verteidigung« auf ihn nicht zutrifft. Viele Frauen lassen ihrer Wut freien Lauf, weil ihnen das fehlt, was der Partner ihnen nicht mehr gibt. Sie deuten ihn zum Feind um und rufen so die Rache oder die endgültige Trennung erst hervor (siehe dazu das Kapitel »Fallen für die Partnerin«).

Gefährliche Liebschaften: Narziss und Bindungsfähigkeit

Bindungsfähigkeit

> »Eine Bindung ist etwas durch und durch Ruinöses:
> Wer sich bindet, ist schon verloren.«
> *Joseph Conrad*

In diesem und dem folgenden Kapitel geht es um die Erfahrung von Annäherung und Entfernung. Wir lernen sehr früh die Formen der Bindung, die unser späteres Verhalten jedem menschlichen Wesen gegenüber bestimmen, mit dem wir in irgendeiner Form eine Beziehung eingehen. Die Art der Erfahrung, die wir im Alter von wenigen Monaten bzw. Jahren mit unseren Bezugspersonen machen, schafft eine Prägung für ein positives oder negatives Muster interpersoneller Beziehungen, das sich in späteren Bindungen wiederholt.[1]

Die Wissenschaft beschreibt den Narzissten als Individuum, dessen Verhalten sich als Reaktion auf eine grundlegende Störung in den frühkindlichen Beziehungen entwickelt hat. Damals musste der Narzisst lernen, seine eigenen Bedürfnisse und Gefühle zu unterdrücken und auf keinerlei positive Reaktion vonseiten der Bezugspersonen zu hoffen. In der populärwissenschaftlichen Literatur hingegen wird der Narzisst meist als verwöhntes Kind beschrieben, das von einer übermäßig beschützenden Mutter viel zu sehr geliebt wurde. Doch in den Therapiesitzungen zeigt sich meist ein anderes Bild. Da ist von Leiden die Rede, von mangelndem Verständnis, emotionaler Distanz, Aggression und überzogenen Erwartungen. In der Biographie von Narzissten wiederholen sich meiner Erfahrung nach zwei charakteristische Situationen, die letztlich für diese Persönlichkeitsstörung verantwortlich sind:

- Zum einen sind die anfänglichen Bindungserfahrungen gewöhnlich recht stark, aber in gewisser Weise nicht zuverlässig abrufbar. Sie werden unterbrochen, was ein traumatisches Ereignis darstellt, oder sie verschlechtern sich aus einem wie auch immer gearteten Grund: durch unvorhergesehene Trennung, Tod, Geburt eines Geschwisterchens, das in der Folge mehr Aufmerksamkeit und Liebe bekommt etc. Das Urvertrauen wird erschüttert, weil die Bindung zu einer wichtigen Bezugsperson sich ändert oder aufhört.
- Wenn im anderen Falle der Narzisst mütterlicherseits viel Liebe erfährt, muss er sich so verhalten, wie sie ihn haben will. Er wird also unter einer ganz bestimmten Voraussetzung geliebt und muss sich fremden Vorstellungen anpassen, obwohl diese Forderung selten bewusst vorgetragen wird. In allen Familien von Narzissten drängt sich der Eindruck auf, die Eltern sehen ihr Kind so, wie sie es sehen wollen, und nicht, wie es in Wirklichkeit ist.[2]

Diese Erfahrungen bringen den Narzissten in seinen frühesten Jahren dazu, seine kindlichen Züge zu unterdrücken, seine Bedürftigkeit und seine naturgegebene Schwäche, um stattdessen Erwachsenen-Verhaltensweisen an den Tag zu legen. Das vorzeitig adulte Kind behält das Gefühl zurück, sich wehren zu müssen und im Innersten schwach, verwundbar und verletzt zu sein.

Nachrichten von der Couch
Furio wurde nach einer anfänglich starken Elternbindung plötzlich »verlassen«, weil er einen Bruder bekommen hatte, der Epileptiker war und um den sich seine Eltern naturgemäß verstärkt kümmern mussten. Immer wenn der Bruder Anfälle hatte, kamen die Großeltern – die Furio als »streng« beschrieb – und nahmen Furio für einige Tage mit, um seine Eltern zu entlasten.

Während er heranwuchs, nahm sein Vater ihn zwar zu gemeinsamen Unternehmungen mit, achtete aber niemals darauf, was der Sohn gern machte, sondern ging während dieser gemeinsam verbrachten Zeit seinen eigenen Interessen nach. Um überhaupt Beachtung zu finden, hätte Furio sich dem Vater und dessen Erwartungen anpassen müssen.

Er entschied sich stattdessen für die Rebellion und legte Verhaltensweisen an den Tag, die »konterabhängig« waren; das heißt, die grundsätzlich in Opposition zu dem standen, was von ihm erwartet wurde. Diese Einstellung prägte künftig ebenso sein Verhältnis zu Frauen.

Doch es gibt auch Narzissten, die von ihrer Ursprungsfamilie bedingungslos geliebt werden, wobei hier statt »bedingungslos« mitunter der Begriff »krankhaft« eher angebracht wäre, geht es dabei doch um teilweise übertriebene Nähe-Erfahrungen mit der eigenen Mutter, als wäre sie mit dem Sohn verheiratet und nicht mit dem Vater, der bei dem Geschehen am Rande bleibt. Von allen jedoch wird »Großes« erwartet – wie bei den in der Literatur vielfach erwähnten »besonderen Kindern«. Der Narzisst wird geschätzt und steht in hohem Ansehen, wenn nicht bei der ganzen Familie, dann wenigstens bei einem Teil von ihr, so als wäre er ein Wunderkind, auf das man seine Hoffnungen auf sozialen oder kulturellen Aufstieg gründen könnte. Seine Überlegenheit wird in einem fort unterstrichen, und vielleicht ist es gerade das, was ihn auf die Idee bringt, sich »außergewöhnlich« zu wähnen: Narzissten werden für einige besondere Charakterzüge gelobt und bewundert, ob sie nun echt oder eingebildet sind, ihre eher »normalen« Eigenschaften aber werden ignoriert. Je eindeutiger das Interesse und die Unterstützung der Familie ausfallen, desto weniger destruktiv verhalten Narzissten sich in ihren späteren emotionalen Beziehungen: Sie fühlen sich selbstsicher und sind eher geneigt zu glauben, dass sie von anderen bekommen werden, was sie sich wünschen. Der Typus aber, der seine Kindheit mehr oder weniger in der Defensive verbracht hat, wird sich in einer Zweierbeziehung nie ganz wohl fühlen. (»Im Haus meiner Frau und meiner Kinder fühle ich mich nur als Gast.« Oder: »Ich hatte immer das Gefühl, auf der Flucht zu sein, nirgends hinzugehören.«)

Geliebt zu werden beruhigt den Narzissten.[3] (»Ist es da nicht verzeihlich, wenn wir glauben, dass es uns vom Schicksal bestimmt sei, eines Tages plötzlich dem Mann oder der Frau unserer Träume gegenüberzustehen? Ist es nicht entschuldbar, wenn wir mit einer gewissen abergläubischen Treue an ein Geschöpf glauben, das sich als die Antwort auf unser brennendes Verlangen erweisen wird?«[4] Oder: »Ich möchte die Garantie auf eine Liebe ohne Verfallsdatum und ohne Bedingungen.«) Der Narzisst sucht das Pathos als Element seiner Identität, die

Beziehung als Heilsversprechen. Doch obwohl auch er in die Beziehung investiert, ist seine Bindung nie vollständig sicher. (»Während wir zusammen waren, gab ich ihr nie das Gefühl, sicher für sie da zu sein.« Oder: »Ich hatte immer das Gefühl, unsere Beziehung hänge an einem seidenen Faden.«)

In der therapeutischen Arbeit mit dem Narzissten hat man stets den Eindruck, als fehle es ihm an dem, was Psychologen »Objektkonstanz« nennen, die Bindung an etwas, was außerhalb seiner selbst existiert, an ein Du, das ihm Sicherheit geben kann, was auch immer geschieht. Der andere aber existiert häufig nur als Verlängerung des eigenen Selbst. Aus diesem Grund hat der Narzisst solche Schwierigkeiten, Vertrauen zu entwickeln, und braucht ständig Bestätigung. Er leugnet schlicht seine Unfähigkeit, Sorge für eine Partnerin und eventuelle Kinder zu tragen, weil er nur so sein Selbstbild aufrechterhalten kann. Die Betroffenen allerdings klagen lauthals. Für den Narzissten wird es zur Lebensaufgabe, sich selbst niemals untreu zu werden, weil er aufgrund seiner Persönlichkeitsschwäche Angst hat, sich zu verlieren. Dieser Mann bleibt stur auf seine Ideen und seine Verhaltensweisen konzentriert.

Der depressive Typ[5] geht meist von der unbewussten Vorstellung aus, so viel Liebe vom anderen zu brauchen, dass er vollkommen von dieser Person abhängig ist. So ist es nur natürlich, dass das Gegenüber eine überdimensionale Bedeutung annimmt und der Narzisst sich gegen diese Beziehung wehren muss. (»Wenn ich die Bestätigung, die ich vom anderen erhalte, brauche, werde ich von dieser Person abhängig, was ich nicht ertragen kann. Im Grunde habe ich Angst, mich einer Beziehung ganz hinzugeben, von ihr getragen zu werden. Ich will nicht loslassen, sondern am Steuer stehen. Wer weiß, was passiert, wenn ich nicht kontrolliere.« Oder: »Ich lasse mich vom anderen immer viel zu sehr einnehmen. Ich habe keine Grenzen, die mich schützen könnten. Ich habe Angst vor einem Menschen, den ich zu sehr liebe, bewundere und schätze.«) Und so kommt es zu einer sehr unbequemen, weil paradoxen Situation. (»Ich schaffe es, bei einer Frau zu bleiben, die ich nicht liebe, weil sie mir keine Angst macht, allerdings kann ich ihr nicht viel geben. Wenn ich aber eine Frau liebe und schätze [auch wenn ich sie gar nicht mehr begehre], fühle ich mich in ständiger Gefahr.« Und: »Manchmal fühle ich mich einem Menschen gegenüber, den ich liebe und idealisiere, unterlegen und wertlos. Manchmal spüre ich meine Liebe gar nicht mehr.«)

In den entscheidenden Beziehungen zeigt sich bei narzisstischen Männern eine Art universeller Beklemmung, die zum einen mit der Erwartung des vollkommenen Wohlbefindens zu tun hat – eine heftig herbeigesehnte Regression in die Tage der Kindheit –, zum anderen mit der Angst vor der Bedeutung, die der Partner im eigenen Leben annehmen könnte, und dem daraus entstehenden Risiko der Abhängigkeit. Für ihn ist es, als wäre die Frau Mutter, Schwester, Geliebte und Teil des eigenen Selbst, also die vollkommene Verschmelzung des ursprünglichen Entwicklungszustands. In der Beziehung zur Partnerin aktualisiert der Narzisst sein Selbstbild. Wer sich zu schätzen vermag, kann auch den Partner schätzen. Wer sich hingegen nicht positiv einschätzt, zeigt diesen Mangel an Achtung auch in der Partnerbindung, die man ohnehin für selbstverständlich hält. Wenn der andere zu einem Teil unser selbst wird, dann strafen wir uns, wenn wir uns von ihm entfernen oder ihn schlecht behandeln.

Damit leben wir unsere negativen Anteile aus, schaffen es aber gleichzeitig, den anderen fernzuhalten, damit er uns nicht mehr gefährlich werden kann. Behandelt man den Partner hingegen gut, ist dies eine weitere Bestätigung dafür, dass man selbst eine gute Behandlung verdient.

Viele Frauen klagen über die Doppeldeutigkeit im Verhalten des Partners. Er benehme sich, als würde er sie lieben und hassen zugleich – wie es im Übrigen schon Catull beschreibt. Dabei geht es vor allem um vier wesentliche Punkte, die bei ihnen ein ständiges Gefühl der Unsicherheit verursachen:

- Sie glauben, für den Partner wichtig zu sein und von ihm gebraucht zu werden.
- Andererseits merken sie, dass sie im Leben des Narzissten nie die Nummer eins sein werden.
- Sie wissen, dass sie ihn nie richtig fassen können.
- Sie spüren, dass sie sich auf die Beziehung nicht verlassen können: »Ich wache vielleicht morgen auf, und er ist weg.«

Gerade dieses Gefühl der steten Unsicherheit ist es, das viele Frauen sich verstärkt um ihren Partner kümmern lässt. Sie sind ständig bereit, etwas für ihn zu tun, und gleiten dabei ganz automatisch in die Opferrolle. Das Gefühl der Unsicherheit entsteht aus dem unvermeidlichen Spiel des Narzissten, das darin besteht, sich permanent zu entziehen: Lieber tut er etwas, was ihm bislang weniger wichtig war, nur um zu vermeiden, dass die Partnerin für ihn mehr Bedeutung erlangt und er sich von ihr abhängig fühlt. Ist das nun ein Spiel oder ist es echte, empfundene Notwendigkeit, also eine Überlebensstrategie? Letztendlich beides: Es handelt sich hierbei um eine Bewältigungstaktik, die selten infrage gestellt wird, weil die Angst, sich selbst zu vertrauen, überwältigt zu werden und sich nicht wehren zu können, viel zu stark ist. Der Narzisst ist also kaum in der Lage, sich als verlässlichen Menschen zu präsentieren: Er will nicht sehen, dass die Beziehung ihr Eigenleben hat, sie nicht je nach Laune an- und wieder abgeschaltet werden kann. Der Narzisst schafft es keineswegs, dem anderen eine sichere Grundlage zu bieten. Die Narzissten, von denen hier die Rede ist, werden darüber hinaus zur Frustrationsquelle, weil sie naturgemäß über einen längeren Zeitraum hinweg kein »Wir-Gefühl« aufrechterhalten können, denn es wird nicht regelmäßig gepflegt. Einerseits klammern sie sich heftig an und streben nach Symbiose. Dann wieder leugnen sie die ganze Beziehung und empfinden die Partnerin mit ihren Ansprüchen als »zwanghaft«.

Wenn man diesem Gefühl der Unsicherheit aus dem Weg gehen will, das die Partnerinnen des Narzissten so häufig entwickeln, dann ist es vor allem wichtig, sich seine Unabhängigkeit zu bewahren, sich Raum zu schaffen, die eigenen Wünsche und Bedürfnisse wichtig zu nehmen, aber die Verbindung zum Partner nicht abreißen zu lassen – was, wie ich zugebe, nicht einfach ist. Mehr darüber erfahren Sie im Kapitel über die Fallen, in die Frauen im Umgang mit dem Narzissten tappen können.

Doch es gibt auch anhängliche Narzissten: Diese schaffen es, ihre Sucht nach Bestätigung in eine stabile Beziehung umzuwandeln, die nur selten infrage gestellt wird, selbst wenn sie die Partnerin gelegentlich betrügen. Die Unsicherheit und Angst, die auch sie plagt, beruhigt sich angesichts des Engagements, das sie in die Beziehung einbringen – ständige Telefonate, ein täglicher Kontakt, mit einem Wort: stete Anteilnahme.

Mögliche Beziehungen

> »Möglich scheint die Berührung: die Liebenden trennt nur ein Weniges [...] Was täuschst du mich, einziger Knabe? Wenn ich dich fasse, wo schwindest du hin?«
> Ovid, Metamorphosen, III, 453–455

Erich Neumann, Psychoanalytiker und Jung-Schüler, spricht von drei Formen geistiger »Hochzeit« in der Entwicklungsgeschichte der Menschheit. Diese stehen für die drei wesentlichen Phasen der Bewusstseinsentwicklung.[6] Ich möchte im Folgenden seine Theorie auf Beziehungen anwenden, da ich alle drei Formen der geistigen Hochzeit in den Fallgeschichten der Narzissten wiedergefunden habe, mitunter auch als Mischform (1 und 2, 2 und 3), wenn Bewusstsein und Selbstgefühl sich entwickeln.

Die Hochzeit mit der gefangenen Heldin

Die erste Form der Hochzeit tritt vor allem beim depressiven Typus auf. Dabei hat das Subjekt keine klare Bewusstheit der Grenzen, die ihn von dem trennen, was ihn umgibt und nährt. Die Partnerin wird als Wesen ohne Eigenleben, als »Gefangene« betrachtet, die sich um ihren »Sohngeliebten« kümmern muss, der schwach und bedürftig erscheint und alles, was in ihm geschieht, der Außenwelt zuschreibt. Der Jüngling ist zum Gefährten der Großen Mutter[7] bestimmt, die ihm mächtig und bedrohlich erscheint. Er wird sich von ihr nie lösen können (die idealisierte Frau, die sich ständig entzieht und von einem bestimmten Punkt an als Feindin betrachtet wird). Der Mann nutzt seine phallisch-reproduktiven Kräfte (und bekommt enorme Probleme, wenn er altert), um sich die Liebe der anderen zu sichern (Sex, Schutz und Zärtlichkeit), ohne sich aber um seine Liebe zu den anderen zu kümmern. Die Liebe wird zur bedrohlichen Seelenregung, die ihm Angst einjagt. Seine Phantasien schwanken zwischen vollkommener Verschmelzung und einer isolierten solipsistischen Unabhängigkeit. (»Wenn ich eine sehr intime, intensive und stimmige Begegnung hatte, mache ich mich schnellstens davon, weil ich Angst habe zu verschmelzen, mich im anderen zu verlieren. Habe ich aber eine Beziehung, in der ich meine Partnerin nicht liebe, geht es mir nicht gut, weil ich ständig an die ideale Frau denke, die ich nicht an meiner Seite habe.« Und: »Immer wenn er mich liebt, behandelt er mich hinterher schlecht, um wieder Distanz zu schaffen.«)

Die Menschen, die in diese Gruppe gehören, sind auf ihre Beziehungen angewiesen wie auf die Luft zum Atmen. Sie brauchen sie, um sich überhaupt zu spüren: Ohne Partnerin, Mutter, Pflegerin, die sich für sie aufopfert und von der sie sich ständig abgrenzen, fühlen sich diese Menschen sehr schlecht. Trotzdem können sie auch zu dieser Person keine stabile Bindung aufbauen und lassen sie häufig sozusagen »links liegen«. Die Zweierbeziehung bildet zwar ein ganz wesentliches Element ihrer Identität, trotzdem wird sie selten konstruktiv umgesetzt, wenn sie sich nicht auf wunderbare Weise den Bedürfnissen des Narzissten anpasst.

Jene Männer suchen sich ihre Partnerinnen nicht aus: Jede Frau ist für sie in Ordnung, wenn sie nur ihr Spiel mitmacht. Daher können sich auch Beziehungen, die sich eher zufällig ergeben haben, als stabil erweisen, bis eine neue Kandidatin auftaucht, die der Narzisst sich irgendwie »besser« vorstellt. Die Beziehung ist von der Laune des Augenblicks abhängig, daher kann sie sich auch nicht entwickeln.

Der Narzisst verändert sich, indem er die Partnerin wechselt. Sich innerhalb der Beziehung vom Partner abzugrenzen ist schlechterdings unmöglich. Manchmal wechselt er mit der Partnerin sogar das Outfit. Betrug löst Schuldgefühle aus. Daher ist es besser, von einer Frau zur nächsten überzugehen, statt mehr als eine zur gleichen Zeit zu haben. Diese Alternative verhindert eine quasi symbiotische Beziehung, da sie Schuldgefühle nach sich zieht.

Wenn er ein Verhältnis hat, fühlt diese Art Narzisst sich in seiner Freiheit eingeschränkt. Bei jenen Männern ist es schwierig, unter die Oberfläche vorzudringen:[8] Es scheint ihnen egal zu sein, dass die Beziehung dabei in die Brüche gehen kann. Das wechselseitige Treueversprechen wird auf Zeit gegeben (wie die Ehe auf Zeit bei den Beduinen): Wenn der Alltag die Beziehung erreicht, wird sie ermüdend, und die emotionale Qualität der Bindung nimmt ab: »Das versteht er unter ›Beziehung‹: Er tut nichts und hält jede Zärtlichkeit, jede Aufmerksamkeit, jede Gefühlsbezeugung für sein gutes Recht.« Diese Beziehungen bergen ein enormes Risiko »seelischer Gewalt«. Die Partnerinnen werden tief verletzt, können den Mann aber häufig nicht vergessen, eben weil die Beziehung nie wirklich greifbare Gestalt angenommen hat, obwohl sie so viel Potenzial hatte erahnen lassen.

Die Hochzeit mit der befreiten Heldin

Der zweite Typ der geistigen Hochzeit stellt sich ein mit der Entdeckung und Befreiung der eigenen Individualität. Die Frau wird zum Widerpart des männlichen Elements, daher ist ab dieser Stufe eine persönliche Beziehung möglich. Zur Feindin wird die Partnerin nur dann, wenn es zu einer Abspaltung des Schattens (die Frau) von den lichthaften Aspekten (das Selbst) der Psyche und in der Folge zur Projektion kommt. Die Gefahr besteht darin, dass der Betroffene nicht versteht, inwieweit der Feind, den das gefangene Ich bekämpft, ein Teil des eigenen Selbst ist. Alles Schlechte konzentriert sich außerhalb der Persönlichkeit, alles Gute innerhalb. Diese Spaltung projiziert der Narzisst dann auch auf seine Umwelt.

Menschen, die diese Form der Beziehung pflegen, besitzen ein stärker definiertes Selbst als jene der ersten Stufe. Sie sind durchaus in der Lage, eine reale Beziehung zu einem anderen einzugehen. Der Partner wird in seiner Eigenart erkannt und geachtet, daher tritt man ihm auch mit Respekt gegenüber. Dennoch bleibt es ein wesentliches Bedürfnis, sich selbst treu zu sein: Menschen, die in der Kindheit wenig Liebe erfahren haben und/oder in vorangegangenen Beziehungen viel zu leiden hatten, neigen dazu, sich mehrere Bezugspersonen zu suchen – gleichzeitig oder nacheinander –, mehr Frauen also, auf die sie die verschiedenen Aspekte ihres Selbst projizieren können.[9]

Männer, die diesen zweiten Typ der »Hochzeit« umsetzen, nutzen die Aufspaltung als Überlebensstrategie, um sich Freiräume offenzuhalten, in denen sie weiter auf die Suche gehen. Das Bedürfnis, die Partnerin zu betrügen – als Überlebensstrategie für das Selbst –, entsteht

- aus dem extremen Bedürfnis nach Bestätigung auf emotionaler und erotischer Ebene,
- aus der Notwendigkeit, die eigenen Bedürfnisse permanent befriedigt zu sehen (für eine einzige Frau kaum zu schaffen),
- aus der Angst vor wechselseitiger Abhängigkeit (weswegen ein Verhältnis zu einer anderen als Investition in zusätzliche Beziehungschancen gesehen wird),
- aus der naturgegebenen Neigung, verschiedene Bedürfnisse auf verschiedene Frauen zu projizieren,
- aus dem Verlangen nach stets heftigen Emotionen und/oder
- aus dem Bedürfnis, sich selbst infrage zu stellen sowie sich und die Welt als Herausforderung zu erleben.

»Die Partnerin zu betrügen ist doch vollkommen normal. Da ist nichts Schlechtes daran«: Diese Männer suchen also eine Beziehung zur nährenden Mutter, die häufig das ganze Leben lang aufrechterhalten wird, wenn die betroffene Frau mitspielt. Daneben brauchen sie eine Geliebte, mit der sie intensive Zeiten heftiger Leidenschaft erleben. Darüber hinaus lassen sie keine Zufallsgeliebte aus, weil sie gelegentlich neues emotionales Pathos brauchen und sich ihre Qualitäten als Verführer beweisen müssen.[10]

Jede der Frauen kann zur Herzenskönigin und zum Objekt der Aufmerksamkeit werden. Wenn der Narzisst dieses Typs zwei Frauen zugleich hat, wird deren Leben sich nie berühren. Der Mann lebt in der vollkommenen Spaltung. Dahinter steht ein gewisser Zwang, in ein oder mehrere Objekte zu investieren, um ein inneres Gleichgewicht herzustellen. Das gilt natürlich nur für den Narzissten, denn die beteiligten Frauen müssen ihrerseits vollkommen treu sein. Dass es aus solch einer Situation heraus trotzdem noch zum Wechsel der Partnerin kommt, liegt daran, dass der Narzisst seine investierte Energie und das dadurch erreichte Gleichgewicht nicht positiv bewerten kann. Er hat Angst, in Trägheit zu vergehen.

Das bewusste »Wir«

Die dritte Art der Hochzeit ist gleichzeitig die reifste Form von allen: In diesem Stadium ist der Mann in der Lage, seine ichbezogene Aufmerksamkeit aufzugeben, um sich mit dem universellen Makrokosmos zu verbinden. Denn letztlich sind es die universellen Dinge, die dem grandiosen Selbst Nahrung geben. Jedes Individuum hat die Möglichkeit, weibliche und männliche Aspekte zu verbinden, um ein komplementäres Ganzes anzustreben. Auch in der Zweierbeziehung sind geteilte Werte nicht mehr nur Privatsache jedes Einzelnen, sondern sie setzen eine Entwicklung in Gang, die letztlich sehr befriedigend sein kann.

Die dritte Gruppe ist jene, die in ihren Entscheidungen am wenigsten gebunden ist, die weniger in die romantische Liebe investiert und zu einer sehr schönen und befriedigenden Form der Beziehung führen kann. Der Mann verliebt sich in eine (oder mehrere) reale Personen, erkennt sie als von sich verschieden und weiß diese Unterschiedlichkeit auch zu schätzen. Er ist fähig, eine Zweierbeziehung einzugehen, zumindest wenn er darin die Rolle des absoluten Herrschers spielen kann und man nicht zu viel von ihm verlangt. Diese Verbindungen entwickeln sich entlang verschiedener Ereignisse, die beide Partner teilen können, und nicht entlang der Seelenzustände eines einzigen.

Aus diesen Ausführungen sollte klar werden, dass es vor allem die Menschen und Paare des ersten Typs sind, die in die psychotherapeutische Praxis kommen. Was die zweite Gruppe angeht, so sind es besonders die Frauen, die leiden, weil sie entdecken, dass ihr Partner sie betrügt, und deshalb eine Therapie anstreben. Die Männer dieser Gruppe finden nur dann den Weg in die Praxis des Psychologen, wenn sie die immer wiederkehrenden Verhaltensmuster leid sind. Die meisten Männer dieser Gruppe sind jedoch mit ihrem Leben ganz zufrieden.

Welche Partnerin gewünscht wird

> »Wenig ähnelt dem Tod so sehr
> wie eine erwiderte Liebe.«
> *Ivan Klima*

Wie wir gesehen haben, zeigt der Narzisst ein verzweifeltes Bedürfnis nach mehr oder weniger symbiotischen Beziehungen, die für ihn die Rückverbindung zum weiblichen Element schaffen, zum Ursprung von allem, wodurch der Narzisst zurück ins »verlorene Paradies« des Fötus gelangen könnte. Die Frauen, die er bevorzugt, sind für ihn jederzeit verfügbar und unendlich geduldig. Er identifiziert sie entweder mit der Großen Mutter: die totale Frau, die Ernährerin und Geliebte, die ihn umsorgt und ihm vollkommen verfallen ist, weil er für sie als Träger des Geistes gilt. Oder sie stellt das ewig Weibliche dar: die partielle Frau, die Geliebte, die Sexualität, die Komplizin. Oder die Gefährtin, die jedes seiner Spiele mitmacht. Sanftmütig, freundlich, weiblich, geduldig – diese Frauen müssen eine tiefe Bindung an den Narzissten haben, absolut und ohne Eigeninteresse. Sie müssen auf einen echten Partner verzichten, sich bedürftig zeigen und eine absolut bedingungslose Liebe an den Tag legen. Je symbiotischer der Narzisst ist, umso wichtiger werden die aufgezählten Eigenschaften. Je individualisierter er sich zeigt, desto mehr kann er die Partnerin mit sich auf einer Stufe sehen, wenn sie ihn nur entsprechend bewundert. (»Vor vollkommenen Frauen nehme ich mich in Acht. Ich muss das Gefühl haben, dass sie schwächer sind als ich.« Oder: »Im Augenblick ist die Frau, mit der ich zusammen bin, zum Symbol all dessen geworden, was ich nicht mag.« – »Meine Partnerin hat mir das Gefühl gegeben, wie die Sonne zu sein.«)

Der Narzisst ist im Allgemeinen sehr intelligent und schätzt Frauen, die er nicht so leicht erobern und unterwerfen kann, Frauen, die für ihn eine intellektuelle Herausforderung darstellen, die ihn aber trotzdem heftig begehren. Dieses wechselseitige Begehren ist es, welches das Risiko, das solche Frauen normalerweise für ihn darstellen, mindern, vor allem weil diese Frauen ihrerseits selbst häufig narzisstische Züge tragen. Der Narzisst liebt es, wenn jemand den Mut besitzt, ihn in den Ring zu fordern, zu sagen, was er denkt, und seine Vorstellungen leidenschaftlich zu verteidigen. Die Kraft und die Intelligenz der Frau dienen in diesem Falle als Spiegel für ebenjene Eigenschaften beim Narzissten.

Mitunter lässt sich in seinen Bindungsmustern ein paradoxer Zug feststellen: Einerseits will er das totale

Akzeptiert-, das In-Schutz-genommen-Werden auch bei den wildesten Capricen ihrerseits und eine absolut bedingungslose Liebe. Andererseits fühlt er sich dann von seiner eigenen Abhängigkeit erdrückt, hat Angst, sich zu verlieren und vom anderen gleichsam überflutet zu werden. Dann wieder ist er völlig unfähig, die Verantwortung für das Glück und das Wohlbefinden eines anderen Menschen zu übernehmen, er hat das Gefühl des Eingesperrtseins. Zum einen will er eine mütterliche Frau, aber gleichzeitig eine Gefährtin.

Sie möchten die Rolle der Gefährtin spielen? Dann müssen Sie ständig konkurrieren, sind anstrengend und bieten Ihrem Narzissten nicht genug Sicherheit. Sie verlangen zu viel. Also doch lieber die Rolle der Mama? Dann bieten Sie ihm keinen Anreiz, und er findet Sie nicht aufregend genug. Die Lösung dieses Dilemmas ist, entweder mehrere Frauen zu haben oder eine »partielle Frau« zu wählen.[11] Diese partielle Frau ist ein Wesen, das sich seinerseits entzieht, das dem anderen wenig Aufmerksamkeit widmet, auf Distanz hält und – oberflächlich betrachtet – weder Engagement fordert noch gibt.[12] Die partiellen Frauen kommen nie in die therapeutische Praxis, weil sie erst gar nicht zu leiden anfangen. Der Narzisst kann sie nicht binden, und er wird sein Bestes geben, um sie zu erobern: Er wird sich von seiner sympathischen, fröhlichen und positiven Seite zeigen. Diese Art von Frau macht ihm keine Angst, weil sie nicht viel von ihm verlangt: Er gibt ihr wenig; und wenn er selbst etwas braucht, holt er es sich anderswo. Mit diesem Typus Frau »funktioniert« der Narzisst besser. Sie lässt seine Grenzen unangetastet. Er hat unendlich viel Raum für seine Unabhängigkeit, andererseits lässt sie ihn nie im Zweifel über die Kontinuität ihrer Beziehung. So können beide der Bewusstwerdung aus dem Weg gehen und schützen sich gegenseitig. Auf diese Weise kann man die Illusion einer grandiosen und vollkommenen Liebe aufrechterhalten, die vom Alltag nie auf die Probe gestellt wird. Der Narzisst gibt sich mit einer Beziehung zufrieden, die schon im Ansatz auf falschen Prämissen beruht, und mit einer Frau, die er gar nicht erst festzuhalten versucht.[13]

Nachrichten von der Couch

Einer meiner Patienten, Piero, ist hochkompetent in seinem Beruf und seit fünfzehn Jahren mit einer fünfzehn Jahre jüngeren Frau verheiratet. Mit ihr hat er eine zehnjährige Tochter. Er kommt in die Therapie, weil er Antworten auf seine Beziehungsprobleme sucht. Seine Frau allerdings ist nicht dabei.

Von ihr erzählt Piero, dass sie eine wenig aufmerksame Mutter ist. Als Ehefrau schenkt sie ihm kaum Zuwendung und geht gern auf Distanz. Die Wochenenden verbringt Piero mit seiner Tochter am Meer. Die beiden segeln gern, lieben die Natur und verstehen sich prima. Die Frau bleibt in der Stadt, und Piero weiß eigentlich nicht so recht, was sie da tut. Er ist ziemlich sicher, dass sie ihn nicht betrügt. Er seinerseits hatte ein paar Affären, die ihn nicht sonderlich interessierten, doch seine Ehefrau zeigte auch keinerlei Eifersucht.

Befragt, weshalb er schon seit so vielen Jahren mit ihr zusammen sei, antwortet er: »Weil sie mich auf Distanz hält. Ich konnte sie nie richtig erreichen, und das hält mich bei ihr.« Vielleicht bleibt er auch, weil diese Frau ihm immer ein Gefühl von Freiheit gibt und er stets Angst hatte, in einen Käfig gesperrt zu werden und eine Ehe führen zu müssen, wie er sie bei seinen Eltern gesehen hatte.

»Ich will nicht auch noch an der Heimatfront kämpfen müssen. Ich will eine ruhige Beziehung. Ein Mann braucht eine Beziehung, die funktioniert, ganz egal, mit wem. Hauptsache, diese Person schenkt ihm Aufmerksamkeit und Fröhlichkeit«: Der Narzisst sucht eine Frau, die seine Zeiteinteilung, seinen Rhythmus, seine Wünsche und Prioritäten respektiert und wenig persönliche Wünsche äußert. Ich habe Frauen kennengelernt, die ihre Rolle als Ehefrau und Mutter spielten, ohne dass sie das Leid, welches ihnen die Beziehung zum Ehemann verursachte, überhaupt zur Kenntnis genommen hatten. Stattdessen sagten sie sich immer wieder, es laufe ja alles bestens. Fühlten sie sich etwa allein, ausgenutzt, wenig geschätzt? Sie ignorierten diese Gefühle und machten weiter wie bisher, weil das Leben ja schließlich kein Zuckerlecken ist. Und die Kinder allemal ein Opfer wert sind. Trotzdem soll hier nicht unerwähnt bleiben, dass viele Frauen einer derartigen Aufgabe einfach aus dem Weg gehen: Die absolute Aufmerksamkeit, die ein Narzisst braucht, ist vieler Frauen Sache nicht. Außerdem gibt es da auch noch jene, die selbst sehr viel Aufmerksamkeit fordern und diesen wenig fürsorglichen Mann deshalb nicht besonders schätzen.

Tendenz zur Idealisierung

> »Aber alles, was er erzählte, brachte er ohne jede
> Zweideutigkeit und vor allem ohne jede Eitelkeit vor,
> sodass man eher den Bericht eines gefühlvollen
> Narren der Liebe als den eines gefährlich-wilden
> Verführers und Abenteurers zu hören vermeinte.«
>
> Arthur Schnitzler, Casanovas Heimfahrt

Da der Narzisst einen Hang zum Großartigen hat, den man in seiner krankhaften Form als »Größenwahn« oder »Grandiosität« bezeichnet, muss alles, was er tut, ob in Wirklichkeit oder in der Phantasie, ebenso großartig und wichtig wirken. Wenn Narzissten sich also eine Liebesbeziehung vorstellen, muss diese phantastische Züge tragen und vollkommen befriedigend sein: Sie werden ohne Wenn und Aber geliebt und schenken der Partnerin sich selbst und die ganze Welt. Da sie so außergewöhnlich sind, muss auch die Frau an ihrer Seite ungewöhnlich erscheinen (nicht wenige Froschfräuleins werden so in den Rang der Prinzessin erhoben). Wenn die Erwartungen derart hochgeschraubt werden, folgt die Enttäuschung gewöhnlich stante pede: »Ich strebe nach Vollkommenheit, nach wortlosem Verstehen, daher habe ich quasi immer einen Fuß in der Tür, sodass ich jederzeit verschwinden kann.«

Im Normalfall würde man einfach dafür sorgen, dass die Erwartungen sich der Situation angleichen, für den Narzissten ist dies aber kaum möglich, denn dann müsste er auf die Vorstellung seiner Überlegenheit verzichten. Doch er hängt stur an seiner heroischen Idee von sich selbst und der Liebe im Allgemeinen. Lieber lässt er sich von der Partnerin enttäuschen. Selbst wenn er mit einer zusammen ist, die in etwa seinen Erwartungen entspricht, glaubt er doch stets, die Beziehung sei seiner nicht würdig und irgendwo warte die Frau seiner Träume auf ihn. Jede Frau könnte »besser« sein, daher bleiben Narzissten immer offen für alles Neue. Den möglichen »Ersatzkandidatinnen« gegenüber zeigen sie sich neugierig und verführerisch. Der Partnerin Sicherheit zu geben liegt ihnen fern.

Daher erleben wir den Narzissten auch häufig in der Spannung zwischen dem ersehnten Ideal und der gelebten Realität. Diese Spannung führt oft zu schlechter Laune. Der Narzisst flieht gern in eine »optimale« Vergangenheit oder in eine unrealistisch idealisierte Zukunft. Der Partner wird nicht so gesehen, wie er ist, vielmehr beklagt der Narzisst sich, dass er nicht so ist, wie er sein sollte. Die Aggression des Narzissten gegenüber seiner Partnerin entspringt dem Versuch, sie seinem Idealbild anzugleichen. Dabei merkt er nicht, dass nicht sie es ist, derentwegen er leidet, sondern seine Unfähigkeit, in einer Beziehung zu leben: »In der Therapie habe ich gelernt, dass es keinen Weihnachtsmann gibt. Ich weiß nicht, ob ich mich darüber freuen soll.«

Die Frustration, die der Narzisst empfindet, ist die direkte Konsequenz der Idealisierung. Aber er leidet darunter: Er kommt damit nicht zurecht. Das einzige Mittel, das er dagegen findet, ist die Flucht – als fürchte er, einen dauerhaften Schaden davonzutragen.

Direktaufnahme
Olimpia an Furio: »Du bekommst in meiner Nähe keine Luft mehr, weil ich in der Wirklichkeit lebe. Die Wirklichkeit besteht

jedoch auch aus Momenten von Blut und Tränen. Du aber nährst dich von Gefühlen und Sichtweisen auf das Leben, die sich in jeder Sekunde ändern können, je nachdem, was du gerade siehst oder empfindest ...«

Das Bedürfnis nach Verschmelzung

»Denn Freiheit existiert nur, wenn man sich ihrer bedient. Männer sind verschwiegene Romantiker: Sie leben ihr Leben und malen sich ein anderes aus. Sie verdoppeln ihr Leben, sie sind wie stumme Dichter eines anderen Lebens, eines geheim gehaltenen, ersehnten, erträumten.«
Eric-Emmanuel Schmitt, Kleine Eheverbrechen

»Wahre Liebe war für mich genau das: Wenn man von aller Welt verlassen, einsam und bedürftig dasteht, dann erbarmt sich das Schicksal und drückt uns an seine Brust.«
Margaret Mazzantini, Geh nicht fort

Narzissten gehen mit ihrer Partnerin eine sehr enge Verbindung ein. Sie wollen Zuwendung und Aufmerksamkeit. Sie wünschen sich eine Beziehung, die vom gegenseitigen Einverständnis getragen ist, mitunter auch die totale Verschmelzung. Die Beziehung mit ihnen steht entweder im Zeichen der Intensität oder in dem der Unmöglichkeit. Paradox am Leben des Narzissten ist, dass er den Impuls zur Verschmelzung nicht in Einklang bringen kann mit dem ebenso drängenden Bedürfnis nach Individualisierung, das Distanz und gelegentliche Trennung voraussetzt: »Ich brauche meinen eigenen Raum.«

Diese beiden einander entgegengesetzten Aspekte erzeugen Spannung: Wie also lassen sie sich am besten unter einen Hut bringen? Zum Beispiel, indem man die Beziehung immer wieder infrage stellt. Oder indem man sozusagen »von Blume zu Blume« flattert. Eine andere Möglichkeit ist es, die Beziehung möglichst statisch zu gestalten, sie also in der Zeit einzufrieren und so wenig Abwechslung wie möglich zuzulassen. Oder die eigene Ambivalenz, die eigenen Zweifel auszuleben – an sich selbst, aber auch am Partner. Der Narzisst bildet sich ein, dass Nähe und Autonomie gleichzeitig zu haben sind, andererseits weiß er nicht, wie er diesen Zustand herstellen kann. Am Ende passiert meist Folgendes:

Direktaufnahme
»Wenn ich eine besonders tiefgehende Beziehung eingehe, muss ich Distanz auf einer anderen Ebene schaffen. Ich habe Angst, dass meine Verliebtheit nicht im selben Maß erwidert wird. Wenn ich mich öffne und fallen lasse, werde ich enttäuscht werden. Ich tue mir also selbst weh.«

Direktaufnahme
»Manchmal ist er der wunderbarste Mensch, mit dem ich je zusammen war: aufmerksam, geistvoll, konzentriert. Er gibt mir nützliche und intelligente Ratschläge. Ich spüre, wie er sich für mich interessiert. Er strahlt Intensität aus, ich merke richtiggehend, dass ihm an der Beziehung etwas liegt.

Dann jedoch wirkt er auf für mich unvorhersehbare Weise distanziert. Er verschließt sich in sich selbst. Ich spreche mit ihm, aber er hört mir nicht zu. Er scheint sich zu langweilen und schenkt mir wenig Aufmerksamkeit. Dann fühle ich mich ausgesprochen unsicher. Ich verliere den Spaß daran, mit ihm zusammen zu sein, und ich fühle mich zunehmend unwohl.«

Da der Narzisst keine »sichere Bindung« kennt, unterzieht er die Beziehung einer dauernden Überprüfung: Es ist, als fühle er sich ständig in Gefahr, »aufgesaugt« oder verlassen zu werden. Er kann sich in der Beziehung einfach nicht entspannen. Er erinnert ein wenig an den Japaner aus dem alten Witz: Man findet ihn – in desolatem Zustand und bis an die Zähne bewaffnet – in einem Wald. Auf Befragen, was er denn in diesem seltsamen Aufzug mache, gibt er zur Antwort, es sei schließlich Krieg. Er hatte den Frieden einfach nicht mitbekommen. Einerseits also wünscht sich der Narzisst wechselseitiges Einverständnis und vollkommene Verschmelzung, andererseits fehlen ihm dann wieder die Stimuli, sodass er von Neuem Distanz sucht, um sich wieder anregen zu lassen.

Narzissten müssen sich ständig entscheiden, ob sie gehen oder bleiben. Wenn ihnen die Nähe zu viel wird, rächen sie sich an der Partnerin. Sie suchen Streit oder verschließen sich, werden passiv und haben mit einem Mal keine Lust mehr, gemeinsam etwas zu unternehmen. Oder sie haben so viel zu tun, dass ihnen plötzlich keine »Zeit« mehr bleibt. Dann gehen sie im Berufsleben auf oder unternehmen viel mit ihren Freunden. Sie sind weit weg vom anderen und spüren die Bindung fast nicht mehr. Offensichtlich haben sie Schwierigkeiten, mit Nähe und Distanz umzugehen. Sie finden selten das »richtige Maß«. Vielleicht aus diesem Grund stellt sich bei ihnen immer stärker das Gefühl der Frustration ein. Ihre Freiheit[14] drücken sie anders aus: in den Anfängen der Beziehung oder – beim integrierten Typ – in gemeinsamen Projekten mit der Partnerin. Oder in der aktiven

Arbeit am »Wir können nicht zusammenbleiben«. Und in der Offenheit für alles, was da kommen mag und was man im Voraus nicht wissen kann, für das Unvorhersehbare eben, das noch nicht festgelegt ist: Dafür halten sie sich alle Möglichkeiten offen. Meist drückt sich dies in einer neuen emotionalen Bindung aus.

Mit dem Narzissten erreicht man so gut wie nie eine echte, wechselseitige Bindung. Es gibt keine Beziehung, in der die beiden Partner zusammen an der Entwicklung der gemeinsamen Möglichkeiten arbeiten. Je wohler der Narzisst sich in einer Beziehung fühlt, desto stärker empfindet er das Bedürfnis, sie auf die Probe zu stellen, vielleicht weil er Angst hat, Vertrauen zu schenken: Er will Sicherheit. Er kontrolliert seine Partnerin. Er verunsichert sie und wertet sie ab. Er spricht vor ihr von anderen Frauen. Er geht, um wiederzukommen. Mehr als eine Frau hat mir schon berichtet, dass sie während einer Reise zu zweit auf den Fotoapparat eifersüchtig war, hinter den sich der Partner zurückzog.

Doch soll hier auch erwähnt werden, dass es Frauen gibt, die ihren Narzissten und seine verletzenden Spiele gut im Griff haben. Meist sind dies Frauen, die sich von dem Versprechen auf Verschmelzung und die ideale Partnerbeziehung nicht blenden lassen. Einigen gelingt es, dieses Versprechen in eine von komplizenhaftem Einverständnis getragene Beziehung umzuwandeln. Sie nehmen einfach, was der Narzisst ihnen zu bieten hat: das Unvorhergesehene, die Überraschung, die Abneigung gegen Routine. In jedem Fall ist es ratsam, seiner Veranlagung Rechnung zu tragen. Versuchen Sie nie, aus ihm Bestätigung oder Liebesschwüre herauszupressen: strikt untersagt ...! Er mag es nicht, wenn man ihn daran erinnert, dass Liebe auch Abhängigkeit bedeutet.

Er schätzt es nicht, wenn er sich von einem anderen Menschen abhängig fühlt.

Der junge Narzisst, der per se leichtsinnig ist, liebt es, wenn man ihn verführt und wenn er möglichst viele Chancen hat. Er spielt mit Instant-Beziehungen, die sich schnell verbrauchen und jederzeit beendet werden können.[15] Zwischen den Polen Verschmelzung und Freiheit entscheidet der junge Narzisst sich immer für die Freiheit: Er ist unfähig, so viel Energie zu investieren, um sein Liebesprojekt zu einem sinnvollen Ende zu führen. Und so lebt er im steten Werden, geschaffen aus Möglichkeiten und Versprechungen. Doch auch in der Verführung ist er wenig wählerisch: Jede Frau (und jeder Mann), die sein zutiefst verunsichertes Inneres bestärken möchte, ist ihm recht, wenn sie ihn nur nicht einfängt.

Wie das Leben so spielt

Ein jugendlich wirkender Vierzigjähriger lernt eine dreißigjährige Frau kennen. Er trifft sie zweimal. Es kommt gleich beim ersten Treffen zum sexuellen Kontakt, beide sind einverstanden, beide sind zufrieden. Das zweite Treffen wird für den nächsten Abend vereinbart. Der junge Narzisst wird gleich darauf die Stadt verlassen. Auf die Frage der Frau, wann sie sich denn wieder treffen könnten, antwortet er, dass sein Leben in genau gegliederte Abschnitte eingeteilt ist. Er ist es nicht gewöhnt, sich zu verlieben oder jemand anderen zu brauchen. Natürlich könnten sie sich bei seiner Rückkehr wieder treffen, aber er weiß nicht, wann das sein wird.

Grundsätzlich hängt er schon an der Frauen, die er kennenlernt, aber er trifft und denkt nur an solche, die in derselben Stadt leben, in der er gerade arbeitet. Sein Beziehungsleben ist also nach dem Zufallsprinzip organsiert.

Der reifere Narzisst erscheint weniger locker, selbst wenn auch er gelegentlich seine jungenhaften Seiten (Puer)[16] zeigt und weiterhin jeder Frau den Hof macht, weil er ein überwertiges Bedürfnis nach Bestätigung verspürt. Oder sich in einen düsteren Pessimismus verkriecht, der ihm und anderen das Leben verleidet. Dann werden Einsamkeit und Defensivverhalten zu Anpassungsstrategien, die zwar angebracht scheinen, aber glücklicherweise nicht die einzig möglichen sind.

Die Enttäuschung lauert immer und überall

»Ich bin die wandelnde Enttäuschung.«
Ethan Hawke, Aschermittwoch

Enttäuschung ist ein Gefühl, das – vom klinischen Standpunkt aus betrachtet – zur Depression gehört: Häufig gehen damit ein geringer Energiepegel und eine ebenso geringe Selbstachtung einher. Auf den Narzissten warten drei Formen der Enttäuschung: die Enttäuschung über sich selbst, über seine Partnerin und über die Beziehung. Je größer die Erwartungen sind, die man an sein Leben stellt, je vollkommener und großartiger die eigene Existenz geraten muss, je mehr man sich in Allmachtsphantasien ergeht, desto eher wird die Desillusionierung zum täglichen Begleiter. Das Bedürfnis nach Bewunderung, das Frauen so häufig und gern erfüllen, macht sie für den Narzissten zu einem echten Appetithappen – und zur Quelle programmierter Frustrationen. Natürlich kann diese Vorstellung letzlich nur enttäuscht werden.

Die Freude über die Begegnung mit dem anderen und das gegenseitige Vertrauen, das die Phase der Verliebtheit prägt, macht häufig einer ernüchternden Entmutigung Platz. Das trifft umso mehr zu, je höher die Erwartungen sind, je mehr man sich von der Frau an seiner Seite alles Gute und Schöne wünscht.

Wieder nimmt der Narzisst eine Spaltung vor: In der Wirklichkeit wird die Frau, die ihn enttäuscht hat, häufig abgewertet und aus dem Herzen verbannt. Auf der Ebene der Vorstellungen aber bleibt das Idealbild einer vollkommenen Beziehung intakt, die dem Narzissten alles gibt, was er braucht. »In den meisten Fällen habe ich mich aus der Beziehung verabschiedet, weil die Frau, mit der ich zusammen war, nicht in der Lage war, mir zu entlocken, was ich ihr hätte geben können«: Ob der Mann, der diese Aussage gemacht hat, nie daran gedacht hat, das, was er zu geben hatte, seiner Partnerin spontan zum Geschenk zu machen? Stattdessen erwartete er von der Frau, dass sie es ihm wie durch ein Wunder aus der Nase zieht.

Der Narzisst hat also Angst davor, enttäuscht zu werden. Andererseits macht er sich nicht klar, wie enttäuschend sein Verhalten sein kann. Er verspricht das Blaue vom Himmel, vergisst das aber bald und wundert sich enorm über die Reaktionen, die er hervorruft, wenn er sich verschanzt, immer weniger von sich, von seiner Zeit gibt, immer weniger Gelegenheit schenkt, sich mit ihm zu amüsieren. Narzissten enttäuschen ihr Umfeld, scheinen sich dessen aber nie bewusst zu werden. Manchmal wird dies auch zum Prüfstein für den anderen: »Wenn er mich liebt, wird er trotzdem bei mir bleiben.«

Diese Männer nutzen häufig die Enttäuschung als Rechtfertigung, um sich aus einer Beziehung zu verabschieden, als Methode, sich eventuellen Grenzen zu entziehen, als Öffnung für die Welt der grenzenlosen Möglichkeiten. Sie haben enorme Schwierigkeiten damit, in jemandes Schuld zu stehen. Außerdem wollen sie immer sofort haben, was ihnen zusteht, sonst wankt ihr Selbstgefühl. In der Beziehung streichen sie stets heraus, was sie getan haben, während sie über das, was sie nicht getan haben, großzügig hinwegsehen. Mit der Partnerin allerdings verfahren sie strenger: Sie erinnern sich an all ihre Fehler und Versäumnisse, an all ihre schlechten Seiten. Was ihnen großzügig geschenkt wurde, lassen sie einfach außer Acht. Das stand ihnen ja schließlich zu!

Direktaufnahme
Olimpia: »›Du bist im Unrecht. Du hast mich nie verstanden. Ich habe so viel für die Beziehung getan und du gar nichts‹, sagte Furio zu mir. Vielleicht war er beleidigt, weil ich ihm angeblich etwas angetan habe, was für ihn eine große Sache war, während ich nicht einmal im Ansatz verstanden habe, worum es ging. Er ist immer enttäuscht. Er hat auch so gigantische Erwartungen. Vielleicht habe ich ja wirklich etwas falsch gemacht. Vielleicht habe ich automatisch etwas getan, aus Gewohnheit, und er hat mein Verhalten als Angriff interpretiert.«

Das Leben zu zweit in E-Mails und Briefen
Olimpia an Furio: »Mir scheint, dass du dich nur an die ›Mängel‹ unserer Beziehung erinnerst, die du mit irgendeinem nie erreichbaren Ideal vergleichst. Kann es denn sein, dass dich alles enttäuscht? Die Tatsache, dass ich die Birne in deiner Nachttischlampe nicht ausgewechselt und kein Rasierwasser

für dich gekauft habe, heißt vielleicht einfach nur, dass ich viel zu tun hatte, und nicht, dass ich dich nicht liebe. Vielleicht könnten wir das eine oder andere ja auch zusammen machen?«

Die Projektion des Selbst auf andere

»Ich hatte ihr überhaupt nicht zugehört. Ich war viel zu sehr damit beschäftigt zu überlegen, was ich sagen sollte.«
Ethan Hawke, Aschermittwoch

Der Narzisst scheint es zu brauchen, dass sein Gegenüber ihm ständig eine Vorstellung von sich selbst spiegelt, die so positiv wie möglich auszufallen hat. Diese Form der Aufmerksamkeit, die sich ausnahmsweise mehr auf den anderen richtet als auf sich selbst, geht häufig einher mit der grundlegenden Schwierigkeit zu begreifen, was in anderen Menschen vorgeht. Aus diesem Grund projiziert der Narzisst die eigenen Seelenzustände auf seine Partnerin, ohne zu begreifen, dass sie in ihm selbst entstehen. Das Du verliert seinen realen, lebendigen Wert, um zur Projektion und Verstärkung des Ichs zu werden. Wieder einmal verliert der Narzisst sein Gegenüber, um ausschließlich auf sich selbst konzentriert zu bleiben. Der Partner hat kein Eigenleben mehr, sondern wird zur Verlängerung des Ichs oder gar zum Feind, den es zu bekämpfen gilt: »Die Schuld liegt immer bei mir, während er ständig in Wut gerät.« Der Narzisst nimmt vielfach den anderen gar nicht wahr. Dieser wird ihm vielmehr zum Aufhänger für seine Empfindungen und unbewussten Stimmungen. Jene Neigung, die eigene Gemütslage auf den anderen zu projizieren, erlaubt ihm, seine emotionale Spannung abzubauen und das eigene Selbstbild aufrechtzuerhalten. Natürlich verläuft dieser Prozess intuitiv und nicht bewusst. Doch gerade dieser Vorgang der Projektion ist es, der dem Narzissten jede innere Entwicklung verbietet.

Wie das Leben so spielt

»Ich kann dir nicht vertrauen. Ich kann nicht vergessen, was du mir angetan hast, und kann dir nicht verzeihen«, sagt Furio zu Olimpia, die seit einiger Zeit wieder auf ihn wartet, weil er sie um einer anderen willen verlassen hat.

Was hat die Frau nur Schreckliches angestellt? Hier müssen wir raten: Sie hat auf ihn gewartet. Sie hat sich beruflich stark engagiert. Vielleicht ist dies ihr Fehlverhalten, was Furio aber keineswegs zugeben will. Wenn er eine andere hatte – denkt Furio, der seine Schuld nach außen projiziert –, so trägt Olimpia dafür die Verantwortung, weil sie ihn letztlich verraten hat. Also kann es gar nicht sein, dass nur er schuld daran ist.

Manchmal erlebt der Narzisst die Schwäche der Partnerin als positiv, weil sie ihm die Möglichkeit gibt, die Gefährtin zu beschützen. In der Folge wird sie ihn vor seiner eigenen Schwäche bewahren. Auf solche Weise projizieren diese Männer das eigene Gefühl der Unzulänglichkeit auf den anderen, von dem sie sich befreien können, weil sie so Zugang zur eigenen Kraft bekommen: »Wenn ein Mensch schwach ist, tue ich alles für ihn. Wenn der andere nicht im Gleichgewicht ist, muss ich nicht weglaufen oder mich zur Wehr setzen. Nehme ich den anderen als stark wahr, verschließe ich mich nur noch mehr.« Daher erweist sich der Narzisst als hervorragender Krankenpfleger, wenn jemand Hilfe braucht. Nur darf ihm diese Person selbstverständlich nicht zu nahe stehen, denn Krankheit und Schmerz verursachen ihm im Grunde Unbehagen. Ein Freund, die Schwester – solche Menschen kann er hingebungsvoll umsorgen, die Mutter oder die Partnerin hingegen nicht. Tatsächlich fällt es dem Narzissten leicht, sich um andere zu kümmern, wenn diese das nicht von ihm verlangen. Daraus entsteht meist eine symbiotische, sehr enge Beziehung, in der die Rollen klar verteilt sind: Einer von beiden ist bedürftig, der andere pflegt.

Doch der Narzisst zeigt noch andere Projektionsmuster. Eines davon ist die Eifersucht und der verzweifelte Wunsch, den anderen zu besitzen. Beides entsteht aus der Energie, die der Narzisst in sein Vis-a-vis investiert: Im Grunde will er weglaufen, betrügen, auf Distanz gehen. Dieser Wunsch jedoch ist ihm nicht bewusst. Und so glaubt er, die Partnerin sei ständig auf dem (Seiten-)Sprung. Er leidet heftig unter seiner Eifersucht, was für seine Partnerin häufig zur Folter wird.

Wie das Leben so spielt
Ursula erzählte mir, dass ihr Mann, der sie regelmäßig belügt und sie heimlich betrügt, immer behauptet habe, sie sei es, die ihn betrüge. Seine ewige Eifersucht trieb Ursula zur Verzweiflung. Vielleicht war dies seine Methode, sein Gewissen zu erleichtern, indem er sich einredete, dass nicht nur er zum Betrug neige. Oder er versuchte auf diese Weise, die Rede auf das Thema zu bringen, um endlich beichten zu können. Möglicherweise wollte er so auch zu verstehen geben, dass er Ursula als distanziert wahrnahm oder dass er auf die Zuwendung eifersüchtig war, die sie ihrer Familie entgegenbrachte.

Das goldene Zeitalter der Verliebtheit

»War an diesen Lippen nicht Leben und Sterben,
Zeit und Ewigkeit eines? War er nicht ein Gott? Jugend und
Alter nur eine Fabel, von Menschen erfunden?«
Arthur Schnitzler, Casanovas Heimfahrt

Wenn er sich verliebt, ist für den Narzissten der große Moment gekommen. Endlich erlebt er die Zweierbeziehung einmal als Möglichkeit der Verschmelzung und lässt sich von ihrer Energie aufsaugen. Wir alle öffnen uns in diesem Augenblick für die Ewigkeit: Die Zeit scheint stillzustehen, die Verbindung zur Vergangenheit abzureißen. Endlich ist die Gelegenheit gekommen, alle positiven Aspekte seiner selbst ans Licht zu holen. Der Narzisst, der sich ständig nach dem Absoluten sehnt, sieht das Leben als Abfolge von Verliebtheiten. Er braucht die romantische Liebe, weil sie Ursprung und Produkt seiner Persönlichkeit ist. Wenn ein Narzisst um eine Frau wirbt, geschieht dies gewöhnlich auf kurzweilige, unvorhersehbare und leidenschaftliche Art. Er ist präsent, er ist aufmerksam und erfinderisch: Er ruft an. Er sucht den Kontakt, hinterlässt amüsante Botschaften auf dem Anrufbeantworter. Jeden Tag überrascht er seine Partnerin mit etwas Neuem und plaudert stundenlang am Telefon mit ihr. In dieser Phase ist es ihm durchaus möglich, sich vollkommen auf sie einzustellen. Die emotionale Abstimmung erfolgt in kurzen Abständen. Gefühle, Wünsche und Bedürfnisse werden in Einklang gebracht. Das Urteilsvermögen wird außer Kraft gesetzt. So entsteht das Gefühl der Zusammengehörigkeit, das die eigene Identität betont: »Mit ihr scheint mir alles möglich.«

Die Tiefenpsychologen sprechen hier von der Puer-Phase. Die Sehnsucht nach der totalen Verschmelzung kommt wieder auf: Man glaubt sich im Paradies, in dem man vollkommen verstanden, bestärkt, anerkannt wird. Während der Phase der Verliebtheit gibt es kein Zeitgefühl, Narziss entschwebt auf Wolken der Begeisterung in den siebenten Himmel absoluter Liebe. Der Puer-Aspekt der Verliebtheit ist der Funke, der das Selbst, die Idee von der vollkommenen Beziehung zum Leuchten bringt. Diese hoffnungsvolle Zeit wird vom Narzissten entweder mit einer realen Frau erlebt. Mitunter wendet er sich jedoch auch einer Frau zu, die ihn nicht ausreichend liebt und die er auf Biegen und Brechen erobern will – durchaus über einen längeren Zeitraum hinweg. Für ihn ist dies ein Moment, in dem er die Möglichkeit der Veränderung zulässt: »Ich brauche sie so sehr, dass ich sogar bereit wäre, meine üblichen Verhaltensweisen abzulegen.«

In der Zweierbeziehung sucht der Narzisst die Nähe, indem er seiner Partnerin immer wieder intensiv seine Liebe bezeugt. Man erzählt sich gegenseitig, welche Phantasien man über sich selbst und den anderen hat. Die wechselseitige emotionale Verfügbarkeit wird innerhalb der Beziehung wahrgenommen, ohne dass sie betont werden muss – Sicherheit, die wiederum Sicherheit hervorruft: »Zwischen uns gab es Augenblicke, in denen sich unsere Seelen berührten. Ich hatte noch nie eine so tiefgehende Beziehung.« Die Zweisamkeit wird zur Gelegenheit, das eigene Selbst sich ausdehnen zu lassen. Natürlich werden dadurch auch die Grenzen verwischt: Die ganze Welt wird zum Selbst, alles wird möglich.

Man strebt aktiv nach Symbiose. Doch diese wird für den Narzissten – nur zu bald – zum Gefängnis, dem er entfliehen will. Der Verliebte verschmilzt mit der Welt und der Partnerin: Leidenschaft, Teilhabe, Intensität für beide. In dieser Phase ist es nicht nur möglich, sondern unvermeidlich, auf den anderen zuzugehen. Mit einem kleinen Schuss Bosheit könnte man sogar sagen, dass das Ganze nur geschieht, weil der Narzisst seine weitreichende Sensibilität dazu benutzt, sich selbst im besten Licht erscheinen zu lassen und sich optimal »zu verkaufen«, um den anderen zu betören. In der Phase der Verliebtheit fällt dies dem Narzissten leicht: Er klammert seine Kritiklust sozusagen kurzfristig aus, ist nachgiebiger und eher bereit, über Augenblicke der Spannung und des Unverständnisses hinwegzugehen. Die Freude, der Jubel darüber, einander begegnet zu sein, überwiegen. Vor allem ein Element ist es, welches das Zusammensein möglich macht: Der Narzisst zweifelt nicht an der Liebe der Partnerin und fürchtet noch nicht, dass er davon abhängig werden könnte. Daher denkt er sich nichts dabei, wenn Forderungen angemeldet werden. Er ist in der Lage, ein Klima der Liebe zu schaffen und bei aufkommenden Krisen an sinnvollen Lösungsmöglichkeiten zu arbeiten. Es kommt zu einer Art Teufelskreis unter positiven Vorzeichen: Das wechselseitige Widerspiegeln verstärkt die Sicherheit innerhalb der Beziehung und schafft ein positives Klima, das als Wert für sich zählt.

Das Leben zu zweit in E-Mails und Briefen
Olimpia an Furio (nachdem er für zwei Tage einfach verschwunden war): »Lieber Furio, nach der Begegnung mit dir versank ich in einen Zustand der Verliebtheit voller Emotionen und Leidenschaft. Es ist, als hättest du mich an den Haaren aus dem Sumpf meiner ewigen Rationalität gezogen, um mich in eine Welt zu zweit mitzunehmen, die voller Farbe, Musik und

gegenseitiger Zuwendung ist (keine Welt des Kampfes und der zwischenmenschlichen Regeln). Eine Luftblase, die mich von der Welt isoliert. Eine Luftblase voller Liebe.

Ich habe drei wundervolle Wochen verbracht, die für mich absolut ungewöhnlich waren. Durch dich ist es mir gelungen, endlich Herz und Verstand zu vereinen, Sinnlichkeit und Geist. Ich muss dir danken, du hast mir ein großes Geschenk gemacht. Ich konnte gar nicht fassen, wie mir geschieht, so glücklich war ich. Eine Luftblase voller innigster Gefühle, die du um mich herum gesponnen hast. Mit dir ist Verliebtsein ein Gefühl spannenden, lockeren Einsseins! Wir haben uns nur Freude und Schönheit geschenkt. Du hast mir nur Freude und Schönheit geschenkt.

Ich möchte weiterhin gern mit dir eine Beziehung führen, koste es, was es wolle. Ich will dich nicht verlieren. Genauso wenig wie die Welt voller Emotionen, die du mir erschlossen hast, mit ihren kostbaren Werten, Ideen und Möglichkeiten.«

Direktaufnahme

Olimpia: »Endlose Telefonate, Leidenschaft. Wir sehen uns, sobald es geht. Am ersten Wochenende, das wir getrennt verbrachten, rief er mich dreimal hintereinander an, um mich zu bitten, doch zu kommen. Er sagte mir – wir sagten uns –, dass wir es nicht lange ohne den anderen aushalten würden. Nicht einmal vor Freunden schaffen wir es, die Hände voneinander zu lassen. Wir sind sehr stolz auf uns.

Die Nachrichten, die er auf meinem Anrufbeantworter hinterlässt, sind unglaublich schön. Unser Himmel ist blau, die Sonne scheint. Unser Dialog ist intim und intensiv. [Mitunter ruft einer den anderen zu verstärkter Aufmerksamkeit, damit der Dialog sich noch vertieft.]

Die sexuellen Begegnungen sind aufregend. Wir können

auf einer sehr tiefliegenden Ebene miteinander kommunizieren. Der Austausch ist aufregend. Er zeigt mir, wie ich mit ihm mitschwingen kann. Ich bin glücklich, dies lernen zu dürfen. Für mich ist er der Mann meines Lebens.

Gegenseitigkeit – dies ist das Wort, das unsere Beziehung am besten beschreibt. Seit Monaten lieben wir uns jedes Mal, wenn wir uns sehen. Er lässt mich an seiner Begeisterung für die Natur teilhaben, schenkt mir seine volle Präsenz. Immer wenn er Lust hat, sein Leben, seine Gedanken und Empfindungen mit mir zu teilen, gibt er mir viel …«

Von der Verliebtheit zur Routine

»Ich kann den Alltag mit seinen tausend kleinen Problemen und hauchdünnen Siegen einfach nicht ab, die ganze Eintönigkeit des ›Vielleicht klappt's ja‹. Ich habe dann immer das Gefühl, dass hinter der nächsten Ecke schon das Ende lauert. Was hat es da noch für einen Sinn, etwas anzupacken?«
Ethan Hawke, Aschermittwoch

Bei der Liebe handelt es sich nicht um ein Versprechen, das von Dauer ist. Aufgrund unserer Kultur sind wir gewöhnt, die Liebe als Anspruch zu sehen, daher wird sie mitunter schwierig, ja, geradezu unmöglich. Der Narzisst nämlich bleibt nicht verliebt. Sobald er diese Phase hinter sich hat – die glanzvolle Zeit seiner Grandiosität –, überwiegt der Alltag, und der Narzisst muss sich von Neuem mit der Wirklichkeit auseinandersetzen, was ihm überhaupt nicht gefällt. Er hat Schwierigkeiten, die Ambivalenz in einer dauerhaften Beziehung zu ertragen, ohne wegzulaufen oder sich ablehnend zu verhalten.

Der Alltag ist für ihn Teil einer anderen Welt, die mit jener der romantischen Liebe nichts zu tun hat. Und dies ist schließlich der einzige Zugang des Narzissten zu seiner Emotionalität. Und so haben wir den angepassten Narzissten, der aus seiner Beziehung ein emotionales Dauerfestival macht, und den depressiven Narzissten, der schnell in Routine verfällt und absolut unfähig ist, seinen Anteil an zwischenmenschlichen Konflikten zu erkennen.

Sobald die Phase der Verliebtheit vorübergeht, tauchen die Probleme des Alltags auf, der Verantwortung für den anderen und das gemeinsame Leben. Manchmal überrollt den Narzissten die Banalität des Alltäglichen geradezu: »Ein Tag ist wie der andere, die Glotze, Abendessen mit Freunden, alles wie immer ...« Wenn die Beziehung dann zur Routine wird, streicht der Narzisst die Segel und lässt sich von der Strömung treiben: »Mir fehlt in der Liebe die Vielfalt.« Der Alltag tötet gerade beim depressiven Narzissten die Beziehung schneller ab als alles andere: Die Zeit erstickt die Leidenschaft.[17] Wenn die Routine überhandnimmt, ist die Partnerin plötzlich keine Quelle der Kreativität mehr, eine Brücke, über die sich Zusammengehörigkeitsgefühl herstellen lässt: Sie ist nicht mehr Objekt des Begehrens. Der Schleier des Geheimnisvollen zerreißt. Übrig bleiben die negativen und abgelehnten Aspekte, die der Narzisst eben nicht liebt. Je weniger er mit seinen inneren Ungeheuern zurande kommt und sie ans Licht der Bewusstheit hebt, desto konfliktgeladener wird die Beziehung. Der Narzisst beginnt, sie als überflüssig anzusehen, und fährt sein Engagement auf ein Minimum herunter.

Direktaufnahme
Olimpia an Furio: »Wenn ich aus dem Haus gehe, hoffe ich immer, dass du mich zurückhältst. Ich gehe nicht weg, weil ich weggehen will, sondern weil ich nicht zulassen kann, dass ich schlecht behandelt werde. Das würde meine Selbstachtung unterminieren. Ich würde mich freuen, wenn das Schweigen oder die Seufzer, die du in meiner Gegenwart ausstößt, nicht gegen mich gerichtet wären und gegen die Langeweile, die die Beziehung dir einzuflößen scheint. Ich würde gern hören, dass sie mir in Wirklichkeit etwas sagen sollen. Ich wäre glücklich, wäre ich in der Lage, so zu tun, als hörte ich sie nicht, als würde mir dein Unbefriedigtsein gar nicht auffallen.

Doch ich, sehr verehrter Furio, fühle mich schlecht behandelt. Vielleicht, weil du mich tatsächlich nicht mehr liebst. Vielleicht, weil der Alltag dich mehr nervt, als du dir selbst eingestehst. Für dich bedeutet Nähe Alltag, also in der Nähe des anderen zu sein, ohne etwas zu verlangen und wenig zu geben. Business as usual eben. Für mich aber heißt Nähe Intimität, die Möglichkeit, etwas zu teilen, aus dem Üblichen auszubrechen und sich gegenseitig etwas zu geben. Außergewöhnliches zu schaffen, in Einklang zu stehen, sich zu begegnen, sich in die Augen zu sehen, sich zu begehren.«

Wenn der Narzisst anfängt, gegen den Alltag zu rebellieren, findet man nicht selten ein Kleinkind an seiner Seite vor, ein Baby, das jemanden braucht, der ihm beim Essen, Schlafen, Spielen zusieht. Einige Männer verschaffen sich diese Art der Zuwendung durch Krankheit und das Verlangen nach liebevoller Pflege, andere »erziehen« die Partnerin so, dass sie sich ihren Bedürfnissen anpasst und ihren Tag ganz nach den Erfordernissen des Narzissten einteilt. Andere wiederum schaffen Regeln, auf deren Einhaltung sie pochen, um eine verpflichtende

Nähe für beide festzulegen. Oder sie verkriechen sich in ihren Elfenbeinturm, aus dem sie kaum noch hervorzulocken sind.

Häufig klagt der Narzisst über irgendwelche hypothetischen Krankheiten. All das ist eine Reaktion (Sehnsucht und Angst gleichermaßen) auf die Beschwernis der Alltagsroutine, die er als so unerträglich erlebt, weil er es nicht versteht, zwischen Pflicht und Vergnügen zu vermitteln. Sein überbordendes Verantwortungsgefühl lässt ihn auf einen tiefergehenden Austausch verzichten. Stattdessen setzt er auf eine feindselige, in Wiederholungen einbetonierte Alltäglichkeit.

Der Narzisst lässt sich all seine emotionalen Reaktionen durchgehen und kommt erst gar nicht auf die Idee, sie auch einmal infrage zu stellen: Langweilig ist immer nur der andere, die eigenen Empfindungen – niemals. Die Wut entzündet sich nicht an der eigenen Frustration, die dem Narzissten nicht bewusst wird. Er ist fest davon überzeugt, dass die Schwierigkeiten der Beziehung ihre Ursache grundsätzlich im Partner haben. Jeder Misserfolg wird auf äußere Umstände zurückgeführt. Viele Frauen berichten, sie hätten auf einmal das Gefühl gehabt, plötzlich mit einem ganz anderen Mann zusammen zu sein, den sie kaum noch wiedererkannt hätten, so sehr hätte er sich in kurzer Zeit verändert. Ein Mann, der am Tag der Hochzeit noch ein aufmerksamer und fürsorglicher Partner war, hat sich in den Niederungen des Alltags – nach der Rückkehr von der Hochzeitsreise oder der Geburt des ersten Kindes – in einen Popanz verwandelt, der die Gattin permanent abkanzelt. Ein anderer verschloss sich nach einer Begegnung mit den Schwiegereltern, die er selbst gewünscht hatte, in feindlichem Schweigen, obwohl er vorher ein eher redseliger Mensch war.

Der Narzisst wehrt sich gegen den Partner, als müsse er sein »Paradies« gegen ihn verteidigen. Auf diese Weise bekämpft er den Schmerz und die Unsicherheit, die bei ihm entstehen, wenn er nicht mehr Tag für Tag in seiner Eigenart bestärkt wird.

Wie das Leben so spielt

M. und A. sind schon seit Jahren zusammen. Die Phase der Werbung dauerte sehr lange. Als die Beziehung sich gefestigt hatte, beschlossen die beiden, eine gemeinsame Wohnung zu nehmen. Damit veränderte sich alles. M. fuhr immer gern an den See in ihrer Gegend. In den Jahren des Umwerbens gab A. sich größte Mühe, sie an immer neue, aber auch an bereits bekannte Orte seiner Heimatregion mitzunehmen, die sie gemeinsam genießen konnten. Ständig entdeckte er für sie neue Pfade. Er zeigte sich für ihre Bedürfnisse aufgeschlossen und bestrebt, ihre Wünsche zu erfüllen.

Nun, wo das Paar schon längere Zeit zusammenlebt, ist der See als Ausflugsort gestrichen. Es findet sich immer irgendein Grund, um nicht hinzufahren. Stattdessen dreht sich jetzt alles um sein Hobby, alte Möbel, und um ihn, den Ärmsten, der ja so genügsam ist. Er braucht einfach ein wenig Abwechslung.

So bleiben die beiden meist in der Stadt, und M. folgt ihrem Liebsten brav auf seinen Streifzügen durch die Antiquitätenmärkte. M. hat die Ausflüge zum See mehr oder weniger abgeschrieben – ein unerfülltes Bedürfnis. A. stürzt sich gelegentlich auf einen Antiquitätenmarkt, ansonsten sitzt er zu Hause vor dem Fernseher. Er steigert sich in seine Aktienkurse hinein und isoliert sich vollkommen von seiner Partnerin. Ihre Beziehung wird immer lebensferner, die Distanz zwischen den beiden ständig größer.

Der grandiose Narzisst hingegen scheint gefeit gegen Stillstand und Passivität. Er verfällt vielmehr in hektischen Aktionismus und verlangt von seiner Partnerin, sich ausschließlich auf ihn und seine Interessen zu konzentrieren: Aktionismus und symbiotisches Verhalten werden zum Schutzschild gegen die Depression.

Wie das Leben so spielt
Elisa und Maurizio fahren jedes Wochenende in die Berge, weil er gern klettert. Dazu gehört natürlich auch der Besuch bei bergsteigenden Freunden – die freilich nett sind –, die genauere Kenntnis von Seilen, Haken und anderem technischem Zubehör sowie unter der Woche das Training im Fitnesscenter. Und natürlich der Verzicht auf andere Hobbys. In den Bergen setzt Elisa ein Lächeln auf, zeigt Begeisterung und beschwert sich nie oder lässt gar durchblicken, dass ihr das Ganze keineswegs so gut gefällt.

Wie das Leben so spielt
Bice und Lino segeln gemeinsam. Bice hatte noch nie einen Fuß auf ein Segelboot gesetzt, bevor sie Lino kennenlernte. Das Boot ist Linos ganzer Stolz, und es wird Jahr für Jahr ausgewechselt: immer noch schöner, größer, schneller.

Bice fragt sich nicht einmal, ob es ihr gefällt, ständig ans Meer zu fahren (und wenn sie sich diese Frage stellte, würde die Antwort unweigerlich »Nein« lauten). Sie hat sich daran gewöhnt, weil dies die einzige Methode ist, wie sie mit ihrem über alles bewunderten Ehemann zusammen sein kann.

Jeden Freitag fahren sie zum Hafen, bereiten die Kombüse vor und machen das Boot klar. Dann segeln sie los. Zwei Tage lang ist das einzige Objekt ihrer Aufmerksamkeit und Liebe das Boot.

Beide sind sich der Tatsache nicht bewusst, dass das Boot in Wirklichkeit ein Teil von Lino ist und dass sie dadurch »sich um das Baby kümmern«. Dann zählt auch nicht, ob die Kinder, die mittlerweile groß sind, sie brauchen oder nicht. Denn wenn sie möchten, können sie ja die Eltern auf dem Boot besuchen – und mit ihnen über Windstärke, Seemannsknoten und Ähnliches plaudern …

Bice führt Linos Anordnungen aus. Lino, der mehr vom Segeln versteht, führt das Kommando und ist unumstrittener Kapitän. Das Paar hat auf diese Weise eine optimale Methode gefunden, etwas gemeinsam zu tun, was gleichzeitig die Grandiosität des einen unterstreicht und den anderen Stütze sein lässt.

Und was hat nun Bice davon? Sie kann mit dem Mann zusammen sein, den sie liebt: die Befriedigung, mit einem sehr schwierigen Mann zurechtzukommen, der erst ruhiger geworden ist, seit er dieses Hobby hat, und sich ihr nun nicht mehr so stark entzieht wie früher. Von dieser Zeit an sind auch seine depressiven Anflüge weniger geworden. Und sie hat das Gefühl, für ihren Mann wichtig zu sein und sich mit ihm in Einklang zu fühlen, vor allem seit die Kinder aus dem Haus sind.

Merkt Lino, was Bice alles für ihn tut? Absolut nicht. Das tägliche Aufheben, das um das Boot (also um ihn) gemacht wird, scheint ihm völlig normal zu sein. Wenn man ihn fragte, würde er wohl antworten, dass Bice mehr tun könnte, sie mache schließlich nur das absolut Notwendige …

Die Schwierigkeit, ein Leben zu zweit auf die Beine zu stellen

»Der Anfang ist sanft, verrückt, voller Glück.
Die Handlung voll gutem Willen, stark und spannungsgeladen.
Das Ende die Hölle.«
Nuria Barrios, Letter from Home[18]

»Gräme dich nicht, Italia, so ist das Leben.«
Margaret Mazzantini, Geh nicht fort

Für einen Narzissten heißt »Ich liebe dich« immer »Ich liebe dich in diesem Moment«. Darüber hinaus ist das »Ich liebe dich« eine gefährliche Falle, in welcher er sich verfangen kann, denn der Partner wird schnell zur Gewohnheit, die sein Interesse nicht mehr länger erregt, da er Anforderungen stellt und der Reiz der Eroberung fehlt. Je besser er den Partner kennt, desto weniger sensibel reagiert der Narzisst auf dessen Bedürfnisse.

Der depressive Narzisst hat enorme Probleme, Tag für Tag ein gemeinsames Leben auf die Beine zu stellen. In heimlichen Beziehungen gelingt ihm dies besser. Davon allerdings erzählt er nicht einmal seinen Freunden – oder vielleicht einem einzigen –: »Ich fühle mich nicht sicher. Es kommt mir vor, als würde ich abgeprüft. Was ich sage, landet unweigerlich auf der Goldwaage. Es will sich kein Gespräch einstellen. Er schweigt andauernd, als redete ich Unsinn oder als würde ihn nicht interessieren, was ich sage. Dabei kann ich mich noch an die Zeit erinnern, als wir uns stundenlang unterhalten konnten, jeder neugierig auf das, was der andere zu sagen hatte. Wir waren begeistert, haben uns amüsiert. Wir waren voller

Energie und voller Freude, mit dem anderen zusammen zu sein.«

In der schwierigen Alltagsroutine mit dem Narzissten kann man sich allerdings leicht verschleißen: Denn es kommt zu Augenblicken voller Intensität, in denen man für den anderen von Neuem zum Objekt des Begehrens wird – allerdings nur unter einer Bedingung: dass man ihm die volle Aufmerksamkeit widmet und sich ganz auf ihn konzentriert.

Es gibt viele Modelle, als Paar zusammen zu sein. Welches man am Ende wählt, hängt von mehreren Faktoren ab: wie man sich kennengelernt hat, wie die zwei Partner mit den beiden Generationen davor klargekommen sind (also von den Erfahrungen der Ursprungsfamilie), wie es ihnen in den Partnerschaften davor erging. Ob zwei Menschen in einer Paarbeziehung glücklich werden, ist letztlich auch davon abhängig, welchen Grad an Sicherheit und Selbstakzeptanz sie in ihrer persönlichen Entwicklung erreicht haben.

Wie das Leben so spielt

Ivo erzählt mir von einem Abendessen mit seiner neuen Freundin und einem mit ihm befreundeten Paar: Seine Freundin redet viel und bezieht auch ihn und seine Freunde in ihre Ausführungen ein. Plötzlich fühlt er sich allein gelassen: Er ist so sehr gewöhnt, dass er im Zentrum der Aufmerksamkeit steht, das Gespräch beherrscht und die Themen bestimmt bzw. weiterspinnt. Seine Freundin ist durchaus bereit, ihn einzubinden. Sie wendet sich häufig an ihn, als einen unter Gleichen.

Doch er verschließt sich in feindseliges Schweigen. Er hat das Gefühl, in ein schwarzes Loch abzutauchen, deprimiert, verzweifelt. Er glaubt, sich selbst zu verlieren. Ihm scheint, als verliere er seine Grenzen. Überrascht spürt er mit einem Mal den Hass, den er der Frau gegenüber empfindet und den er gleich auf alle Frauen der Welt ausdehnt. Er kommt sich vor wie ein verlassenes Kind, hat Angst, sich zu verlieren, und fühlt sich sehr unwohl. Er verharrt den ganzen Abend in tiefem Schweigen versunken.

Sobald er zu Hause ist, streitet er mit seiner Freundin und ruiniert sich das ganze Wochenende. Die Frau wiederum begreift nicht, was geschehen ist. Sie kommt aus einer vielköpfigen Familie, in der man sich gegenseitig schon mal das Wort abschneidet, sich die Aufmerksamkeit erkämpfen muss und diesbezüglich ein dickes Fell hat. Sie hat Probleme, das Geschehene richtig einzuordnen. Ivo auch. Er erkundet erst in der Therapiesitzung seine Angst, sich zu verlieren, den Wunsch, beschützt und bejubelt zu werden, wie es die Frauen in seinem Leben, angefangen bei seiner Mutter, immer getan hatten.

Die Phantasie des Narzissten gaukelt ihm die »richtige« Frau vor, die er »wirklich« liebt und mit der er die »wahre Liebe« leben kann: In dieser Beziehung sucht er sein emotionales und affektives Gleichgewicht und will sie daher unbedingt aufrechterhalten. Doch eine Beziehung »am Laufen zu halten« ist ihm unmöglich. Und so wird jede Bindung zur verpassten Gelegenheit.

Eine Tür bleibt immer offen: Die Möglichkeit der Rückkehr

»Nur weil ich mich manchmal wie ein Arschloch benehme, heißt das noch lange nicht, dass ich dich nicht liebe.«
Ethan Hawke, Aschermittwoch

Wenn die andere Person nicht real im Leben des Narzissten präsent ist, wird die abermalige Begegnung zur Gelegenheit, erneut in die vormals mit ihr erlebten Gefühle einzutauchen. Jedes Treffen wird zum prickelnden Ereignis. Bei jedem Wiedersehen flammt sofort alles auf, was einmal war. Die Begegnung mit einem narzisstischen Expartner wird immer Unruhe mit sich bringen. Er braucht nur ein paar Sekunden, um die frühere Komplizenschaft wiederaufleben zu lassen. Er will, dass die Frau ihm die Macht zeigt, die er über sie besaß und immer noch besitzt, und daher zeigt er sich von seiner besten Seite. Es gibt ja so viel zu erzählen. Der Sex ist leidenschaftlich, die Begegnung intensiv wie im Traum, und beide scheinen einmal mehr in innigstem Einklang zu stehen, solange es keine uneingestandenen Anforderungen gibt, den gemeinsamen Alltag wiedererstehen zu lassen.

»Er ist zurückgekommen«, erzählte Olimpia, nachdem Furio sich wieder einmal aus dem Nichts zurückgemeldet hatte. »Nach so vielen Monaten hat er mich wieder angerufen. Er hat mich zum Abendessen eingeladen. Wir hatten uns sehr viel zu erzählen. Es war ein wunderbarer Abend. Und er sagte mir, dass er jede Nacht von mir träumt. Dass er mich begehrt und gern wieder mit mir zusammen wäre.«

Außerdem empfindet der Narzisst jedes Mal Ärger,

wenn er eine frühere Geliebte trifft, die mittlerweile einen neuen Freund hat. Lässt er seinen Gefühlen freien Lauf, kann er die Emotionen für seine neue Partnerin nicht so recht von denen für die frühere trennen. Daher vermeidet er diese »unbequemen« Begegnungen möglichst und konzentriert sich auf das Hier und Jetzt der neuen Bindung.

Völlig anders hingegen ist das Partnerspiel in einer langfristigen Beziehung, die man mit allen Höhen und Tiefen aufrechterhalten möchte. In diesem Fall nimmt der Narzisst sich ganz selbstverständlich eine Auszeit ... als sei es sein gutes Recht zu bestimmen, wann und wie die Beziehung Bestand haben soll. Völlig unempfindlich für den Schmerz, den er verursacht, glaubt er – in den Fällen, in denen er dies tut –, er habe ein Recht auf diesen Freiraum (ob zum Nachdenken oder um eine Beziehung zu einer anderen Frau aufzunehmen, ist ihm dabei egal). Trotzdem lässt er die Tür immer halb offen. Wenn die Frau ihm unerschütterlich weiter ihre Zuneigung beweist, wird er sie öffnen, sobald es ihm in den Kram passt.

Nachrichten von der Couch
Olimpia: »Er kommt zurück, sofern ich ihm die Tür nicht vollkommen vor der Nase zugeschlagen habe. Wenn ich ihm eine Nachricht zukommen lasse oder mich auf andere Weise bei ihm melde. Rufe ich ihn an, behandelt er mich sofort schlecht. Dann ruft er mich wieder an und ist sehr liebevoll, sagt mir, dass er mich unbedingt sehen müsse. Nun begehrt er mich wieder, ist zärtlich, voller Begeisterung, als habe er jetzt erst gemerkt, wie viel ich ihm bedeute. Er scheint jetzt die feste Absicht zu hegen, für immer und ewig bei mir zu bleiben. Als täte es ihm wirklich leid, dass er mich verlassen

hat. Er macht tausend Versprechungen, an die er in diesem Moment selbst zu glauben scheint.

Dann nimmt die Routine wieder überhand, und er muss gehen. Als könne er nichts gegen seine Trennungsgelüste unternehmen. Man könnte eine Kurve zeichnen, die sich im Verlauf der Zeit ständig wiederholt. Nähe bzw. Distanz zu leben ist mit ihm schwierig, ob es nun ums Wochenende geht oder um einzelne Tage, die man miteinander verbringt. Manchmal wechselt seine Stimmung innerhalb weniger Stunden, zuweilen braucht er Tage oder Wochen dazu. Er schafft es schlichtweg nicht, einfach zu bleiben.«

Das lange Goodbye:
Der Narzisst und die Abwendung

Die Trennung

»Unser erstes Erlebnis ist bemerkenswerterweise
ein Entschwund.«
Lou Andreas-Salomé, Lebensrückblick[1]

Obwohl es im Leben aller Menschen eine gemeinsame wiederkehrende Erfahrung ist, bleibt das Weggehen doch stets schmerzhaft. Dabei sind wir immer wieder gezwungen, uns von etwas zu trennen: Wir müssen den Bauch der Mutter verlassen, uns von der Familie abnabeln, wenn wir zur Schule gehen und erst recht, wenn wir ein eigenes Leben auf die Beine stellen wollen. Der Zyklus unseres Daseins bringt so viele Trennungen mit sich. Mitunter allerdings kommt es auch aufgrund von gravierenden emotionalen Verwerfungen zu einem Auseinandergehen. In der Psychologie geht man davon aus, dass es die Trennungen sind, die unser Wachstum bewirken, denn die Geburt, die erste Trennung, die wir erleben, führt zur Abnabelung von der Mutter.

Der Narzisst ist per se nicht zu fassen: Er entflieht. Dieser Akt hilft ihm, seine innere Brüchigkeit zu bewahren. Und er vollzieht den Akt keineswegs voller Bedauern, vielmehr so, als sei dies seine einzige Alternative. Im Mythos straft ihn die Göttin für sein dauerndes Sichentziehen, indem sie ihn dazu verdammt, sich in ein Wesen zu verlieben, das seinem Verlangen niemals nachgeben wird: Die Liebe wird ihm geschenkt und doch verweigert. Ovid beschreibt, wie Narziss sich vor Kummer verzehrt und gleichzeitig den Schmerz genießt.

Der Narzisst lebt sein Leben im Zeichen der Trennung,[2] die über ihm schwebt als Verheißung und Bedrohung zugleich. Diese Haltung lässt ihn manchmal gefühlskalt erscheinen, doch ist das nicht der Fall. Tatsächlich ist das Gefühlsleben des Narzissten stark, und er verteidigt sich aus gutem Grund, nämlich infolge tiefer Kindheitsverletzungen, die schwer aufzuspüren sind. Im Grunde hat er so viel Angst, dass er jede Gelegenheit ergreift, um zu fliehen – als sei dies eine Abwehrstrategie gegen die eigene Schwäche und die Angst vor dem Verlassenwerden. Manchmal scheint er wie ein Kind von wenigen Monaten, das stirbt, wenn die Bezugsperson es verlässt. Er hat so viel Angst vor der Trennung, dass er sie lieber selbst herbeiführt, um sie kontrollieren zu können. Dann betrachtet er den Partner als Feind oder betrügt ihn.

Ein anderer Grund, weshalb diese Männer häufig aus einer Beziehung ausscheren, ist, dass sie sich selten genug geliebt fühlen. Allerdings finden sie für eine Trennung immer einen guten Grund. Das Unbehagen, das dem Narzissten aus der Beziehung entsteht, wird nicht etwa als Zeichen wahrgenommen, dass man an der Partnerschaft arbeiten müsste, sondern als Signal zur Flucht, ausgelöst von einer unvermittelten Angst oder einem ebensolchen Verdacht.[3] So kommt es vor, dass der Narzisst eine kurzfristige Trennung – aus beruflichen oder anderen Gründen – als Verlust des anderen interpretiert und sein schmerzliches Gefühl nicht auf das Getrenntsein, sondern auf die Beziehung zurückführt, die ihm plötzlich als Last erscheint. Oder er glaubt, dass das unangenehme Gefühl auf die irrationale Vorstellung zurückzuführen sei, den Partner verloren zu haben. Er ist nicht in der Lage, das Verlustgefühl als Zeichen der Verbundenheit mit dem anderen zu sehen, als Aufforderung, sich in der Beziehung zu engagieren, als Sehnsucht und Verlangen. »Der Schwung ist einfach raus«, so lautet die Entschuldigung, die man am häufigsten hört, wenn Narzissten die Partnerin wechseln.

In einer amüsanten Novelle erzählt Tahar Ben Jelloun[4] die Geschichte eines Intellektuellen, der seine Frau verlässt, weil er nicht mehr fähig ist, über Musik oder Kino zu diskutieren. Dann sucht er nach einer »intelligenten Beziehung«, bei der es »keine Promiskuität, keine Abhängigkeit, keine Pflichten« gibt. Als er sich dann in eine junge Frau verliebt, die seine Gefühle erwidert, erschrickt er angesichts der Intensität dieser Beziehung. Er erlebt die Partnerschaft als etwas, was ihn seiner Grenzen beraubt, und tut alles, um sie in irgendeiner Form scheitern zu lassen. Er geht sogar zu einem Meister islamischer Mystik. Diesem erklärt er, dass er von einer »Frau besessen« sei, die er als »schmutzige, gierige Riesin« beschreibt, eine Feindin, die seine Unberührbarkeit infrage stellt. Die Angst, zum einen ein klares Bild seiner selbst zu bekommen, zum anderen eine Routinebeziehung zu führen (»Eine Frau ist Symbol des Einschließens, des Kerkers«[5]), bringt den Narzissten mitunter dazu, dass er die Einsamkeit als einzigen Heilsweg[6] sieht. Doch lehnt er nur selten Beziehungen vollkommen ab, um sich in seine Einsamkeit zu verschließen. Meist macht er jemandem den Hof und erlebt intensive Gefühle in einer virtuellen Wirklichkeit, die er aufrechterhält, bis es zur nächsten Verliebtheit kommt. Dabei kann er ganz gut allein bleiben, weil er sich immer eine Zukunft voller Chancen und Möglichkeiten ausmalt.

Manchmal pflegt der Narzisst sexualisierte Freundschaften, die ihm nichts abverlangen. Immer wieder schafft er Situationen, aus denen er Bestätigung zieht, ohne sich in einer täglichen Beziehung aufreiben zu müssen: »Verführung[7] ist ein amüsantes Spiel, schon jemandem den Hof zu machen heißt, eine Verpflichtung einzugehen.«

Wie das Leben so spielt

Paolo haben wir bereits kennengelernt. Er war fast sein Leben lang allein. Er hat ein kleines Buch, in dem er die Telefonnummern attraktiver Frauen sammelt. Wenn er genug Energie aufbringen kann, ruft er sie an. Jedes Mal, wenn er mit einer seiner schönen Begleiterinnen auf eine Party geht, begegnet er dort einer Frau, die unweigerlich interessanter ist als jene, mit der er gekommen ist: Irgendein weibliches Wesen findet sich immer, um dessentwillen er seine Begleiterin vernachlässigen kann.

Diese wird natürlich wütend und sucht nach Möglichkeiten, sich zu wehren. Paolo enttäuscht regelmäßig die Frau, der er gerade den Hof macht. Sie fühlt sich von ihm nie begehrt oder geliebt. Das ist sozusagen seine Spezialität. Darin ist er wirklich besonders geschickt. Auf diese Weise schafft er es, sich nicht festzulegen und sich immer alle Möglichkeiten offenzuhalten.

Nicht selten hat der Narzisst das Bedürfnis, sich abzuschotten, um sein eigenes Zentrum zu finden. Der Elfenbeinturm der Bücher, der Musik, die Distanz, die Unmöglichkeit, etwas zu teilen, schenken ihm Raum, der für ihn die wahre Droge ist, die Luft, ohne die er nicht atmen kann, die Abkehr von den Anforderungen der Beziehung: »Er findet nur in der Literatur Vergessen.« Es ist, als ob es diesen Männern letztlich Kraft raubte, den Alltag mit jemandem zu teilen. Deswegen meiden sie Nähe, während die Distanz in Beziehungen zu einem Mittel wird, mit der Last der Welt fertig zu werden. Narzissten wirken distanziert, auf ihre eigene Unabhängigkeit konzentriert, zufrieden mit ihrer Ruhe. Im Leben zu zweit wechseln sich Augenblicke voller Intensität mit Momenten des Rückzugs ab. Wenn es eine Frau gibt, die sie geduldig liebt – am besten aus der Distanz –, fordern sie energisch ihr Recht auf räumliche Abwesenheit ein, was auch eine Form der Trennung ist. Dieses ausgesprochen tiefe Bedürfnis, sich von der Welt zurückzuziehen und neue Energie zu tanken, sollte allerdings respektiert werden, wenn man mit dem Narzissten tatsächlich sein Leben teilen will.

Sobald Narzissten sich von der Beziehung eingeschränkt fühlen, verspüren sie den Drang, ihr zu entfliehen und sie grundlegend infrage zu stellen. Aus ebendiesem Grund suchen sie die absolute Nähe, um kurz darauf den anderen nicht mehr in ihrem Leben haben zu wollen. Dann wünschen sie sich, der Partner wäre anderswo oder gehe sie nichts an.

Direktaufnahme
»Jedes Gefühl ist eine Fessel. Ich fühle mich dann psychologisch nicht mehr frei. Es ist, als würde das Leben stehen bleiben. Ich brauche einfach das Gefühl, dass morgen alles Mögliche passieren kann. Wenn ich mir vorstelle, gemeinsam mit meiner Partnerin alt zu werden, stellt sich sofort ein

Gefühl der Erstarrung ein. Dann denke ich an den Tod, an den Stillstand der Evolution, an das Ende. Wie schrecklich!«

Wie bei allen Männern kommt es auch beim Narzissten vor, dass es Zeiten gibt, in denen er seiner Partnerin nicht viel abgewinnen kann: Er liebt sie kaum noch, vernachlässigt sie und wünscht sich, dass sie ihm mit Gleichgültigkeit begegnen würde. Sobald sie sich aber tatsächlich entfernt oder die Beziehung zu beenden droht, begehrt er sie von Neuem. Erst wenn er sich für die Distanz entscheidet, kehrt das Verlangen zurück: »Wenn die Beziehung nicht perfekt ist, wie ich sie gern hätte, flüchte ich mich in die Vergangenheit oder in meine Interessen und mache sie noch schlechter. Dann sehe ich meine Partnerin als hässlich oder böse und will nur noch weg.«

Hat der Narzisst nicht gelernt, sich in der Beziehung infrage zu stellen und sein Herz zu öffnen, oder glaubt er gar, die Beziehung gebe nichts mehr her, durchtrennt er das Band ohne Bedauern mit einem radikalen Schnitt, so als würde er eine Tür schließen oder das Licht löschen: »Ich habe sie vollständig aus meinem Leben entfernt. Ich behielt sie in einer Art körperlosen Zwischenzustand.« Wehmut oder Sehnsucht kennt er nicht. Dass ihm jemand fehlt, kommt nicht vor. In seinem Selbstbild ist er ein Mensch, der absolut niemand anderen braucht. Er entfernt den Partner aus seinem Gedächtnis, und damit existiert er für ihn nicht mehr. Häufig gibt es schon einen Nachfolger, der dessen Platz einnimmt – ohne viel Federlesens. Es ist interessant zu beobachten, wie sich in Beziehungen zwischen zwei narzisstischen Partnern beide im Stich gelassen fühlen und die Verantwortung für die Trennung jeweils dem anderen zuschieben.

Direktaufnahme
Olimpia (nach einer von Furios zahllosen »Fluchten«): »Meine Beziehung zu Furio stand von Anfang an unter dem Zeichen der Trennung. Schon in den ersten Monaten ließ er mich ständig an seinen ›Fieberanfällen‹ teilhaben. (Jetzt liebe ich dich, jetzt nicht, jetzt weniger. ›Am einen Tag ja, am anderen nein‹, wie es bei Andrea Camilleri heißt.)

Der erste noch sehr vorsichtige Streit drehte sich darum, dass mich die Beliebigkeit unserer gemeinsamen Projekte erschreckte und ich mich betrogen fühlte. Ich hatte gleich von Anfang an den Eindruck, als versteckte er sich in gewissen Momenten vor mir und versuchte, meine Gegenwart in seinem Leben zu leugnen. Mehr als einmal hat er mich vollständig ad acta gelegt und mich innerhalb von vierundzwanzig Stunden vollkommen vergessen. Dann antwortete er nicht, wenn ich anrief. Wenn ich eine E-Mail schrieb, meldete er sich nicht. Dass er sich an mich erinnern musste, nervte ihn: Er empfand ein leichtes Schuldgefühl, weil er mich enttäuscht hatte. Dabei gab er mir noch für jede Trennung die Schuld. ›Das ist alles nur deine Schuld‹, sagte er mir. Seine Projektionen ließen nicht einmal ein gleichmäßiges Verteilen der Verantwortung auf beide Schultern zu.

Immer wenn wir uns trennen, habe ich – seiner Ansicht nach – einen schrecklichen Fehler begangen, den er mir jedoch nicht näher erklären kann. Freunden gegenüber behauptet er, wir hätten uns furchtbar gestritten, zu anderen sagt er, ich hätte ihn verlassen oder ich sei beziehungsunfähig. Häufig haben wir uns getrennt, weil er hoffte – zu Unrecht, wie sich bald herausstellte –, eine andere Frau könne ihm mehr geben als ich. Aber das leugnet er natürlich. Wenn er dann wieder allein ist, zeigt er sich aufgeschlossen, voller Enthusiasmus, wild entschlossen, sich unter Beweis zu stellen, eine neue Liebe zu finden und sie zu lieben, als wäre es das erste Mal, als wäre es für immer und ewig. Er präsentiert sich von seiner besten Seite und hält das auch durch, solange er vom anderen nur positive Bilder zurückgeworfen bekommt. Er ist ein Märtyrer der Trennung und ist sich nie bewusst, dass er selbst sie herbeigeführt hat. Mich hat er jedes Mal vollkommen aus seinem Dasein gestrichen. Als würde er mir sagen: ›Du hast keinen Platz mehr in meinem Leben und meinen Gedanken.‹ Vielleicht hat er nur einen Platz in seinem Herzen für mich übrig, aber das erkennt er nicht.«

Die Angst, von Frauen abhängig zu sein

»Vielleicht bist du bloß für kurze Geschichten geschaffen, für Geschichten, die nur einen Anfang haben.«
Eric-Emmanuel Schmitt, Kleine Eheverbrechen

»… auch wenn ich mich, solange ich noch verheiratet war, aus dem Haus schlich und vögelte, mit wem ich nur konnte.«
Philip Roth, Das sterbende Tier

Der Narzisst fürchtet sich vor der Liebe. Für ihn ist sie keineswegs nur ein angenehmer und erstrebenswerter Zustand. Wenn er zu sehr liebt, empfindet er manchmal sogar Unbehagen: »Ich hasse dich, weil ich dich liebe. Ich habe das Gefühl, du überwältigst mich.« Die Freude, von jemandem abhängig zu sein, verblasst angesichts der Angst, die diese Abhängigkeit hervorruft. Verletzlichkeit und Nähe werden als Gefahr erlebt, gegen die man sich wehren muss. Aus diesem Grund stellen narzisstische Männer die Partnerin auf die Probe und kritisieren sie heftig. Der Wechsel in ihrem Verhalten scheint dabei wie aus dem Nichts zu kommen und verursacht enorme Spannungen, die unerwartet und daher auf den ersten Blick unverständlich sind: »Sie hat recht. Also stelle ich sie auf die Probe. Ich gebe ihr immer weniger Liebe und verlange immer mehr.« Die Autonomie der Partnerin erleben sie als Flucht, als Verrat, als unverzeihliches Versäumnis. (»Ich bin Sklave ihrer absoluten Forderungen an mich.« Oder: »Es kommt vor, dass ich mich ihr verweigere. Aber dann möchte ich eigentlich, dass sie mich verführt; sie soll mir zeigen, dass sie mich will.«)

Ist es denn nicht sinnvoll, die Überlebensfähigkeit der Partner zu testen? Doch dies setzt ja voraus, dass man die Beziehung als stabil betrachtet, man den Partner als den »anderen« sieht, als sichere Grundlage: Man stellt sich die Beziehung als etwas Belastbares vor, ein Band, das nicht reißt. Aber da der Narzisst sich der Bindung ja nie sicher ist, geht er auf Abwehr und fordert den Partner in den Ring. Die am wenigsten integrierten Narzissten ziehen sich bei jedem Zeichen zurück, das sie als negativ interpretieren. Sie beenden die Beziehung mit Gewalt, bevor sie zerbrechen kann, da sie Unsicherheit in einer Beziehung nicht ertragen. (»Ich habe dich betrogen, entschuldige. Du warst einfach zu wichtig für mich. Ich musste es tun, damit du nicht mehr Mittelpunkt meines Lebens bist. Ich habe dich betrogen, weil ich dich zu sehr geliebt habe. Ich fürchtete meine Abhängigkeit von dir.« Dieses Zitat stammt aus einer schrecklichen Soap im Privatfernsehen, die jedoch in puncto Narzissmus recht erhellend war.)

Das Leben zu zweit in E-Mails und Briefen
Olimpia an Furio: »Weißt du, was mich am meisten erstaunt? Dass wir uns nach einigen sehr intensiven Tagen getrennt haben. Wir haben einen schönen Abend mit Freunden verlebt, und plötzlich lagen wir einander wieder in den Armen. Es war schon so lange her, dass du in dieser Hinsicht aktiv wurdest. Sonst hast du mich immer machen lassen, warst passiv und hast wenig Verlangen gezeigt. An diesem Abend war alles anders. Es war wunderbar. Wir standen völlig im Einklang miteinander.

Am nächsten Morgen hast du mich unter einem blöden Vorwand verlassen. Du bist nicht etwa gegangen, weil du mich nicht mehr liebst oder tatsächlich mit unserer Beziehung oder mit mir ins Reine gekommen bist. Das macht es so schwierig, damit fertig zu werden, sich einen Reim darauf zu machen, zu verstehen und zu vergessen, um sich Neuem zuzuwenden. Du bist fortgegangen, du hast mich aus deinem Leben entfernt. Und doch war in unserer Beziehung nichts passiert, nichts Schwerwiegendes jedenfalls.«

Immer wenn diese Männer sich von der Partnerin trennen, kommen sie zurück, und ihr Verlangen erwacht aufs Neue: Für sie wäre es ideal, nur dann mit einem Menschen zusammen zu sein, wenn sie es wünschen, und gleichzeitig mehrere Beziehungen haben zu können, falls diese ihnen das Gefühl schenken, nicht allein zu sein. Kehrt Furio zu Olimpia zurück, schläft er mit ihr, macht ihr den Hof, setzt das eine oder andere in Bewegung, um sie wiederzugewinnen. Doch wenn sie dann für ihn da ist, wird er deprimiert und entzieht sich: Nun zeigt er seine schlimmsten Seiten, so als wolle er sie auf die Probe stellen und prüfen, ob sie ihn auch wirklich um jeden Preis will, ganz gleich, was passiert.

Für den Narzissten ist das Ende unausweichlich, manchmal einfach nur aus Angst, dass der andere seiner überdrüssig werden könnte. Wenn er geht, schließt er die Tür, ohne zu leiden, was wir bereits angesprochen haben. Wird er jedoch verlassen, dann erlebt er dies als wirkliche narzisstische Verwundung. Er reagiert mit tiefer Niedergeschlagenheit, vor allem wenn er noch keine Ersatzpartnerin hat, mit der er eine ähnlich geartete Beziehung wie die vorausgegangene schaffen kann. Manchmal gelingt es ihm nicht, das erlittene »Unrecht« zu vergessen, und er vergräbt sich in seiner Wut. Dann sind auch Rachsucht und Beschimpfungen bei ihm gängige Münze.

Wenn sie das Ende einer Beziehung erleiden müssen, kann sich das bei diesen Männern zu einer wahren Tragödie auswirken. Diese Scharte muss ausgewetzt werden, möglichst dadurch, dass man viel Negatives über die entsprechende Frau in Umlauf setzt. Das Bild muss zerstört werden, das kann in winzigen Gesten geschehen, die für sich genommen ganz unschuldig wirken. Der Narzisst kann nicht trauern, daher arbeitet er nicht mit seinem Verlust: Seine Bewältigungsstrategie ist es, sich in Aktivität zu stürzen, etwas zu tun, statt zu Hause zu grübeln, jemand anderem den Hof zu machen, statt allein zu Hause den Schmerz zu spüren. Manchmal entwickelt sich die abwesende Frau zu einer echten Obsession, zur Pein, die sie nicht mit anderen teilen können.

»Ich fehle mir, wenn sie nicht da ist, mir fehlt es, Teil ihres Lebens zu sein«, sagte mir ein verzweifelter Patient, den seine Freundin verlassen hatte. Als hätte er den besten Teil seiner selbst verloren, der unauflöslich mit dem verbunden war, was er mit dieser Frau erlebt hatte. Das hindert(e) ihn allerdings nicht daran, anderen Frauen Avancen zu machen.

Immer und überall auf Abwehr

»Ich glaube, deswegen hatte ich mit ihr Schluss gemacht:
Ich kämpfte um mich, um mein altes Ich.«
Ethan Hawke, Aschermittwoch

»Doch es beseelte den Körper die sprödeste Härte:
Niemand vermochte den Schönen zu rühren,
kein Jüngling, kein Mädchen.«
Ovid, Metamorphosen, III, 351

Bei der narzisstischen Persönlichkeit können wir von einem überwertigen Selbstverteidigungsmechanismus sprechen: Nach einer Zeit der totalen Verfügbarkeit suchen und finden Narzissten Gründe, um den anderen (manchmal auf sehr allgemeine Art) als Gefahr erleben zu können. Dieses Verhalten hat Ursachen:

- Gewöhnlich erkennen sie ihre Gefühle nicht auf einfache und direkte Weise. Paolo erklärte mir einmal, dass für ihn Gefühle nicht »von innen« entstünden. In der Therapiesitzung darüber zu sprechen war für ihn eine Möglichkeit, sich ihrer zu vergewissern. Und wie hatte er seine Welt bis dato organisiert? »Ich habe Emotionen durch Informationen ersetzt.« Er ließ sich von Informationen leiten, die er von anderen erhielt, um sie mit seiner Sicht der Dinge zu vergleichen.
- Das Gefühl der Schwäche, das sie in der Zweierbeziehung erleben, steht im Gegensatz zu ihrem Bedürfnis, ein grandioses Ich aufrechtzuerhalten. Wenn sie zwischen zwei Konstrukten wählen müssen, dann opfern sie die Möglichkeit, schwach zu erscheinen, da diese

weniger befriedigend ist. Stattdessen pflegen sie ein Idealbild von sich. Schwäche wird nicht zugelassen. Sie wird nicht wahrgenommen und kann so auch nicht gelöst werden. Daher taucht sie unbewusst in anderen Situationen wieder auf, ohne dass der Narzisst dies emotional wahrnimmt. Olimpia sagte zum Beispiel einmal: »Wir sehen uns, um miteinander essen zu gehen. Ich habe ihn eingeladen. Anfangs läuft alles super. Dann fängt er an, mich zu provozieren, indem er mir aufzählt, was an mir alles falsch sei und was ihm nicht gefalle. Ich ärgere mich, weil es für mich ein Unding ist, auf diese Weise den Abend zu ruinieren, den wir doch gemeinsam genießen wollten. Ich weiß, dass ich auf seine Worte nicht reagieren dürfte, aber ich schaffe das nicht. Für mich ist wichtig, was er sagt, und so werde ich wütend.«
- Vor unangenehmen Gefühlszuständen haben sie Angst, selbst wenn sie nicht besonders schwerwiegend sind. Sie trinken, sie nehmen Drogen, als könnten sie nicht damit umgehen und müssten sich mit Zähnen und Klauen dagegen verteidigen.

Direktaufnahme
Olimpia in der Therapiesitzung: »Ich werde einfach nicht damit fertig, dass er ständig auf Abwehr geht. Damit meine ich: Wenn er sich sehr geliebt fühlt, kann er auch Gefühle zurückgeben. Wenn er sich nicht ausreichend geliebt fühlt, zieht er sich zurück, nach Möglichkeit weiter als ich. Als sei er nicht in der Lage, in der Liebe zu ruhen, darin zu bleiben, mit Distanz fertig zu werden. Das ist, als sei er so verletzt worden, dass er angesichts eines Liebesentzugs sofort anfängt, sich mit großem Aufwand zur Wehr zu setzen. Alles oder nichts.

Und schon wenn ich mich um meine Arbeit kümmere, fühlt er sich nicht mehr ausreichend geliebt, als hätte ich ihm einen emotionalen Vorschuss nicht zurückgezahlt. Ihm hingegen fällt gar nicht auf, dass er mit seinem Job mehr oder weniger verheiratet ist.«

Ausgelöscht

»Das Dilemma des Narzissten liegt im paradoxen Erleben von Nähe.«
Salomon

Sehr interessant ist das Verhältnis des Narzissten zum Gedächtnis: »Ich kann meine Erinnerungen total auslöschen. Ich kann Vorkommnisse vergessen, kaum dass sie passiert sind.« Eine mögliche Erklärung dafür ist, dass er dies tut, um sich weniger gebunden zu fühlen, um weniger an Menschen oder Gegenständen zu hängen. Die Erinnerung wäre nämlich ein Weg, dem anderen Bedeutung im eigenen Leben zuzuweisen, ihn anzuerkennen.

Direktaufnahme
Olimpia: »Ihm passt es nicht, dass ich versuche, mich an alles zu erinnern. Seiner Ansicht nach leide ich unter ›übermäßiger Gedächtnisleistung‹ und bin eine, ›die jedes i-Tüpfelchen festhält‹. Er hingegen leidet, was mich angeht, unter Gedächtnisschwund. Er erinnert sich einfach an nichts. Ihm fallen nur die unangenehmen Gefühle ein. Er schildert mir Begebenheiten, die zwischen uns geschehen sind, deutlich negativ.

Gestern hat Furio mich gefragt, was ich hätte. Ich hatte schlecht geträumt. ›Erzähl's mir nachher‹, meinte er zerstreut. Ich wusste, dass er es sofort vergessen würde. Außerdem würde es ihn maßlos langweilen, was immer ich ihm auch erzählte. Das ärgert mich, weil er mir eine Nähe vorspiegelt, die keine echte Grundlage hat.«

Wahrheit oder Lüge – für den Narzissten ist das nicht das Thema. Für ihn ist wahr, was er in einem bestimmten Augenblick sagt. Das Wegfallen der Erinnerung scheint dem Bedürfnis zu entspringen, alles löschen zu können, was den Interessen des Augenblicks widerspricht. Und diese liegen darin, Bestätigung für eine seiner Hypothesen oder eine seiner Gemütslagen zu suchen. An den Alltag erinnert er sich so, wie dies seinen momentanen Interessen am besten dient: »Der sagt einmal so, dann wieder so. Dem kann man wirklich nicht vertrauen.« Wenn es ihm zum Vorteil gereicht, dann sieht er die realen Geschehnisse einfach vollkommen anders als alle anderen. »Ich habe dich doch die ganze Nacht über gestreichelt und liebkost«, heißt es, obwohl er sich auf seine Seite des Betts zurückgezogen und der Partnerin den Rücken zugewandt hat. »Ich tue doch alles für dich«, hört man, wenn in Wirklichkeit er Zeit und Rhythmus des gemeinsamen Lebens bestimmt und erwartet, dass der andere sich anpasst. Oder er tut, was die Partnerin will, doch mit einer Laune, dass ihr jede Freude daran vergeht.

Das Sperrfeuer der Kritik

> »Ich leugne einfach, dass sie mich liebt.«
> *Ein Patient*

Kritik ist für den Narzissten ein Mittel, dem anderen nicht zu nahe zu kommen, eine Methode, ihn auf die Probe zu stellen. Kritik taucht in dem Moment auf, da der Mann vor der Macht, welche die Frau über ihn ausüben könnte, Angst bekommt. Außerdem ist sie ein probates Mittel, um die Hierarchie wiederherzustellen und sich über den anderen zu erheben. Eine Beziehung zu haben bedeutet, den anderen als Teil des eigenen Selbst zu erfahren. Dies schließt die Möglichkeit ein, ihn anzugreifen, wenn man ihn als zu stark empfindet (ein allgegenwärtiges Gefühl). Nach einer Runde »Angriff ist die beste Verteidigung« kann man sich vorsichtig wieder annähern. (»Ich behandle dich schlecht, um mich zu wehren.« Oder: »Mir ist klar, dass ich meine Partnerin schlecht behandle und sie als selbstverständlich betrachte.«)

Das Leben zu zweit in E-Mails und Briefen

Olimpia an Furio: »Gestern Abend bist du wieder einmal im Zorn von mir gegangen, wie so häufig. Du fühlst dich wohl mit mir. Wir plaudern, scherzen, amüsieren uns. Dann fängst du an zu trinken; und je weiter der Abend fortschreitet, desto mehr versinkst du in Schweigen. Oder du wirst immer abweisender, immer kritischer, immer streitsüchtiger.

Manchmal, wenn es mir nicht so gut geht, wenn ich müde bin oder der Tag anstrengend war, tappe ich in deine Falle und reagiere auf dein Dich-Entziehen. Dann will ich von dir Bestätigung. Lieber Himmel! Dann wirst du noch kritischer, noch streitsüchtiger, noch böser. Ich sei …, heißt es dann, und darauf folgt ein Reigen von Fehlern und Mängeln, die du an mir wahrnimmst und die du mir mit angeekelter Miene aufzählst. Widerst du dich selbst an, weil du mit einer Null wie mir zusammen bist? Oder widere ich dich an, weil ich bei einer Null wie dir bleiben möchte?

Du willst weg, du gehst, aber nicht, ohne mich vorher fertigzumachen. Ich bleibe zurück, am Boden zerstört von diesem Sturm im Wasserglas. Ich begreife nicht, wieso du mich mit solcher Vehemenz zurückweist, nur um am nächsten Morgen aufzuwachen und mir einen guten Tag zu wünschen in der Überzeugung, dass du mich liebst.«

Direktaufnahme

Olimpia: »Auch diesen Sommer hat er an einem bestimmten Punkt angefangen, mich zu kritisieren, als wolle er Gründe finden, um sich von mir zu entfernen. Ich empfand es als zutiefst ungerecht, dass er zu anderen Menschen unglaublich nett war. Mit ihnen lachte, scherzte, sprach er. Ihnen schenkte er sein Wissen, seine Neugier, seine Aufmerksamkeit. Seinen Freunden beispielsweise, mit denen er ausging, während ich bei meiner Mutter war. Für mich hatte er nur Klagen, Zweifel und Ängste. Ich war auch eifersüchtig, schließlich ist jede Frau ein bisschen Hexe …

Ich habe ihn auf der Arbeit angerufen, um ihm zu sagen, wann ich wieder in der Stadt bin. Ich war vielleicht ein wenig misstrauisch, und so habe ich ihn ausgefragt, was er denn noch vorhabe. Sofort war er in höchster Achtsamkeit: »Du ruinierst immer alles, du vergiftest die ganze Beziehung, du bist zwanghaft, du verlangst zu viel, du brauchst ständig Bestätigung.« Später fing er eine Affäre mit der Frau an, die ich in Verdacht hatte, verließ mich und bat mich Monate danach, zu ihm zurückzukommen.

Dummerweise versuche ich ihm zu erklären, dass er auch kein Unschuldslamm sei, er sehe ständig andere Frauen an, was mich verunsichere. Ich sagte ihm, dass ich mich abgeschoben fühle, dass er immer wieder in Schweigen verfalle und auf Distanz gehe. Er scheint mich nicht verstehen zu wollen und besteht darauf, dass ihn keine Schuld treffe, alles liege an mir, ich gehe immer auf Abwehr, ich sei zu zwanghaft und könne mich in der Beziehung nicht entspannen.

Ich gebe zu, teilweise hat er recht und ich würde künftig versuchen, einfach davon auszugehen, dass er mich liebt. Ich würde auch versuchen, seine Distanz als sein Problem anzusehen, das mit der Beziehung nichts zu tun hat. Er antwortet, als habe ich nichts dergleichen gesagt, ja, als hätte ich gar nicht gesprochen. Wir verabschieden uns wütend voneinander ...

Auch ich kritisiere meinen Partner häufiger, als ich ihn bestärke. Doch mir scheint, als würde er es regelrecht darauf anlegen: Er zeigt nicht die geringste Absicht, sich zu ändern, macht keinerlei Anstrengung, um mir entgegenzukommen, ganz im Gegenteil, er macht weiter wie bisher und will von mir, dass ich ihn akzeptiere, wie er ist. Vielleicht aber auch, um mich zu vertreiben.

Offensichtlich dient Kritik dem Narzissten dazu, sich von der Beziehung zu distanzieren: Dafür macht er Eifersuchtsszenen und erhebt völlig unbegründete Vorwürfe. Oder er macht alles schlecht, was passiert. Verachtung und Kritik stellen seine bevorzugte Methode dar, um den anderen aus seinem Herzen zu verbannen, um wegzugehen oder sich anders zu orientieren.

Direktaufnahme
In einer Therapiesitzung mit seiner Partnerin – von der er sich trennen will, sich dann aber von ihr überzeugen lässt zu bleiben – sagt Furio: »Wenn ich mit dir zusammen bin, kommt immer der schlechteste Teil von mir zum Vorschein. Ich kann einfach nicht mehr. Das geht nicht gut mit uns. Ich empfinde gar nichts mehr für dich. Und die gemeinsamen Ferien haben mir auch nicht gefallen. Du hast ja recht, ich kritisiere dich immer. Ich lasse alles an dir aus, weil ich mich unwohl fühle. Diese Geschichte ist nicht mehr meine Geschichte.«

Der »komplizierte« Streit

> »Die Gewohnheiten, die ich mir zum Überleben
> zugelegt hatte, schienen durchweg etwas
> mit Flucht und Einsamkeit zu tun zu haben.«
> *Ethan Hawke,* Aschermittwoch

Der narzisstische Mann kennt eine gute Methode, um sich aus der Beziehung zu verabschieden: Er sammelt immer mehr Wut an. Er streicht den anderen aus seinem Leben und erlaubt sich nicht mehr, seine Zuneigung zu ihm zu spüren. Einige provozieren und explodieren, um festzustellen, ob die Partnerin ihre Bedürfnisse erkennt und eifrig genug an ihrer Befriedigung arbeitet. Man könnte hier wirklich von »zwischenmenschlichen Wutzyklen«[8] sprechen. Einerseits ist der Narzisst heftiger Zornesanfälle und weiterer – manchmal unverständlicher – Gefühlsausbrüche fähig. Andererseits aber führt die Idealisierung des eigenen Selbst, der Beziehung und des Daseins als Paar dazu, dass er vor der Möglichkeit, beim anderen auf Ablehnung zu stoßen, kopfscheu wird.

Da der Narzisst zwischen dem idealisierten und dem dämonisierten Partner eine klare Grenze zieht, kann es vorkommen, dass eine leidenschaftliche Liebe sich in ebenso leidenschaftlichen Hass verwandelt. Diese Männer können mit Aggressionen – auch harmlosen – seitens ihrer Partner nicht umgehen und sind nicht in der Lage, in der Liebe zu streiten: Ein Hauch von Aggressivität treibt sie schon in die Flucht. (»Immer stellt er gleich die Beziehung als Ganzes infrage, jede Diskussion ist unweigerlich eine Trennungsaussprache.« Und: »Warum bist du immer der Verwundete und Verletzte, wenn zwischen uns etwas vorfällt?«)

So aggressiv der Narzisst sein Leben angeht, so sehr riechen seine Vorstellungen vom Liebesleben nach »heiler Welt«: Alles ist immer in Ordnung, alles eitel Freude und Sonnenschein. Jeder Streit wird sofort als Zeichen dafür interpretiert, dass mit der Beziehung etwas nicht stimmt und dass man sie daher am besten ganz in Zweifel zieht. Narzissten steigern sich zwar gern in ihre Wut hinein, doch streiten mögen sie nicht. Vielleicht weil der Streit letztlich ein gemeinsamer Tanz ist, bei dem sie sich auch mal »die Hände schmutzig machen«, ja sich selbst infrage stellen müssten. Vielleicht aber auch, weil sie dann die Position dessen, dem »Unrecht« geschehen ist, aufgeben müssten. Sie müssten sich kritisieren lassen. Aber sie sind gar nicht interessiert daran, den anderen in seiner Stärke kennenzulernen und mit der eigenen aufzuwarten. Nicht im Privatleben jedenfalls. Und ebendieses Risiko müssten sie für einen Streit eingehen.

Direktaufnahme
Olimpia: »Jede Diskussion war für ihn ein Grund, sich zurückzuziehen, wo ich nur Möglichkeiten tieferen Verstehens sah, Möglichkeiten, die Mechanismen unserer Beziehung besser aufeinander abzustimmen. Dummerweise versuche ich, mich mit ihm auseinanderzusetzen, um mehr Nähe zu schaffen und dieses besondere Band zwischen uns stärker werden zu lassen: Ich warte darauf, dass er mich seiner Liebe versichert, dass er mich aus diesem negativen Tal herausholt ... Doch er wird noch wütender als zuvor. Er wird wütend, verschließt sich der Kommunikation immer mehr und verstärkt auf diese Weise mein Gefühl, gar keine Beziehung mit ihm zu haben. Und bei beiden stellt sich das Gefühl ein, der andere sei der Feind, der einen verletzt und nicht verstehen will.

Wenn er meine Unsicherheit einmal wahrnähme, vielleicht würde er dann seinen Arm um mich legen oder mich küssen. Und ich wäre beruhigt. Er merkt nicht, dass es schon genügte, mir ein wenig Liebe zu bezeugen, um der Partnerschaft wieder Auftrieb zu geben. Mit ihm ist jedes Gespräch über die Beziehung eine Qual. Es klärt nichts und entfremdet uns zutiefst: Er wird nie laut, er verlangt nie etwas, sondern vergräbt sich in seiner kalten Feindseligkeit, die er jedoch leugnet, wenn ich ihn darauf hinweise. Das ist eine seiner typischen Strategien: Er zieht sich zurück, um es mir zu zeigen, statt mit mir zu reden.

Ich schreibe E-Mails, um die Angelegenheiten zur Sprache zu bringen und von ihm eine Erklärung zu erbitten. Wenn er mir antwortet, dann in ironischem, fast wegwerfendem Ton, jedenfalls sehr rational. Die Antwort ist mehr oder weniger gefühllos: Was ich an Fakten aufzähle, träfe nicht zu, sondern alles sei einzig und allein meine Interpretation.

Was ich auch sage, er hat am Ende immer recht. Häufig bringt er ausgesprochen negative Interpretationen aufs Tapet, die mich dann wütend machen. Ich fühle mich unverstanden und unterlegen. (Er weiß ja besser als ich, was gerade vorgeht.) Manchmal aber begreift er mit einer geradezu unglaublichen Intuition, was wirklich in mir abläuft. Dann agiert er wie ein sehr präzises und sensibles Vergrößerungsglas und zeigt mir, welche Aspekte von mir ich noch nicht verstanden habe.

Selbst wenn der Streit mit dem Narzissten schwierig ist, ist es doch einfach, seinen Zorn zu erregen:[9] Häufig wird dies zum Grund, die Beziehung zu beenden, wenigstens kurzfristig. Für andere hingegen ist der Streit nur ein Modus, um von dem Gefühl, dem anderen ausgeliefert zu sein, zum Empfinden der eigenen Kraft überzugehen und die Herrschaft in der Beziehung wiederherzustellen.

Die Wut wird ausgelöst – so Kohut, der Narzissmusexperte schlechthin – durch eine narzisstische Verwundung, die entweder bereits erfolgt ist oder vorweggenommen wird (Präventivschlag). Entweder setzt es dann Vorwürfe, oder der Narzisst zieht sich zurück, um sich zu rächen. Er will ein Unrecht geradebiegen oder einen eingebildeten oder tatsächlich erlittenen Schaden wieder ausbügeln. Sein Ziel ist es, dem anderen dieselbe Verwundung zuzufügen, wie er selbst sie erfahren hat, und er hört nicht auf, bis dieses Ziel erreicht ist. Das auslösende Element ist eine reale oder vom grandiosen Selbst befürchtete Bedrohung: als ob der Narzisst eine Ablehnung aus der Vergangenheit wiederbelebe und sie real zu fürchten beginne. (In der narzisstischen Welt ist es ein Makel auf der Weste ihres grandiosen Selbst,[10] wenn man ihnen widerspricht oder es wagt, sie in den Schatten zu stellen.) Wie man den Narzissten auf die Palme treiben kann? Sagen Sie ihm, dass er Sie enttäuscht hat.

Dauernd ist Schluss: Pausen, Unterbrechungen, Unsicherheit in der Beziehung

»Aber jede zerbrochene Liebe ruft ein Gefühl vorzeitigen Verlusts hervor, als wäre die Liebe ewig ein hübscher Jüngling, dem man allerlei nicht eingelöste Versprechungen gemacht hat.«
Alicia Giménez-Bartlett, La frase mai detta[11]

»George fühlt sich nur rein, wenn er die Regeln verletzt.«
Philip Roth, Das sterbende Tier

Der Narzisst genießt die Freuden des Beisammenseins, aber auch das Hochgefühl, allein sein zu können. Beides exerziert er durch – in stetem Wechsel. Und dann ist da noch das Vergnügen, in eine Beziehung zurückzukehren, die er seiner Ansicht nach einfach jederzeit wiederaufleben lassen kann. Viele Frauen kennen diesen Rhythmus. (»Eine gewisse Zeit lang schenkt er mir seine ganze Aufmerksamkeit, dann braucht er plötzlich wieder mehr Raum und zieht sich zurück.« Oder: »Pünktlich alle drei Monate streiten wir, ich könnte die Tage im Kalender markieren.« – »Manchmal ist es unglaublich leicht, sie nicht zu lieben.«)

Da das Leben des Narzissten unter dem Zeichen der Trennung steht, kennt er zahlreiche Strategien zu ihrer praktischen Umsetzung: »Ich möchte fortgehen können, aber meine Partnerin soll auf mich warten.« Wie gesagt schreibt der Narzisst die Verantwortung für das Ende der Beziehung gewöhnlich dem anderen zu, und so rechtfertigt er sich vor Freunden auch mit recht unterschiedlichen Begründungen: Er erzählt von einem schrecklichen Streit, der angeblich stattgefunden habe, von Schwierigkeiten in der Beziehung. Oder er behauptet, seinerseits verlassen bzw. betrogen worden zu sein. Für ihn zählt nicht, ob das, was er sagt, wahr ist oder nicht. Für ihn ist es einfach Fakt. Jede Lüge erfüllt sein Bedürfnis, alles auszublenden, was seinen narzisstischen Interessen im Moment im Weg steht.

Direktaufnahme
»Es ist so typisch, dass er sich dann in eine Beziehung mit einer fünfundzwanzig Jahre jüngeren Frau stürzt, statt über unsere Trennung nachzudenken und darüber, was diese für unseren Sohn bedeutet. Dem Kind sagt er, dass ich die Schuld an der Trennung trage. Das Muster ist immer das gleiche. Genauso lief es vor zehn Jahren mit meiner Vorgängerin.«

Das Bild, das der Narzisst von sich zu schaffen anstrebt, ist das eines Mannes, der hohe Ideale in Bezug auf Beziehungen hat und dafür auch kämpft, zumindest dem äußeren Anschein nach. Das geht gewöhnlich so lange, bis er einen passenden Ersatz gefunden hat, der ihm zum Zwecke der Selbstbestätigung als besserer Spiegel dienen kann: »Kommen und Gehen liegt mir, während das Aufrechterhalten der Beziehung mich Kraft kostet. Sie nimmt zu viel Raum ein. Das löst in mir das Bedürfnis aus wegzurennen.« Einer meiner Patienten meinte einmal, dass in Wirklichkeit die Treue das wahre Laster sei, weil sie zu einem bequemen Nebeneinander verführe – ohne Konfrontation, ohne Angst, verlassen zu werden –: »Man fühlt sich vielleicht nicht mehr begehrt, aber zumindest sicher. Allerdings riskiert man, dabei zu ersticken.«

Die Auszeit

Ein echter Narzisst will das Herz der Frau an seiner Seite gewinnen. Er will spüren, dass sie ihn begehrt und glücklich ist, mit ihm zusammen zu sein. Sonst empfindet er sie als Feindin, die ihn erdrückt, als unbequemes Objekt, das ihm Angst macht. Also gibt es für ihn letztlich nur zwei Möglichkeiten: Verschmelzen oder Weglaufen. Die dritte wäre, eine nicht klar definierte Beziehung zu haben, in der es keine Regeln gibt. Oder eine Beziehung, die man sozusagen auf Eis legt. Doch dafür braucht der Narzisst das Einverständnis der Partnerin, sonst fühlt er sich schuldig.

Direktaufnahme
Furio an Olimpia: »Du hattest sicher auch schon das Bedürfnis, eine Auszeit zu nehmen. Es ist doch nur zu verständlich, was ich möchte. Ich habe ein schwindelerregendes Gefühl der Leere und will ein bisschen allein sein. Ich will dich nicht verlassen, aber ich will mich im Moment auch nicht auf dich einlassen. Ich will nicht mit dem Rücken zur Wand dastehen. Ich bin in einer Phase, in der ich mir mein Leben zurückholen und wieder gut leben will. Diese ganzen Diskussionen um unsere Beziehung nerven mich einfach.«

Das Leben zu zweit in E-Mails und Briefen
Olimpia an Furio: »Vielleicht brauchst du ja eine Pause, um festzustellen, ob ich für dich noch wichtig bin. Doch ich verstehe das nicht, denn meiner Ansicht nach löst man Probleme, indem man sich ihnen innerhalb der Beziehung stellt, statt vor ihnen wegzulaufen. Mich verletzt das. Die Lösung, die du für uns vorgesehen hast, geht meiner Ansicht nach viel zu weit.

So schwerwiegend sind unsere Probleme doch gar nicht. Ich bin wütend, habe Angst und fühle mich unverstanden. Ich werde zornig, wenn ich daran denke, wie viele schöne und hässliche Dinge, die wir zusammen erlebt haben, du einfach auslöschen willst. Ich werde wütend, wenn ich daran denke, mit welcher Leichtigkeit du diese Pause nimmst: Das gibt mir das Gefühl, dass unsere Beziehung dir überhaupt nichts bedeutet. Mir ist der Gedanke gekommen, dass solche Auszeiten sich vielleicht wiederholen könnten – immer wenn wir an einen Punkt kommen, an dem die Diskussion schwierig wird.

Für mich sind diese Gespräche gleichwohl wichtige ›Verhandlungen‹, in denen man lernt, sich aneinander anzupassen. Daher sehe ich darin auch keine Bedrohung für die wechselseitige Harmonie. Und ich habe das Gefühl, dass ich mich urplötzlich ohne dich wiederfinden könnte, allein gelassen, in die Ecke gestellt, weil du einer für dich wichtigen Laune nachgehen möchtest. Wie soll ich da noch Vertrauen haben? Wie soll man einem Partner vertrauen, der jede noch so kleine Enttäuschung unter ein Vergrößerungsglas legt?

Vielleicht ist es besser so. Vielleicht ist die eingewurzelte Überzeugung, dass Beziehungen nicht von Dauer sind, dass sie gefährlich und langweilig sind, dir wichtiger als ein andauernder, stimulierender, wenn auch schwieriger Dialog, wie unsere Beziehung ihn darstellt. Der Wechsel, die Illusion, wir könnten immer und jederzeit wechseln, hält (vielleicht) jung. Vielleicht ist es besser so, aber mich macht das Ganze traurig.«

Und plötzlich war er weg ...

Manchmal scheint der Narzisst mit einem Schlag den Schatten des Partners zu entdecken, seine negativen Seiten, seine Fehler – und nichts anderes mehr zu sehen.

Plötzlich erscheint der Mensch an seiner Seite, dessen Nähe er suchte und den er zu schätzen wusste, nur noch in schlechtem Licht, gleichsam als Gegenpol zur vorherigen Idealisierung: Der alchemistische Prozess wird umgekehrt, aus Gold wird wieder Blei. Dieser jähe »Wetterwechsel« verletzt die Partnerin mitunter auf nicht wiedergutzumachende Weise.

Das Leben zu zweit in E-Mails und Briefen
Olimpia an Furio: »Ich versuche zu vergessen. Die gegenseitige Wertschätzung, die wir uns entgegenbrachten. Dass ich dich für ein Genie gehalten habe. Dass ich mich von dir geschätzt fühlte. Das Gefühl der Sicherheit in den Ferien, weil ich wusste: Du hast dich für mich entschieden. Du wolltest mich. Ich wusste, dass ich dich gelegentlich zu mir zurückbringen musste, dass du dich gern entziehst, aber ich hatte das Gefühl, dir etwas zu bedeuten. Und ich wusste, dass du für mich wichtig bist. Endlich waren wir beide erwachsen.

Ich versuche zu vergessen, wie schwierig manche Telefonate zwischen uns waren, weil jeder von uns von völlig unterschiedlichen gefühlsmäßigen Polen aus sprach, weil unsere Situation so verschieden war, weil wir keine gemeinsame Linie fanden. Aber ich kann den einen Tag nicht vergessen, als ich von einer beruflich bedingten Reise zurückkehrte, glücklich, dich wiederzusehen, sicher, unser gemeinsames Leben wiederaufnehmen zu können, das zwar von steten Kurskorrekturen, von Versuch und Irrtum geprägt war, aber auch von vielen schönen gemeinsamen Erlebnissen. Ich hatte so viel Lust, Lust, Lust auf dich und auf ein Leben mit dir. Und du hast mich völlig unerwartet verlassen.

Auf der einen Seite sind du, meine Sehnsucht nach dir und meine Trauer über dein Weggehen. Und so bilde ich mir ein, dass wir uns eines Tages wiedersehen und uns in die Augen blicken, um darin das unauslöschliche Begehren, die unglaubliche Tiefe unserer Beziehung zu lesen. Auf der anderen Seite stehen meine Wut und meine Enttäuschung darüber, einfach so aus deinem Leben gelöscht worden zu sein, als hätte ich nie existiert. Deshalb wache ich seit einem Monat um vier Uhr morgens auf: weil ich vor Wut fast ersticke!«

Sich verlassen lassen

Wenn der Narzisst die Beziehung beenden will, geht er schon mal selbst. Besser allerdings fühlt er sich, wenn er verlassen wird: Dann muss er sich nicht erklären und versuchen, den anderen zu täuschen. Diskussionen, Aussprachen, Erklärungen sind in einer Beziehung, die sich im Hier und Jetzt gut anfühlen soll, nur unnötige Komplikationen.

Direktaufnahme
»Manchmal habe ich das Gefühl, er möchte, dass ich gehe, damit er die Verantwortung nicht übernehmen muss und sich wieder als Opfer fühlen kann, dem das Schicksal irgendwelche Gemeinheiten zudenkt.« Oder: »In meiner perversen Art, das Leben anzupacken (bei der ich stets versuchte, Ärger zu vermeiden), habe ich die Frauen von mir ferngehalten, indem ich ihnen immer weniger und weniger gab, bis sie sich entschlossen zu gehen.«

Und: »Sie hat die Tür hinter sich geschlossen. Ich habe von ihr nichts mehr gehört und gesehen. Wir waren schon wochenlang zusammen, ohne uns gegenseitig noch etwas zu geben. Sie versuchte, die Atmosphäre zwischen uns zu verbessern, aber ich habe mich gesträubt. Wir sahen uns zur vereinbarten Zeit. Ein Jahr waren wir zusammen. Ich spielte mit ohne große Begeisterung. Schließlich hat sie Schluss gemacht, und ich war erleichtert.« Der Therapeut fragt: »Empfinden Sie keine Trauer?« – »Ich weiß nicht, was Sie meinen. Beziehungen gehen nun einmal zu Ende. Wenn das ohne gegenseitige Verletzungen passiert, umso besser.«

Die kleinen Fluchten

Für den Narzissten besteht das Verschmelzen in einem totalen Ineinanderaufgehen, in der Möglichkeit, auf genau derselben Wellenlänge zu funken. Die Flucht aus dieser Gemeinsamkeit ist nur mittels Streit und Kritik möglich, aber natürlich will er sich die Chance zur Rückkehr offenlassen.

Direktaufnahme
»Er greift mich ständig an. Er kritisiert mich und macht aus jedem kleinen Fehler meinerseits eine große Sache. Und so hat er in seinen Augen einen guten Grund, mich zu verlassen. Dann brüllt er mich mit einer Vehemenz an, als wären wir nie zusammen gewesen. Wenn er aber zu mir zurückwill, dann haben all meine schlechten Seiten plötzlich etwas Gutes, dann bin ich wieder liebenswert, und er will mich.«

Das Leben zu zweit in E-Mails und Briefen
Olimpia: »Warum hast du immer mehr Nähe von mir gewollt, wenn du mich dann doch verlassen hast? Warum hast du von mir verlangt, dass ich meinen Panzer ablege, wenn du mich

dann doch nur verletzen wolltest? Warum hast du meine Seele berührt, wenn du dann nicht bei mir bliebst?

Warum hast du dich aus einer Beziehung verabschiedet, die immer tiefer ging, immer mehr von gegenseitiger Achtung getragen war, in der wir uns immer besser kennenlernten, im Guten wie im Schlechten?

Warum tust du immer wieder etwas, was du schon getan hast, selbst wenn du es dir am Ende vorwirfst?«

Direktaufnahme
Furio: »Ich habe sie verlassen, um sie auf die Probe zu stellen. Ich habe sie verlassen, weil ich das Gefühl hatte, dass sie die Beziehung beenden wollte. Ich hatte Angst, sie zu verlieren, also bin ich als Erster gegangen. Ich habe ein ziemliches Chaos angerichtet, aber ich hatte den Eindruck, mich schützen zu müssen. Als es mir besser ging, bin ich zurückgekommen. Ich verstehe einfach nicht, wieso sie mich nicht mehr wollte.«

Neue Begegnungen: Der Weg von einer Liebe zur nächsten

»Etwa eineinhalb Jahre später machte ich aus Angst und weil ich nicht anders konnte, mit ihr Schluss. Acht Tage später war ich zu einer anderen Lösung gekommen.«
Ethan Hawke, Aschermittwoch

»Und war denn nicht am Ende eine Nacht wie die andere? Und eine Frau wie die andere? Besonders, wenn es vorbei war?«
Arthur Schnitzler, Casanovas Heimfahrt

Der Narzisst fühlt sich vom Unbekannten angezogen, von der Frau, die er noch nicht kennt, der »Neuen«, die wie ein Spiegelbild seiner geheimsten und unaussprechlichsten Wünsche, als Verheißung auf alles Glück der Welt erscheint. Folglich sieht er die Frau an seiner Seite als Hemmschuh, die »Neue« hingegen als Quelle unbegrenzter Möglichkeiten: Sie ist umgeben vom Hauch des Geheimnisvollen, hinter dem sich die Erfüllung jedes Wunsches verbergen kann, zur Pforte zu allen denkbaren Freuden. (»Ich kann einfach nicht widerstehen. Das konnte ich noch nie.« Oder: »Ich betrachte mich als frei. Ich sehe mich um, und dann entscheide ich mich aufgrund dessen, was ich fühle. Ich kann nicht von vornherein verzichten, sonst fühle ich mich gefangen.«)

Doch um ein neues Objekt des Begehrens idealisieren und eine neue emotionale Beziehung eingehen zu können, scheint der Narzisst alles Negative auf seine bisherige Partnerin projizieren zu müssen. Diese wird zum Sündenbock für neue, starke Gefühle. Der Hass, den der Narzisst ihr gegenüber empfindet, wird durch im Nachhinein konstruierte Scheinerklärungen gerechtfertigt: Der Narzisst übertreibt – sowohl im Kopf als auch offen ausgesprochen – jeden noch so kleinen »Verrat«. Er klagt seine frühere Freundin an, ihn nicht genug zu lieben, und projiziert das Negative, auch aus seiner neuen Beziehung (alles also, wodurch er sich eingesperrt fühlt und was ihn stört), auf sie.

Auf diese Weise hält er die neue Partnerschaft erst einmal frei und öffnet sie für alle noch nicht geäußerten Erwartungen: Wo auf der einen Seite Liebe ist, muss auf der anderen Hass sein. Auch das ist ein Mittel, um zu verhindern, die neue Partnerin unbewusst für seine starken Gefühle zu hassen. So schafft er es, die neue Beziehung in einem durchweg positiven Licht erscheinen zu lassen. Ja, für den Narzissten teilt sich die Welt tatsächlich in gute und böse Menschen auf.

Vielen Narzissten – männlichen und weiblichen – gelingt es nicht, auf Dauer ein positives inneres Bild von einer »guten Partnerbeziehung« zu schaffen. Dieses positive Gefühl zur Beziehung erlaubt es den Partnern, ihre Ängste zu überwinden und sowohl kreativ als auch aktiv auf sie Einfluss zu nehmen. Solche Menschen sehen in erster Linie die Frustration, die eine stabile Beziehung mit sich bringt. Sie bestehen auf ihren Erwartungen, leugnen die Möglichkeit einer Veränderung und lassen die Trennung stets als Möglichkeit zu. Auf diese Weise bewahren sie ein optimales Bild von sich selbst. So entsteht ein Teufelskreis, in dem das Scheitern nur dem Partner und der Beziehung zugerechnet wird. Beides entspricht nicht dem Ideal und kann sich angeblich auch nicht verändern. Auf diese Weise können depressive und paranoide Züge nach außen verlagert werden.

Der Narzisst achtet vor allem auf seine negativen Stimmungen, die gar nicht so selten sind, und beschuldigt den anderen, sie auszulösen. Auf solche Weise wird die Negativität zu einem Faktum der realen Wirklichkeit, und der Narzisst empfindet einmal mehr das Bedürfnis, die Bindung abzustreifen. Er misst den eigenen negativen Seelenzuständen zu viel Bedeutung bei, statt sie als übertrieben einzustufen oder andere Strategien anzuwenden, indem er beispielsweise etwas unternimmt, was ihm gefällt. Auf diese Weise hebelt er den Selbstheilungsmechanismus aus, der allen menschlichen Beziehungen potenziell eigen ist. Er verurteilt die alte Beziehung zum Scheitern, sodass sie sich nicht mehr weiterentwickeln kann.

Hillman schreibt dazu: »Der Tod, den der Senex bringt, ist nicht nur biopsychischer Natur. Er stellt die Art von Stillstand dar, die sich mit Perfektion und Ordnung einstellt.«[12] Der Senex-Aspekt[13] der Persönlichkeit, wie die Jung-Schüler ihn darstellen, steht für Distanz, Regeln, eine rigide Ordnung und die Einschränkung des Individuellen. Das Individuum spürt seine Grenzen und projiziert sie auf die Beziehung. Ein Tiefenpsychologe würde vielleicht sagen, dass der Narzisst in der Routine den Senex-Aspekt seiner Persönlichkeit vom Puer-Aspekt abspaltet. Dann nutzt er, um das Spielerische wiederzuerwecken, eine neue Liebe, welche die feste Ordnung der Verhältnisse infrage stellt und Unsicherheit und Unordnung mit sich bringt.

Nachrichten von der Couch
Furio hatte viele Frauen. Bei allen stellt sich nach einer gewissen Zeit – eher bald – ein Gefühl des Überdrusses ein. Dann verliert er das sexuelle Interesse, das anfangs so stark schien. Für ihn wäre es ideal, wenn diese Frauen nun mit ihm Schluss machten und ihn in Ruhe ließen: Dann müsste er

sich nicht rechtfertigen, müsste keine Szenen miterleben, und die Möglichkeit, als »Mogelpackung« erkannt zu werden, würde in weite Ferne rücken. Doch daran glaubt der Narzisst ohnehin nicht, die Schuld liegt seiner Meinung nach entweder bei der Partnerin oder daran, dass die Beziehung von Anfang an eine Fehlentscheidung war.

Mehrfachbeziehungen

Mehrfachbeziehungen sind die Überlebensstrategie all jener, die vor Beziehungen Angst haben. Die Zahl der Narzissten, die mehrere Liaisons haben, ist beeindruckend. Tun sie es um der Ausschweifung willen? Oder des Regelverstoßes? Nein, vor allem weil sie unsicher sind und Garantien brauchen, aber auch weil sie sich amüsieren, sich einmal mehr begehrt und auserwählt fühlen möchten. Meist ist die Mehrfachbeziehung eine Abwehrstrategie gegen die eigene Angst, besonders die Angst vor dem Verlust. Wenn er mehr als eine Partnerin hat, beruhigt sich der Narzisst und ist im Allgemeinen entspannter mit allen seinen Frauen: Er muss ja nicht mehr ständig in Alarmbereitschaft sein, nicht stets auf Abwehr bedacht, er muss sich nicht ständig beweisen. Er quält seine Partnerinnen und sich selbst deutlich weniger, einfach weil er weniger Angst hat.

So schreibt John Updike in seinem Roman *Couples (Ehepaare)*[14] über die narzisstische Persönlichkeit schlechthin, die wie immer gegen alles Gute rebelliert: »Ihm fehlten einfach die Aufregungen des Doppellebens. Zur Treue gezwungen war er, Piet, einfach verschwendet. Er trank, um die Zeit totzuschlagen.« Ein wenig später beschreibt er diese Persönlichkeit so: »Er liebte alle Frauen, mit denen er schlief. Das war seine Gabe, der eigentliche Grund seines Erfolgs. Aber bei jeder Frau wurde sein Herz vom Rückstoß der Zeit stärker eingeschüchtert [...] Er erinnerte sich an Foxy mehr aus einer allgemeinen Sehnsucht nach dem Ehebruch an sich: das Abenteuer, all die Verrenkungen, die der Betrug erforderte, die Spannung der heimlichen Bindung, all die neuen Panoramen, die sich vor dem Blick auftaten.«

Doch natürlich gibt es nicht nur eine Art, Mehrfachbeziehungen zu führen. Man hat viele verschiedene Möglichkeiten, mit mehreren Frauen zusammen zu sein. Der Unterschied hängt letztlich davon ab, inwieweit der betreffende Mann mit der Mehrfachbeziehung zurechtkommt, also ob er sie als nötige Überlebensstrategie betrachtet oder vielmehr Schuldgefühle entwickelt: »Ich flattere immer ›von Blüte zu Blüte‹. Ich möchte, dass die Therapie mir hilft, mich nur von einer zu ernähren.«

Im Allgemeinen sind Mehrfachbeziehungen bei narzisstischen Persönlichkeiten weit verbreitet. Das hat zahlreiche Gründe: Neugierde, Liebesbedürfnis, Angst vor dem »Eingefangenwerden«, also vor dem vermeintlich schrecklichen Alltag mit nur einer Frau, Angst vor dem Verlassenwerden, Streben nach Idealisierung, Herzklopfen und Leidenschaft als einziger Möglichkeit der Liebe (zwei Beziehungen eignen sich dafür immer besser als eine), Angst, dem eigenen Leben Grenzen aufzuerlegen, Hoffnung, den Tod zu besiegen, und viele andere mehr.

Eine Mehrfachbeziehung schenkt Garantie für Leidenschaft und Sicherheit, da sie ebenjene Spaltung mit sich bringt, in der sich der Narzisst so wohl fühlt. »Die Doppelbeziehung entwickelt sich in der Abwesenheit. Ich versuche einfach instinktiv, alles mitzunehmen, was ich kriegen kann«, sagte mir ein junger Mann, der wegen starker Angstzustände in die Praxis gekommen war. »Mit zwei Frauen ist nichts vorhersehbar. Da kommt keine Langeweile auf ... Was mich glücklich macht? Für alle da zu sein. Ich brauche mehr als eine Herausforderung. Etwas muss mich reizen, sodass ich mich beweisen kann, dass ich Gefühle haben kann. Ich brauche mehr Reize.«

»Ich kann keine Exklusivbeziehung gebrauchen«, sagte ein anderer. »Eine Zweierbeziehung ist mir zu eng. Wenn ich bei meiner Partnerin bin, ist ein Teil meiner Gedanken woanders. Dann befällt mich ein schrecklicher Zwang, es ihr zu zeigen, das Gefühl, sonst ein Idiot zu sein, der nichts zu geben hat.« So bleiben Beziehungen stets spannend wie im Film und können vom Alltag nicht vergiftet werden.

Mitunter bekommen die Frauen von den Betrügereien ihrer Partner gar nichts mit. Andere wiederum beenden die Beziehung trotzdem nicht und machen sich zum Opferlamm – was häufiger der Frau des Narzissten passiert, nicht der Geliebten. Diese Frauen setzen den Mann nicht vor die Tür, weil sie ihn idealisieren, und treten mit der anderen Frau in Konkurrenz.

Die daraus entstehende Situation macht sie schwach. Gewöhnlich schreiben sie diese Schwäche dann sich selbst zu, nicht aber der Situation. In einigen Fällen teilen sie die Ansichten ihres Partners über die »wahre Liebe« und hoffen, die Mehrfachbeziehung sei nur eine Etappe auf dem Weg des Mannes zur dauerhaften Entscheidung für sie. Der Mann dagegen fängt dieses Spiel unter Umständen immer wieder von vorn an und lässt die Beziehung nie wachsen und gedeihen. Es entsteht ein Teufelskreis, in dem es an Nähe mangelt, der sich jedoch immer wieder fortsetzt: »Wissen Sie, wann ich kapiert habe, dass mein Mann eine andere hat? Als er anfing, unsere fünfzehnjährige Tochter schlecht zu behandeln. Für ihn war seine Tochter sein Gewissen, das er am liebsten losgeworden wäre, um sich frei zu fühlen.«

Der Betrüger, der ruhig schläft

A. hat zwei Frauen, die er beide begehrt. Er will und liebt sie beide. Ihm ist klar geworden, dass er keine monogame Beziehung führen kann, er ist einfach so veranlagt. Er hat seiner Frau und seiner Geliebten dieses Problem erklärt und ihnen eine Vereinbarung vorgeschlagen: Er würde jeder von beiden alles schenken, was er ihr nur geben könne, und er würde sie nie verlassen. Die beiden Frauen können ihn bedingungslos lieben und seine Gegenwart genießen, allerdings müssen sie auch die Existenz der anderen und somit seine gelegentliche Abwesenheit akzeptieren.

A. weiß, dass er weder ohne die eine noch ohne die andere leben könnte, dass er beide zutiefst liebt und sie braucht. Er hat aus seiner Beschränkung eine Tugend gemacht, doch er ist auch mit zwei höchst intelligenten und offenen Frauen zusammen, die ihn seit vielen Jahren »ertragen«.

B. lernte nach einer Beziehungskrise eine andere Frau kennen, gerade als seine Partnerschaft wieder zu funktionieren begann. Mit dieser zweiten Frau fing er ebenfalls eine Beziehung an, die nun – neben der ersten – seit acht Jahren andauert. Er setzt seinen Ehrgeiz darein, dass keine der Frauen ihn verlässt oder von ihm enttäuscht ist: »Wenn eine der beiden mir ein entsprechendes Signal gibt, muss ich zu ihr, egal, zu welcher Tages- oder Nachtzeit.«

Er hält sich zwischen den beiden im Gleichgewicht wie ein geschickter Jongleur, um sie beide zufriedenzustellen: Er steigert ständig ihre Erwartungen und verspricht ihnen das Blaue vom Himmel, denn er muss bei beiden glänzen: »Ich kann es gar nicht erwarten, dich wieder in den Armen zu halten, du bist meine Burg.« – »Denk daran, dass du mein Alles bist«, schreibt er aus den Ferien mit der anderen Frau. »Geh nicht weg, du bist alles, was ich habe«, hören die zwei Frauen von ihm.

Dass er von beiden verlangt, ständig für ihn da zu sein und auf ihn zu warten, mag vielen Menschen wie ein Machtspiel erscheinen, Symptom eines absoluten Egoismus und Sadismus, doch er beschreibt die Situation einfach nur als seine Unfähigkeit, sich zu entscheiden, der er nicht entgehen kann.

Ab einem bestimmten Punkt allerdings schafft er es nicht mehr, seine Zuwendung gerecht zu verteilen. Er kann nicht mehr mit beiden zugleich schlafen, nun wird eine Aufteilung nötig. Der Frau, die ihm am nächsten ist und die er mehr liebt, bietet er die Möglichkeit, zur Großen Mutter zu werden. Sie darf sich um sein Wohlbefinden kümmern, sie wird seine Vertraute und Helferin. Der anderen überlässt er die Rolle der Geliebten und sexuellen Gefährtin, die ihm zwar weniger nahe ist, jedoch seinen Alltag mit ihm teilt.

C. hat eine Frau geheiratet, die er ausgewählt und gewollt hat. Vorher aber hatte er schon eine Beziehung zu einer jungen Studentin, mit der er eine leidenschaftliche Beziehung pflegt, da sie mit ihm geistig und sexuell auf einer Wellenlänge liegt. Warum hat er dann aber eine kühle, rationale, selbstsichere Frau geheiratet?[15] Weil sie ihn unbedingt wollte und weil ihm dies schmeichelte. Sie hat ihn auf einen Sockel gestellt und kümmert sich nun um ihn: »Bei ihr bin ich die Hauptfigur«, sagt er. Sie bietet ihm eine bequeme Beziehung, organisiert das Leben für ihn und verlangt dafür wenig. Sie bietet sich ihm als sicheres Fundament dar.

Die Beziehung zur anderen hingegen gründet auf die Unmöglichkeit der Verwirklichung, was ihr den Eindruck des leidenschaftlich magischen Verzaubertseins verleiht. Die beiden nehmen täglich Kontakt auf, manchmal verschwindet er für eine bestimmte Zeit. Wenn er zurückkommt, lässt das Mädchen ihn durchaus länger zappeln. Dann muss er sein ganzes Geschick aufwenden, um sich bei ihr wieder einzuschmeicheln, und tut für sie, was er nur kann.

Das Spiel, das C. spielt, ist für ihn »wunderschön«. Er ist gleichzeitig der selbstsichere Pygmalion und der kleine Junge, den die Mutter liebt. Im verführerischen Spiel mit der Studentin riskiert er nichts, denn es erwartet ihn ja immer noch seine Gattin, eine begabte Frau, auf die er stolz sein kann, die ihm immer seine Freiheit lässt und die ihn jedes Mal fraglos wiederaufnimmt.

Dieses Spiel ging so lange gut, wie er sich draußen halten konnte: »Ich hatte zwei Frauen, die mich liebten, und fühlte mich allmächtig.« Doch dann verliebte er sich in seine Geliebte und verlor so seine Autonomie: »Sie wurde gefährlich für mich, als ich merkte, dass es für mich kein Spiel mehr war.«

C. kam in die Therapie, als seine Geliebte ihn nach einer seiner unzähligen Fluchten verlassen hatte. Sie sagte ihm, sie habe einen anderen und wolle nicht mehr mit ihm beisammen sein. In der Therapie unterstreicht er sein Leiden und beklagt sich, »tiefe Sehnsucht nach etwas zu haben, was unwiederbringlich verloren ist: Für mich war die eine Frau der realitätsferne Traum, die andere die traumlose Wirklichkeit. Was tue ich denn jetzt nur?«

D. hat die Mehrfachbeziehung zum Lebensinhalt gemacht: Er ist seit achtzehn Jahren verheiratet und betrügt seine Frau seit fünfzehn Jahren sowohl mit einer festen Geliebten als auch mit verschiedenen Zufallsbekanntschaften. Dieses doppelte oder dreifache Spiel treibt er seit Jahren. Er gibt sich die größte Mühe, dabei nicht entdeckt zu werden, da die Heimlichkeit des Ganzen ihn erregt.

Dieses Spiel funktioniert recht gut, solange jede Figur in seinem Schachspiel nur eine Verlängerung des eigenen Selbst darstellt, seine Frau ihm bedingungslose Liebe entgegenbringt und die anderen austauschbar bleiben. Die Gattin ist die feste Grundlage, die er braucht, die, die sich um ihn kümmert und die ihn nicht verlassen wird. Die Geliebte bringt besondere Momente mit ins Spiel. Die Zufallsbekanntschaften hingegen stellen jene Grenzüberschreitung dar, die er zu brauchen meint, um sich lebendig zu fühlen.

Wenn er sich in die Geliebte verliebt, wird er zum »reumütigen Betrüger«, weil er sich dann entscheiden muss und das nicht kann, ohne sich zerrissen zu fühlen. Dann hofft er, dass die Frauen für ihn die Entscheidung treffen, indem eine von beiden ihn verlässt. Da dies nicht passiert, braucht er eine Spaltung, um das Dilemma zu lösen: Er projiziert alle negativen Beziehungsaspekte auf eine der Frauen, alle positiven auf die andere. So hat er wieder Ordnung geschaffen und kann sich nun entscheiden. Eine der Frauen wird schrecklich leiden, die andere triumphieren.

Wüssten die beiden nur, dass die Wahl mehr oder weniger vom Zufall bestimmt wurde, dass sie keineswegs von ihren inneren Qualitäten abhängt, sondern von Faktoren, die sie gar nicht beeinflussen können! Sie hatte nichts mit Liebe zu tun, nichts mit Bindung, ja nicht einmal mit der Hoffnung auf eine bessere Zukunft.

Wenn wir D. mit A. vergleichen, wird uns sofort bewusst, dass D. mit jeder der Frauen, die er im Laufe seines Lebens kennengelernt hat, gut leben könnte. Doch er hat trotz seiner Intelligenz und seines beruflichen Erfolgs nicht die Möglichkeit zu kontrollieren, was mit ihm geschieht. Er lebt seinem Instinkt gemäß, was bedeutet, dass er sich immer wieder in die gleiche Situation begibt, auch wenn diese sich als potenziell zerstörerisch erweist. In diesem Fall ist leicht zu erkennen, dass die beteiligten Frauen für D. nur Krücken sind und keineswegs zu einer echten Begegnung mit dem anderen führen: Sie werden benutzt, um ein Gefühl von Sicherheit zu erzeugen.

Der reumütige Betrüger

Was den »reumütigen Betrüger« ausmacht, lässt sich sehr deutlich aus den Reflexionen des Protagonisten von *Geh nicht fort*[16] ablesen. Folgende Worte richtet er an seine Frau: »Ich begehre eine Frau, aber vielleicht schäme ich mich für sie, ich schäme mich, sie zu begehren. Ich habe Angst, dich zu verlieren, aber vielleicht tue ich gerade alles, damit du mich verlässt. Ja, ich wäre froh, wenn du deine Koffer packen und mitten in der Nacht verschwinden würdest. Ich würde dann zu Italia eilen und dort vielleicht herausfinden, dass du mir fehlst. Aber du bleibst hier, klammerst dich an mich, an unser Bett, nein, du wirst nicht mitten in der Nacht fortgehen, so etwas tust du nicht, du gehst kein Risiko ein, denn es könnte ja sein, dass ich mich nicht nach dir sehne, und du bist eine vorsichtige Frau.«

E. hegt viel mehr Selbstzweifel als die Männer, die wir im vorangehenden Abschnitt beschrieben haben: Sowohl seine Frau als auch seine Geliebte wissen voneinander, aber er reibt sich zwischen beiden auf und leidet unter seiner Unfähigkeit, sich zu entscheiden: »Wenn ich bei der einen bin, fühle ich mich der anderen gegenüber schuldig. Aber wenn mich eine der beiden verlässt, verliere ich an der anderen das Interesse. Oder ich bin mit beiden zusammen, und beide sind zufrieden. Oder keine interessiert mich. Der Gedanke, auf eine der beiden zu verzichten, versetzt mich in Panik. Ich fühle mich ständig zwischen beiden hin- und hergerissen.«

E. glaubt so sehr an sein Spiel, dass er sich einbildet, von der Tatsache erdrückt zu werden, dass er angeblich nicht weiß, welche der beiden er wirklich liebt. Gewöhnlich fühlt er sich mehr zu jener hingezogen, die abwesend ist. Er will nicht wahrhaben, dass beide Teil seiner selbst sind. Vielleicht hat er eine völlige Trennung zweier Persönlichkeitsanteile vorgenommen: das Bedürfnis, sich beschützt zu fühlen (Ehefrau/Mutter), und die Erotik (Geliebte). Und vielleicht ist ihm auch völlig entgangen, dass er noch keine wirklich bedeutsame Begegnung mit einer anderen Frau hatte.

F. ist seit Jahren verheiratet. Seit zwei Jahren hat er eine Geliebte und fühlt sich deshalb schuldig. Letztere verlässt er immer wieder – aus »Loyalität« zu seiner Frau –, kehrt jedoch regelmäßig zu ihr zurück. Wenn er ohne Geliebte ist, geht es ihm richtig schlecht: Er entfernt sich noch mehr von seiner Frau, die er als Feindin erlebt, die seine Kreise stört, und idealisiert die Geliebte, auf die er jedoch verzichten muss, um seine Selbstachtung aufrechtzuerhalten.

Dieses Spiel könnte ewig so weitergehen. Doch nach zwei Jahren wird die Geliebte dieses ewige Hin und Her allmählich leid und verlässt ihn ihrerseits. In diesem Moment der Krise sucht F. die Hilfe eines Therapeuten: Er ist verwirrt, verzweifelt, fühlt sich aller Grenzen beraubt und kann sich selbst nicht mehr ausstehen. Er leidet tatsächlich, beschwert sich unausgesetzt und behauptet, alles tun zu wollen, wenn die Geliebte nur zu ihm zurückkomme. Er ist sogar von zu Hause ausgezogen, um sich und ihr glaubhaft zu machen, dass er sich nun dauerhaft für sie entscheiden würde.

Er liebt die Frau, weil er sie als stark und schwach zugleich empfindet, als unsicher, wie er selbst es ist. Er fühlt, dass sie Zugang zu einer Welt sucht, die nicht die seine ist, einer Welt voller Unvollkommenheit, die schon aus diesem Grunde etwas Tröstliches hat. Dieses Sich-im-anderen-Spiegeln funktioniert so lange, bis er es selbst merkt.

Nach sechs Monaten ruft die Geliebte ihn wieder an: Sie sehnt sich nach ihm. Sie glaubt nicht, in ihren neuen Freund verliebt zu sein.

Schon wird F. von Panik ergriffen, denn wenn sie zurückkommt, muss er eine »ernsthafte« Beziehung mit ihr eingehen: »Frau Doktor, ich bin nicht sicher, ob sie mir wirklich gefällt. Sie ist zu naiv für eine Liebe wie die meine, ich kann sie einfach nicht genug wertschätzen.«

Der Gelegenheitsbetrüger

Ich habe viele Narzissten kennengelernt, die sich in der Rolle des Geliebten wohl fühlen, solange diese Beziehung ihnen genug Freiraum lässt, die Frau keine Ansprüche stellt bzw. keine Erwartungen hegt und sie kommen und gehen lässt, wie es ihnen gefällt. Tatsächlich hilft ihnen die Geliebte, die Last des Alltags besser zu ertragen, eine Ehe, der sie nichts mehr abzugewinnen hoffen, oder einen Zeitraum zu überbrücken, in dem sich die Ehefrau beispielsweise um ein kleines Kind kümmern muss.

Und tatsächlich ist der narzisstische Mann ein wunderbarer Liebhaber, wenn er sich nicht festlegen muss: Er würde sich immer, oder fast immer, für die Ehefrau entscheiden und bei diesem Entschluss bleiben, selbst wenn er sich von der anderen noch so sehr angezogen fühlte, wenn er noch so verliebt wäre, wenn er unter der Trennung von ihr noch so sehr litte. In diesem Fall müsste er seinem Pflichtgefühl Genüge tun.

S. hat einen Geliebten, der ihr nie versprochen hat, seine Frau zu verlassen. Er ist ihre große Liebe schon in der Kinderzeit, doch eines Tages heiratete er eine andere. Dann verschwand er eine Weile aus ihrem Leben und nahm dann die Beziehung wieder auf – kurz nach der Geburt des ersten Kindes. Jetzt besucht er sie, wann immer Arbeit und häusliche Pflichten dies zulassen.

Er will von ihr Sex und Liebe, um sich in ihren Augen zu spiegeln, da sie ihn leidenschaftlich liebt. Wenn er nicht da ist, verzehrt sie sich vor Sehnsucht nach ihm. Die Vorstellung, dass diese ungeheuer kompetente Frau ihr Leben nach seinen Bedürfnissen organisiert, schmeichelt ihm: So sagt sie beispielsweise ein Meeting ab, wenn sich für ihn die Möglichkeit bietet, sie zu sehen. Es erregt ihn, dass er für sie der Stoff ist, den sie zum Leben braucht.

Seine beiden Leben laufen vollkommen getrennt voneinander ab. Da ist zum einen das Leben mit Frau und Kindern, von denen wir nichts erfahren. Zum anderen ist da diese Seifenblase aus purer Lust: Er genießt die vollkommene Hingabe seiner Geliebten. Sie beschreibt ihn als aufmerksamen, großzügigen Liebhaber, auch wenn er abgeneigt ist, sich um die Zukunft seiner Geliebten Gedanken zu machen, die seinetwegen riskiert, nie eine eigene Familie zu haben.

Zwangsmonogame

Da das Begehren beim Narzissten aus dem Ausschluss und der Distanz entsteht, kann sich die monogame Beziehung für ihn als echte Falle entpuppen. (»Ich habe nur vor dem Bleiben wirklich Angst.« Oder: »Ich kann mich nicht ernsthaft einlassen, ich brauche einfach eine offene Tür.«) Einige dieser Männer allerdings schaffen es nicht, gleichzeitig zwei Beziehungen zu führen: Jede einzelne Liebesgeschichte hat Ausschließlichkeitscharakter. Ein monogamer Narzisst – ob er dies nun aus familiären, kulturellen oder moralischen Gründen, freiwillig oder gezwungenermaßen ist – kann sich zu einem höchst anstrengenden Partner entwickeln: Er wertet die Partnerin ab, dreht sich nach allen möglichen Frauen um, stellt sich vor, dass es ihm mit einer anderen Partnerin sehr viel besser ginge, und engagiert sich nicht im Geringsten in seiner Beziehung, weil er die Routine hasst.

Die Paarbeziehung wird zur Wertlosigkeit verurteilt, weil man sich nur auf der untersten Ebene trifft, die Frau wird zum Objekt gemacht, dessen einzige Funktion es ist, sich um Haushalt und Kinder zu kümmern: »Ich fände es ja toll, wenn ich alles unter einen Hut bringen könnte, doch ich schaffe es nicht, ohne Schuldgefühle eine andere Beziehung zu führen. Dann hasse ich meine Partnerin, weil sie mich einschränkt und mir meine Freiheit nimmt, mich daran hindert, die andere zu sehen ... Ein Teil meiner selbst will bleiben, der andere will weg, und die beiden Seelen ringen in meiner Brust, weil es mir unmöglich ist, mit beiden Frauen zu leben.«

Direktaufnahme
In einer Sitzung sagte Olimpia voller Schmerz: »Furio ist von einer beruflich bedingten Reise nach Hause gekommen und hat mich, ohne den geringsten Grund, vor seinen Freunden schlecht behandelt. Ich hatte sofort das Gefühl, dass es um eine Frau geht, die ihn interessiert. Dass er mich als lästiges Anhängsel betrachtete, das ihn daran hindere, mit der anderen auszugehen und ihr den Hof zu machen. Alles, was ich in den folgenden Tagen tat, schien ihn irgendwie aufzuregen. Er kritisierte mich bei jeder Gelegenheit, um nicht mit mir zusammen sein zu müssen. Ich glaube, jetzt ist es an der Zeit, dass ich gehe. Ob man beim anderen bleiben kann, hängt doch auch davon ab, was man zurückbekommt. An einem bestimmten Punkt kann man nur noch gehen.«

Die Erfahrung lehrt mich, dass diese Männer, wenn sie eine andere Frau kennenlernen, die »offizielle« Partnerin schlecht behandeln, um sie zum »Schlussmachen« anzuregen und eine gewisse Distanz zu schaffen. Die Partnerin soll sich in Luft auflösen und keinerlei Probleme machen, wenn sie die Beziehung beenden wollen.

Die Frauen des Narzissten

Der Anteil der Frauen

Zu glauben, dass die Verantwortung für narzisstisch geprägte Beziehungsmuster allein aufseiten der Männer zu suchen ist, zeugt von Unbedarftheit. Denn zu dem Spiel, das ich Ihnen hier in seinen Grundzügen beschrieben habe, gehören immer zwei. Die beteiligte Partnerin ist also keineswegs eine von Ängsten und dergleichen freie Lichtgestalt. Welche Art von Frau fühlt sich denn überhaupt zum Narzissten hingezogen? Natürlich gibt es auch hier nicht nur einen Persönlichkeitstyp, sondern dessen mehrere.

Olimpia haben wir ja schon kennengelernt. Auch sie ist narzisstisch veranlagt: eine sehr erfolgreiche Frau um die fünfzig, die zwei Kinder hat. Jahrelang hat sie sich der Liebe verschlossen. Sie ist ein rationaler Typ, der eher Vorsicht walten lässt und in seiner Arbeit aufgeht. Allem Anschein nach hat sie ihr Leben und ihre Affekte im Griff. Dann lernt sie Furio kennen und verliebt sich in ihn. Er ist in ihren Augen der ideale Mann: intelligent, ein anregender Gesprächspartner, niemals banal, abenteuerlustig, zu Grenzüberschreitungen bereit, kurz: einfach »anders«.

Die beiden erleben einige phantastische Monate, dann beginnt die Beziehung neben den Licht- auch ihre Schattenseiten zu zeigen. Offensichtlich versucht Furio, sich einer allzu festen Bindung zu entziehen. In Wirklichkeit aber funktioniert die Beziehung zwischen den beiden überhaupt nicht. Die wechselseitigen Ängste und Projektionen führen schließlich zum Krach. Er möchte, dass sie für ihn stets greifbar ist. Er schätzt sie, glaubt aber, dass sie ihn nicht genügend liebt. Sie erwartet, dass er die Beschützerrolle einnimmt. Wenn er sich nicht entsprechend ihrer Vorstellung verhält, ist sie enttäuscht und beklagt sich. Dabei demonstriert sie eine »Überlegenheit«, die in Wirklichkeit eine Abwehrstrategie darstellt: Natürlich drängt sie Furio nicht offen, sich zu ändern, aber sie missbilligt sein Verhalten und wendet sich von ihm ab, indem sie ihn »von oben herab« beurteilt. Sie verliert die Kontrolle über die Beziehung.

Dann wendet sie sich ihm noch intensiver zu, doch dabei riskiert sie, zur alles verstehenden Mutter zu werden. Er seinerseits nimmt ihre Ansprüche wahr, sieht, dass sie mehr Bestätigung und Zuwendung möchte. Doch das löst in ihm den Drang nach Freiheit aus und spiegelt ihm ein unvollkommenes Selbstbild: Einerseits möchte er, dass Olimpia über seine mangelnde Aufmerksamkeit hinwegsieht und keine zu hohen Ansprüche an ihn stellt. Andererseits, dass sie immer für ihn da ist. Sie bringt Opfer, um so sein zu können, wie er sie haben will, doch Furio lässt es ihr gegenüber immer noch an Wertschätzung fehlen. Dann wird sie wütend und bekommt Angst, ihm nicht mehr zu genügen. An diesem Punkt scheint die Außenwelt für ihn erst richtig spannend zu werden: Beziehungen, die ihn fordern, sind nun mal nicht sein Ding.

Als Nächstes möchte ich Ihnen Danila vorstellen: Sie fühlt sich zu Carlo hingezogen, eben weil er schwierig, vielleicht sogar völlig unmöglich ist. Er hatte viele Frauen, die immer er verlassen hat. Sie hingegen kommt aus einer sehr soliden Familie: Sie hängt an ihrem Vater; aber bis sie Carlo kennenlernte, führte auch Danila nur scheinbar sehr oberflächliche Beziehungen. Sie hatte immer Angst vor Bindungen und davor, sich auf etwas einzulassen. Aus diesem Grund wählte sie stets die »falschen« Männer aus. So konnte Danila sie ohne Probleme verlassen, aber noch lange, lange an sie denken. Ihrem Vater jedoch blieb sie in gewisser Weise immer treu.

Auch diesmal stürzt sie sich Hals über Kopf in die Partnerschaft, ohne zu erwarten, dass sie je funktionieren würde. Doch nun ist sie innerlich beteiligt: Carlo will von ihr eine Beziehung, in der beide miteinander verschmelzen, eine wunderbare Zweisamkeit, neben der nichts anderes mehr Platz hat.

Zu Beginn teilen die beiden ein spielerisches, sehr effizientes Idealbild ihrer Verbindung. Sie verleben zwei wunderbare Jahre, machen alles nur zusammen und genießen ihre gemeinsamen Projekte. Zwei Jahre – dann tritt jene Distanzierung ein, die Danila erlaubt, mit sich selbst ins Reine zu kommen, ihre Motive, Ängste und Sicherheitsbedürfnisse zu überprüfen. Dies wird zu einer erneuten Annäherung führen. Die Liebesgeschichte mit Carlo erlaubt ihr, ein besseres Verständnis für sich selbst zu entwickeln.

Dann ist da noch Veronica. Veronica hat, seit sie zwölf Jahre alt war, an ihrer eigenen Mutter die Mutterstelle vertreten. Sie ist ein geduldiger Mensch, nachdenklich und schenkt dem anderen viel Aufmerksamkeit und Zuwendung.

Sie hatte eine unglückliche Liebesgeschichte, dann

ließ sie sich von der stürmischen Werbung Giulios verführen. Er schien sie retten, sie auf einem weißen Ross von der Familie wegbringen zu können. In den Monaten des Verliebtseins zeigte er sich voller Energie, Aufmerksamkeit und Tatendrang. Diese wenigen Monate fühlte Veronica sich wirklich geliebt.

Dann aber kümmerte sich Giulio mehr und mehr um seine Arbeit, wobei er von Veronica verlangte, seine Launen und zeitlichen Rhythmen mitzutragen, die von der Arbeit bestimmt wurden. Für ihn ist sie nun zum sicheren Fundament seiner Existenz geworden, doch für ihre Bedürfnisse bleibt nicht mehr viel Raum. Er konzentriert sich immer stärker auf sich selbst.

Die Beziehung funktioniert, doch nur unter der Voraussetzung, dass Veronica sich ihm mit Haut und Haaren verschreibt, wie sie es früher mit ihrer Mutter getan hatte. Es wiederholt sich also dasselbe Muster, dieselbe bedingungslose Hingabe, von der Veronica sich befreien muss, um sich nicht erstickt und benutzt zu fühlen.

Lucia hingegen ist eine ironisch veranlagte Frau, die ein großes Herz hat und viel geben kann. Doch da sie sich ihrer Gaben nicht bewusst ist, wird sie zur Geisha ihres Partners: Sie massiert und verwöhnt ihn, hört ihm zu, schenkt ihm Bestätigung und bewundert ihn bedingungslos. Sie gibt ihm, was sie sich eigentlich für sich selbst wünscht.

Er wird zu ihrem Pygmalion, zum Zentrum ihres Lebens, auch wenn er sich zwischen zwei Frauen aufteilt. In dieser Struktur ist Lucia vielleicht noch nicht einmal die Partnerin, die er vorzieht, aber sie ist wichtig für ihn, weil sie ihm viel Bestätigung und Hingabe schenkt, weil sie mütterlich und verständnisvoll ist: Sie arbeitet mit ihm und ist ihm mittlerweile unentbehrlich geworden.

Indem sie diese Beziehung fortführt, fordert sie die Welt heraus, wie sie es früher mit ihren Eltern getan hat, als sie von diesen verlangte, sie so zu lieben, wie sie sich das vorstellte. Mittlerweile wird ihr jedoch klar, dass sie alle Nachteile des Singlelebens, aber keinen der Vorteile einer Paarbeziehung hat.

Sara ist schön, rational und verschlossen. Sie ist Mathematikerin, Hausarbeit liegt ihr wenig bis gar nicht. Und sie ist unfähig, ihre Emotionen zu zeigen: Sie ist voller Energie, doch immer auf Abwehr bedacht.
Ihr Mann trinkt und chattet bis in die frühen Morgenstunden. Sie tut so, als wäre nichts: Sie beschwert sich nicht, sie weist ihn nicht auf seine Mängel hin und konfrontiert ihn nicht mit ihrer Unzufriedenheit. Sie kocht für ihn und kümmert sich um Kinder und Hund, als gäbe es für sie nichts weiter. Andererseits konzentriert sie sich immer stärker auf die Arbeit und verabschiedet sich emotional nach und nach aus der Beziehung, um nicht weiter zu leiden.

Direktaufnahme
Dies erzählt Sara von ihrem Mann Luigi: »Narziss hat mir die Freude am Lachen genommen, die Freude daran, sich gegenseitig auf den Arm zu nehmen. Anfangs ging ich mit ihm ziemlich ironisch um, aber er regte sich jedes Mal auf, wenn ich ihn aufzog, weil er ernst nahm, was ich sagte. Allmählich habe ich mir das dann abgewöhnt. Ich hoffe, dass er sich noch daran erinnert, wie ich zu Anfang war, als ich ihn kennenlernte. Er meint, wenn ich etwas zu ihm sage, dann klänge ich dabei so oberlehrerinnenhaft. Doch ich sage einfach nur, was ich denke. Das mache ich auch klar und tue nicht

so, als verkünde ich die ewige Wahrheit, wie er vorgibt. Er meint, ich müsste vom Wesen her Single sein. Ich hingegen würde sagen, dass er als geliebter und verehrter König in einem Palast wohnen müsste, dann bräuchte er sich keinerlei Widerspruch gefallen lassen, und seine Untertanen würden stets voller Liebe an ihn denken.

Doch bereits zu Anfang unserer Beziehung konnte er es nicht ausstehen, wenn ich nur ein Buch las: Das war Verrat, dafür schloss er mich aus seiner Welt aus. Als ich ihm dann zu sagen versuchte, dass ich gern arbeiten würde, fühlte er sich noch mehr hintergangen, weil er plötzlich nicht mehr unentbehrlich schien. Seine Welt ist er selbst: Er genügt sich selbst, braucht niemanden. Die Menschen in seinem Umfeld – diejenigen also, die im Licht seiner Gnade leben – sind die schönsten dieser Welt, und er zeigt sich bei ihnen nur von seiner besten Seite.

Sobald es jedoch Unstimmigkeiten gibt, Missverständnisse, werden sie zu seinen Feinden, die *ihn* infrage stellen und damit *seine Welt*. Damit werden sie automatisch unfähig, unwissend, verachtenswert, ja würdelos. Jede Kritik treibt ihn auf die Palme, er muss seine Welt verteidigen, sein Denken, sein Tun – um jeden Preis. Dafür geht er sogar das Risiko des seelischen Todes ein. Er schafft es nicht, den Blick nach innen zu richten, sich zu prüfen, sich in jemand anderen hineinzuversetzen, zumindest nicht, wenn es nicht verlangt wird und er dafür kein Lob erhält. Wenn es jedoch um die Glorifizierung seines Ichs geht, tut er sogar das. Er muss innen so leer sein, dass er sich ständig aufblasen muss. Irgendwo braucht er immer einen Hahn, mit Hilfe dessen er sich volllaufen lassen kann. Da er den Blick nicht nach innen zu richten vermag, da er nur bewundert werden will, kann er mit mir keine gleichberechtigte Beziehung eingehen. Er kann sich einfach nicht infrage stellen, kann sein Denken nicht analysieren. Nur die Insistenz des Partners, nur dessen Geduld bringen ihn im Endeffekt dazu, über das nachzudenken, was gestern getan oder gesagt wurde.

Seiner Ansicht nach kann er sich weder im Beruf noch als Vater selbst verwirklichen. Er muss eine so niedrige Selbstachtung besitzen, dass er sich ungeheuer viel Liebe schenken muss. Für ihn existieren nur Menschen, die ihn schätzen, die zu ihm kommen, um einen Rat von ihm zu erbitten, die ihm also einen Wert verleihen. Die anderen könnte genauso gut der Erdboden verschlucken. Auch ich, die ich die Mutter seiner Kinder und seine Partnerin bin.«

Irene ist etwa sechzig Jahre alt und ihrerseits narzisstisch veranlagt. Sie erwies sich als ziemlich starrsinnig und als Partnerin unbequem. Andererseits ist sie ausgesprochen vital und anregend, dabei sehr intelligent, vielleicht sogar ein bisschen zu sehr.

Misstrauisch pendelt sie stets zwischen zwei Extremen hin und her: Entweder beschützt sie ihren Partner und versucht, ihm alles aus dem Weg zu räumen, was ihm widerstrebt – oder sie geht auf ihn los, wenn sich ihre Aggressivität, die sie immer für eine gewisse Zeit im Griff hat, wieder Bahn bricht.

Auf solche Weise kann sie nie eine Partnerschaft auf Augenhöhe führen: Sie findet sich stets in der Position der Überlegenen wieder – wenn sie die Beschützerrolle einnimmt, aber auch wenn sie »ausrastet« und ihm Vorwürfe macht. Vielleicht geht der Mann aus diesem Grund: Die beiden können nicht viel gemeinsam unternehmen und streiten ständig.

Olga hingegen ist eine lebenskluge Frau mit mütterlichen Zügen. Sie arbeitet unermüdlich, ist kreativ und voller Humor, dabei intelligent und gut informiert. Sie hat sich sehr für ihre Familie engagiert und es geschafft, mit Andrea – ihrem zweiten Mann, mit dem sie zwei Kinder hat – dreißig Jahre zusammenzuleben, weil sie ihn versteht und weiß, wie sie mit ihm umzugehen hat.

Manchmal wird sie noch wütend. Gelegentlich fällt sie auf seine Tricks herein. Meistens lässt sie ihn im eigenen Saft schmoren, dann und wann setzt sie ihm aber auch den Kopf zurecht. Sie hat gelernt, sich nicht als Opfer zu fühlen, und nimmt seine Stimmungsschwankungen sowie seine gelegentlich mangelnde Aufmerksamkeit gelassen hin: Es gelingt ihr sogar, über das zu lachen, was zwischen ihnen so vorfällt.

Die Beziehung stellt sie nie infrage. Dabei ist ihr bewusst, dass sie auch gern mehr vom Leben hätte, dass sie sich mehr Leichtigkeit wünscht, doch was das Thema »Beziehung mit einem Narzissten« angeht, können wir von Olga viel lernen.

Und dann haben wir noch Elisa in ihrer zweiten Ehe: Sie führt eine positive Beziehung, weil sie die Partnerschaft selbst zum narzisstischen Objekt beider gemacht hat. Sie widmet Maurizio ihre ganze Aufmerksamkeit, kümmert sich um ihn, bestätigt ihn. Sie bemüht sich viel um ihn und schenkt ihm einen Großteil ihrer Zeit: Er ist alles, was sie interessiert. Auf eigene Interessen verzichtet sie, doch die Zeit, die sie mit ihm verbringt, ist ihr sehr wichtig.

Was ist all diesen Frauen gemeinsam? Auf den ersten Blick scheinen sie keine großen Probleme mit Nähe zu haben: Ihre Probleme ähneln vielmehr jenen, mit denen wir uns alle herumschlagen. Sie brauchen Liebe und investieren viel in die Beziehung. Sie genießen es, an der Seite eines sehr verführerischen Mannes zu stehen, der ihnen zumindest zu Beginn der Partnerschaft sein Begehren offen zeigte, und sich ganz als Frau zu fühlen.

Aber welche Frau würde das nicht tun? Ich denke, dass diese Feststellung sich nicht besonders als Unterscheidungskriterium für »narzisstenanfällige« Frauen eignet. Viele von ihnen sind im Beruf sehr erfolgreich oder scheinen in anderen Lebensbereichen große Sicherheit und Autonomie entwickelt zu haben. Meiner Ansicht nach sind es nicht diese Merkmale, die sie von anderen Frauen unterscheiden.

Da ist zum einen ihre mütterliche Ader: Diese Frauen kümmern sich um einen emotional unsicheren Mann mit gelegentlich schwankenden Gefühlen. Er wird zum Sohn, den sie nie hatten oder der bereits erwachsen ist. Für sie ist er der außergewöhnliche Sohn, der sie gleichzeitig immer wieder enttäuscht. Der idealisierte, intelligente, sympathische, geistvolle Sohn, der alle anderen in den Schatten stellt. Der Sohngeliebte, auf den sie stolz sein können, mit dem sie sich brüsten können, der sie mit seiner Zuneigung aus der Masse hervorhebt, der sie stolz macht und sie so zu mehr Hinwendung verführt: Er gibt ihnen zu tun. Mit ihm fühlen sie sich weiterhin »gebraucht«.

Doch sie sehen auch die enttäuschenden Qualitäten in ihrem »Sohn«: dass er gar nicht so toll – oder es nur in ihren Augen – ist, dass er alles besitzt, um Bewunderung und Erfolg zu ernten, aber ihm dies aus irgendeinem Grund nicht gelingt. Dann verschließt er sich und scheitert. Er verspricht etwas, kann es aber nicht halten. Er hat eine ziemlich grandiose Vorstellung von sich selbst, der er aber nicht gerecht wird. Alles in allem ein Sohn, der viele zärtliche Regungen hervorruft, doch auch ein wenig Angst. Dem man nicht böse sein kann. Der seine Mama und ihren Schutz braucht.[1]

Veronica und Lucia haben keine Kinder, wünschen sich aber welche. Für sie ist der Partner der »bewunderte Sohn«. Lucia kümmert sich mit Hingabe um ihn, sie verwöhnt ihn regelrecht. Veronica hingegen nähert sich ihm voller Achtung und Aufmerksamkeit. Auch Olimpia sieht in Furio den Sohn: Sie hat es genossen, ihren Kindern Mutter zu sein. Jetzt, wo sie erwachsen sind und nicht mehr bei ihr wohnen, kocht sie für Furio und kümmert sich hingebungsvoll um ihn. Sie hilft ihm bei seiner Arbeit, wie sie früher ihren Kindern beim Lernen geholfen hat, vielleicht sogar noch mehr.

Der zweite Charakterzug, den jene Frauen gemeinsam haben, ist die Erfahrung, dass sie den Lebensfunken dieser Männer entfachen:[2] Die Frauen sehen eine Möglichkeit, die Männer zu retten, indem sie sich selbst ausbeuten: »Ich wünsche mir so sehr, dass er die Energie und Vitalität wiederbekommt, die er in letzter Zeit verloren hat ... dass ich alles für ihn tun würde.« Viele Frauen nehmen gern die Rolle der Heilsbringerin ein: Sie versuchen, die Lebensfreude in diesen düsteren Männern wiederzuerwecken, die Sonne wieder scheinen zu lassen, ihnen die Mühe des Alltags abzunehmen, ihre Angst: Letztlich ist dies der Versuch, dem Mann Wohlbefinden zu schenken.

Tatsächlich kann der Narzisst auf den Blick einer liebenden Frau nicht verzichten und kommt immer wieder zu ihr zurück, damit sie ihn ansehen soll wie früher. Wenn er den leidenschaftlichen Blick nicht zurückgibt, wenn er nicht mit der Energie der ersten Wochen und Monate reagiert, dann nur, weil er Angst hat, die Frau zu verlieren: Schließlich könnte sie stärker daran interessiert sein, »Energie zu schenken«, als seine ganz eigene Persönlichkeit zu schätzen. Häufig dient eine solch negative Sicht der Dinge dem Narzissten als Entschuldigung dafür, seine Abwehrhaltung und sein narzisstisches Muster aufrechtzuerhalten.

Das Spiel »Ich schenke dir Leben« ist letztlich für diese Frauen ein Wettstreit mit sich selbst, aber auch mit allen anderen Frauen. Die Herausforderung liegt darin, ein schwieriges Unterfangen zu meistern, dort Erfolg zu haben, wo andere gescheitert sind. »Ich habe die Macht, diesem Mann Leben einzuhauchen, dafür zu sorgen, dass es ihm gut geht, dass er wieder aufblüht«: Dies ist das Mantra der Narziss-Gefährtinnen. Die tiefe Trauer, die solches Tun mit sich bringt, rührt daher, dass sie dies, wenn überhaupt, nur gelegentlich schaffen. Doch hinter dem Versuch, den Mann zu retten, steckt meist ohnehin nur das Bedürfnis, sich selbst zu retten: Die Zärtlichkeiten, die man dem anderen zuteil werden lässt, sind eine indirekte Möglichkeit, sich um sich selbst zu kümmern oder sich von den Nachwirkungen einer schwierigen Kindheit zu heilen. Indem sie sich um jemanden kümmern, den sie gern haben, sorgen sie für die verwundeten Anteile ihrer selbst und versuchen, die eigene Lebenskraft wiederherzustellen: »Ich gebe ihm, was ich mir von der Umwelt wünsche.«

Ein anderer Punkt, den die Frauen indirekt in der Beziehung mit einem narzisstischen Mann bearbeiten möchten, ist das *Projekt »Wiedergewinnung des idealisierten Vaters«*, zu dem sie einen positiven Kontakt suchen und dem sie sich wieder annähern möchten. Für den Großteil dieser Frauen war die Beziehung zum geliebten und verklärten Vater im Guten wie im Bösen ein wichtiges Element ihres Lebens. Dieser Vater blieb jedoch distanziert und konnte keine tatsächliche Bindung mit ihnen eingehen. Er versprach ihnen zwar echte Übereinstimmung, war aber in

Wirklichkeit nicht in der Lage, diese zu geben – als Vater also nicht fähig, den Erwartungen gerecht zu werden, die er, möglicherweise auch selbst narzisstisch veranlagt, geweckt hatte. Gerade in der Jugend passiert es häufig, dass die Mädchen Schuldgefühle entwickeln, weil sie den außergewöhnlichen Vater, der scheinbar problemlos zur Verfügung steht, nicht anziehen oder halten bzw. eine echte Bindung zu ihm eingehen können. (»Ich war ganz klein und spinne mir die schönsten Phantasien um meinen Vater. Ich stelle ihn mir als weisen, starken Gott vor ... aber er hatte nie Zeit für mich.« Oder: »Mein Vater hat mich nie geliebt. Ich habe ihn eher wie einen jüngeren Bruder wahrgenommen. Ich habe ihn beschützt, und er hat mich enttäuscht: die vielen Frauen, die ständige Arbeitslosigkeit, die Stimmungsschwankungen. Heute weiß ich, dass er Kokain geschnupft hat.«)

Dasselbe Gefühl von Konflikt und Belastung taucht dann in der Beziehung zum Narzissten wieder auf, der ebenso viele Möglichkeiten zu eröffnen scheint, nur um sich dann doch distanziert zu zeigen und hohe Anforderungen zu stellen. Und wieder hat die Frau die Möglichkeit, in die Beziehung zu investieren, doch jetzt kann sie auf ihre persönlichen Fähigkeiten in dieser Hinsicht zählen, weil sie ja mittlerweile erwachsen ist. Sie befindet sich also in der Lage, die Verantwortung dafür zu übernehmen, auf den anderen zuzugehen und den Dialog zu fördern.

Direktaufnahme

»Mit meinem Vater habe ich es aufgegeben. Ich hatte immer mehr wütend auf Abwehr geschaltet: Den Großteil der Zeit vergrub ich mich in Schweigen und fühlte mich ungeliebt.

Diesmal aber kämpfe ich darum, das zu retten, was schön ist. Ich gebe nicht auf. Ich lasse mich nicht von Stimmungsschwankungen und absurden Interpretationen meines Verhaltens unterjochen. Ich tue etwas, damit die Beziehung läuft und wir mit ihr leben können.«

Die Frauen der narzisstisch veranlagten Männer hatten höchst unterschiedliche Väter, die jedoch eines verband: Sie waren unerreichbar. Die Beziehung zu ihnen war aus dem einen oder anderen Grund schwierig. Und die gegenwärtige Partnerschaft bietet die Möglichkeit, wieder eine Beziehung zu einem bewunderten Mann einzugehen, um dieses Thema endlich aufzulösen.

Veronica hat einen Vater, der sich seit jeher nur mit seiner Frau unterhalten will: Zu ihr hat er eine Beziehung bedingungsloser Loyalität aufgebaut – zum Schaden der Kinder. Die Bedürfnisse der Ehefrau waren enorm, sodass sie nicht nur den Mann an sich band, sondern auch Hilfe bei der Tochter suchte. Diese fand sich bald in der Rolle derjenigen wieder, die an der eigenen Mutter die Mutterrolle zu vertreten hatte. Veronica fühlte sich von ihrem Vater nicht unterstützt. Der begabte Mann opferte seine persönliche Befriedigung dem Wohlergehen seiner Frau und – in seinen Augen – der Familie. Veronica versuchte, auch ihn zu beschützen: Ganz sicher war der Vater nicht der Leuchtturm in der Dunkelheit, den sie sich gewünscht hatte. Nun vertraut sie sich Carlo an: Sie kümmert sich um ihn, doch sie bittet ihn auch um Rat und schätzt seine Vorschläge sehr.

Olimpia hat einen Vater, den sie sehr bewundert: gutaussehend, narzisstisch, sportlich, distanziert. Der Vater hat sie vielleicht sehr geliebt, war aber nicht in der Lage, ihr dies ausreichend zu zeigen. Zumindest hatte sie das

Gefühl, dass er sich weder für sie interessierte noch sie unterstützen wollte. Die beiden haben eine Beziehung, die sich aus wechselseitigem Unverständnis, verpassten Gelegenheiten, Stillschweigen und Wut nährt. Nun arbeitet sich Olimpia an der Beziehung zu Furio ab: Sie müht sich, damit sie bestehen bleibt und sich als befriedigend erweist. Wo es nicht läuft, hakt sie nach; doch sie wirft die Flinte nicht ins Korn.

Lucia hat einen strengen, egoistischen Vater, der sie nie verstanden hat und keinerlei emotionale Bindung zu ihr aufnehmen kann, auch jetzt nicht, da sie erwachsen ist. In ihrer Jugend hat sie versucht, ihn ihren Bedürfnissen entsprechend zu »erziehen«, doch sie erhielt trotzdem nur wenig Aufmerksamkeit und Anerkennung. Sie empfindet sich als »beraubt«, weil sie es nicht geschafft hat, ihr Vorhaben zum Erfolg zu führen. Vielleicht versucht sie jetzt, ihren Partner zu erziehen, der ebenso wenig geneigt ist, sich »domestizieren« zu lassen: Ob er tatsächlich so viel sensibler ist als ihr Vater, so viel eher in der Lage, sie zum Träumen zu bringen?

Elisas Vater war immer abwesend. Sie als einzige Tochter interessierte ihn nicht sonderlich. Er war intellektuell, egozentrisch und autoritätsbetont. Daher entwickelte Elisa nur zu ihrer Mutter eine echte Bindung und vergaß ihren Vater mehr oder weniger. Nun konzentriert sie sich aktiv darauf, die Beziehung zu ihrem Partner am Laufen zu halten, gleichsam zur Sühne für die Vernachlässigung ihres Vaters.

Ein anderer Aspekt, der bei den Frauen ins Auge fiel, die zu mir in Therapie kamen, war die Tatsache, dass sie sich nach einer Zeit heftiger Verliebtheit beinah gezwungen fühlten, mit dem Narzissten das Drehbuch ihres Lebens zu wiederholen. Sie repetieren bestimmte Verhaltensweisen und leben in dieser Beziehung – mehr oder intensiver als mit anderen Männern – ein dominantes Thema ihres Lebens aus. Es ist, als berühre die Beziehung zum Narzissten sie instinktiv an einem höchst sensiblen Punkt, sodass sie mit den besonderen Aspekten ihrer eigenen Geschichte konfrontiert sind, zum Beispiel öfter verlassen worden zu sein, Angst vor der Einsamkeit, vor Verrat oder vor Kontrolle. Die Beziehung zwingt sie, genau das neu zu erleben, was ihnen Angst machte, und legt wie mit einem Chirurgenbesteck all das offen, was vielleicht für ihre gesamte Familie von Bedeutung war oder sich von Generation zu Generation weitervererbt hat. Auf jeden Fall sind dies die Themen, welche die Frauen bearbeiten müssen, um sie nicht mehr bis in alle Ewigkeit zu wiederholen, um sich weiterzuentwickeln und darüber hinauszuwachsen.

Ursula kommt aus einer Familie, in der das Betrogenwerden ein emotional wichtiges Thema war. Die Mutter wurde vom Vater hintergangen. Daher verlangte Ursula aus Angst, dasselbe Schicksal zu erleiden, von ihrem Partner absolute Treue. Obwohl er ihr das versprach, entdeckte Ursula immer wieder, dass er doch fremdging. Am Ende wurde sie auf »grausame« Weise verlassen.

Entwicklungspsychologisch betrachtet, könnte man nun annehmen, dass ihr der Schmerz darüber hilft, dieses heikle Thema anders anzugehen als ihre Mutter, um sich ein für alle Mal von der Angst vor dem Alleinsein zu befreien. Sie müsste sich ein neues Leben aufbauen und lernen, sich auf sich selbst zu verlassen. Der Betrug und die Abhängigkeit zwischen Mann und Frau sind seit ihrer Jugend wichtige Themen in ihrer Familie, denen im Alltag sehr viel Energie gewidmet wurde, ob nun explizit oder unausgesprochen. Kann es ein Zufall sein, dass Ursula gerade dieses Thema auf so intensive und direkte Weise mit ihrem narzisstischen Partner wieder erleben muss, nicht aber mit den anderen Partnern davor?

Eine schwierige Beziehung, wie es die zum Narzissten ist, erlaubt den Frauen, ihre eigene Ambivalenz auszuleben: »Ich will, ich will nicht. Er gefällt mir, aber nicht genug. Ich will diese Beziehung, doch ich finde es gut, dass ich mich auf ihn nicht verlassen kann, denn so komme ich erst gar nicht auf die Idee, dass es etwas Dauerhaftes sein könnte.«

Direktaufnahme

»Bei Freunden schäme ich mich immer ein wenig, schon wieder zu erzählen, dass wir auseinandergegangen sind. Sie meinen dann meist, dass wir wenigstens der Routine aus dem Weg gehen, doch sie wissen nicht, wie es ist, wenn man sich trennt.

Natürlich gehe ich dem Beziehungsalltag aus dem Weg, so kann ich mich frei fühlen und tun, was mir gefällt. Ich mache am meisten, wenn ich Single bin. Dann treffe ich mich mit Freunden und bin mehr unterwegs. Sonst arbeite ich tagsüber, und abends kümmere ich mich um ihn, der sozusagen mein eigentlicher ›Job‹ ist.«

Eine Beziehung mit einem Narzissten gehen wir nur dann ein, wenn der Partner eine verborgen liegende Seite unser selbst ausdrückt. Kulturell bedingt, tendieren die meisten Frauen dazu, sich unbewusst und indirekt zum Ausdruck zu bringen. Als überließen sie dem Männlichen die Fähigkeit und Möglichkeit, sich in der Welt äußern, sich zu definieren und Position zu beziehen:

Die Frau versteckt sich hinter den scheinbar so breiten und autoritätsgebietenden Schultern des Partners, um so Aspekte ihrer selbst zu zeigen, die anders nie ans Licht kämen, etwa Grenzüberschreitungen, starke Emotionen, nicht mehrheitsfähige Meinungen und Haltungen oder schwierige Willenserklärungen. Frauen, die sich der Art ihrer Beziehung bewusst geworden sind, sind gezwungen, sich auf den Pfad persönlicher Entwicklung zu begeben. Nur so können sie einen echten Kontakt zum Mann aufbauen sowie zu eigenen Persönlichkeitsanteilen, zu denen sie sonst keinen Zugang haben.

Warum er?

»Du solltest endlich zugeben, dass du nicht die leiseste Ahnung hast, was es heißt, mit einer Frau zusammenzuleben. Es reicht mir schon, wenn du das eingestehst und nicht weiterhin so tust, als wärst du normal. Es weiß ja ohnehin jeder Bescheid.«
Maria Pace Ottieri, Abbandonami

Welche Frau entscheidet sich nun für einen Narzissten? Viele absolut normale Frauen, schön und witzig, fühlen sich von einem intelligenten, sympathischen, geistvollen, faszinierenden Mann angezogen. Er ist ein großer Verführer und ausgesprochen sinnlich. Frauen, die sich gern in einem brillanten Mann widerspiegeln, der ihr Licht adäquat wiedergeben kann. Die die Macht lieben, welche er ausstrahlt. Die sich von seiner Kraft angezogen fühlen, von seinen sozialen Fähigkeiten. Frauen, die hinter seinen Qualitäten Schutz suchen können, um sich selbst stark, schön und mächtig zu fühlen, weil sie diese Qualitäten teilen und mit ihm gemeinsam genießen können.

Welche Frauen tappen in die Falle, beim Narzissten bleiben zu wollen, selbst wenn die Beziehung immer weniger tragfähig wird? Die Paar-Vereinbarung zwischen Mann und Frau wird schon in den ersten Augenblicken der Begegnung getroffen und geschieht im Allgemeinen vollkommen unbewusst: Die Menschen wählen sich instinktiv, weil sie ein Band erkennen, das ihnen im Guten oder im Schlechten erlaubt, unbewusste Aspekte ihrer selbst auszuleben. Auf dem gemeinsamen Weg ist es dann nötig, bestimmte Rollen einzunehmen und Beziehungsmuster durchzuspielen, die es uns ermöglichen, ganz zu werden, uns selbst besser kennenzulernen, uns auf dem Weg des persönlichen Wachstums zu entwickeln.

Es gibt also auch Bindungsmuster, welche uns in einer Beziehung halten, die nicht funktioniert. Denn meist sind es ja die problematischen Seiten einer Partnerschaft, die Frauen erlauben, mehr Bewusstheit zu erlangen, sich der Dramen klar zu werden, die sie selbst zur Aufführung bringen: Beziehungsdramen, die ihnen die Möglichkeit geben, sich auf besser passende Interaktionsbedingungen hin zu entwickeln. In einer Paarbeziehung kommen entweder beide weiter, oder einer schafft es, sie zu verlassen, und entwickelt sich auf diese Weise. Gelegentlich allerdings stellt sich ein intersubjektives Feld ein, das zwar nicht positiv wirkt, dabei aber trotzdem stabil bleibt.[3] Dann sind die beiden Partner nicht mehr in der Lage, die potenziellen Heilkräfte der Beziehung zu nutzen, und werden zu einem unglücklichen Paar, das vor dem Hintergrund von Frustration und Wiederholung lebt.

Und doch gibt es verschiedene Frauentypen, die für

solche negativen Beziehungen anfälliger sind als andere: die idealistischen Frauen, welche stets hoffen, zur Intensität der ersten Zeit zurückzufinden und, da diese sich nicht einstellt, nie Ruhe finden. Die abhängigen Frauen, die sich dauerhaft in den Maschen der Ambivalenz ihres Partners verfangen, weil sie ein dauerhaftes Bedürfnis nach Anerkennung haben und sich kleiner machen, damit dieses erfüllt wird. Sie erheben den Partner in den Rang einer allmächtigen, negativen Gottheit. Dieser wiederum bestätigt sich in ebenjener Rolle und quält sie, auch wenn er sich abgestoßen fühlt.

Dann sind da noch die Frauen, die Enttäuschungen gleichsam erwarten, die tendenziell depressiv sind und daher von einer Beziehung erwarten, dass sie sie leiden lässt. Sie schaffen es am besten, in solch einer Verbindung auszuharren: »Ich fühle mich nur von Männern angezogen, für die ich Dreck bin.« Auch Frauen, die sich der psychologischen Spiele in ihrer »Zweierkiste« wenig bewusst sind, gehen über die Gemeinheiten und Zurückweisungen ihres Partners hinweg, als ob nichts wäre. Scheinbar werden sie sich über die sadistische Haltung des anderen gar nicht klar, sodass sie diese durch mangelnde Bewusstheit abmildern. Diese Frauen wiederholen in der Beziehung immer wieder Worte wie »unbefriedigt«, »unbefriedigend« oder »Ich hätte mir mehr gewünscht«. Sie rezitieren solche Sätze wie ein Mantra, das ihnen Zugang zu anderen Möglichkeiten schaffen soll. In Wirklichkeit aber machen sie sich nur Luft und sind nicht bereit, echte Lösungen zu suchen. Und so bleiben sie meist in der eigenen depressiven Haltung stecken.

Worauf beruht nun die unbewusste Entscheidung für eine Beziehung zu einem narzisstischen Mann? Hier die wesentlichen Gründe:

- Die Frau hatte eine ähnlich geartete frühere Erfahrung: einen narzisstischen Vater beispielsweise, der ständig zerstreut oder abwesend war und seiner Tochter keinerlei Aufmerksamkeit schenkte.
- Das Beispiel der Eltern: Der Vater betrog die Mutter offen oder heimlich bzw. behandelte sie schlecht. Das Elternpaar hatte sich gegenseitig und auch der Tochter wenig zu geben.
- Sie hat die Möglichkeit, gewissermaßen im Lichte eines Spiegels zu leben, sich die Grandiosität des Mannes zu eigen zu machen. Sie empfindet die Notwendigkeit, den »anderen voranzubringen«, sich hinter einer starken Persönlichkeit und einem wenigstens nach außen hin starken Charakter zu verstecken, um daraus Vorteile für sich selbst zu ziehen, ohne jedoch als »Virago« zu erscheinen, als »Mannweib«, was bei uns immer noch eine despektierliche Konnotation hat.
- Sie hat Angst vor einer definitiven Beziehung, einer stabilen Regelung. Es ist eine Angst, die auf das Bedürfnis verweist, nicht in klaustrophobische Situationen zu geraten, welche als einschränkend erlebt werden.
- Sie erwartet die Möglichkeit, nicht in Routine zu verfallen und ein hohes emotionales Niveau beizubehalten, und das im Guten wie im Schlechten.
- Die eigene Ambivalenz dient als Anpassungsmechanismus an die Anforderungen des Lebens: »Er ist es, der sich entfernt. Ich sehe mich als den Teil, der bleibt. Ich schütze mich also vor meinem eigenen Wunsch, ihn zu betrügen.«
- Ein weiterer Grund kann der eigene Narzissmus sein, das Bedürfnis, sich in einer ähnlich gearteten Persönlichkeit zu reflektieren: die Möglichkeit, einen außergewöhnlichen Mann zu bewundern, der brillant ist,

anders als die anderen; das Vergnügen, sich von ihm gleichsam »auserwählt« zu fühlen.
- Eine »schwierige« Beziehung gibt uns Gelegenheit, uns mit uns selbst auseinanderzusetzen, vom Leben zu lernen und unsere Persönlichkeit weiterzuentwickeln, damit wir nicht untergehen.

Außerdem gibt es da noch einige ganz handfeste, praktische und pragmatische Argumente:

- Diese Männer zwingen ihre Partnerinnen, mehr auf sie als auf sich selbst zu achten. Sie können aus sich herausgehen und müssen ständig darüber nachdenken, was sie tun und wie sie reagieren.
- Der Narzisst lässt vor unseren Augen eine faszinierende, imaginäre Welt erstehen, eine Welt aus tausend aufregenden Möglichkeiten, zu der man letztlich doch nie Zutritt findet, weil sie dem Alltag fernliegt: eine virtuelle Realität, die nicht existiert und die auch der Narzisst nicht verwirklichen kann.
- Der Narzisst bindet einen auf unfassbare Weise in sein Leben und seinen Alltag ein.
- Er führt in tiefgreifende Erfahrungen ein: Mit ihm lernt man den Himmel ebenso kennen wie den Abgrund.
- Er erlaubt seiner Partnerin, die Frau Mama zu spielen: »Ich höre ihm zu, lobe ihn. Er steht im Mittelpunkt meiner Aufmerksamkeit. Ich verwöhne ihn, vergesse mich selbst, fühle mich gebraucht.« Der Narzisst bietet seiner Partnerin an, für ihn wichtig zu sein, die Frau zu sein, die sich als hingebungsvolle Partnerin um ihn kümmert.
- Wie gesagt, man langweilt sich mit einem Narzissten

nie. Es gibt keine Routine und stets stimulierende Anregungen: »Nach ihm schienen mir alle vorhersehbar, banal, öde.« Mit einem narzisstischen Partner finden Frauen, die nichts mehr fürchten als das Einerlei in einer Beziehung, dankenswerterweise niemals zur Ruhe: »Auch ich habe Probleme, wenn eine Beziehung in Routine zu erstarren droht. Diese Partnerschaft hält mir einen Fluchtweg offen. Ich träume immer vom vollkommenen Leben mit diesem Mann und erträume mir ein Ideal, das ich nie erreichen werde. Ich dachte immer, dass eine Partnerschaft wie ein Grab ist. Mit diesem Mann habe ich nicht einmal die Zeit, so etwas zu denken.« Für eine solche Frau stellt diese Art Mann eine echte Herausforderung dar: Sie kümmert sich um ihn in der Hoffnung, das zu bekommen, was sie nie erhalten hat, aber auch nicht gibt. Zu Anfang ist das noch recht amüsant, dann aber wird diese Einstellung zur Folter: Sie muss versuchen, einen Mann zu halten, der sich nicht binden lässt, und etwas zu bekommen, was ihr kein anderer geben kann.

- Die Frau bleibt in einer Partnerschaft, die zu Anfang wunderbare Züge trägt. Dann entwickelt sich diese allmählich zu einem Albtraum, doch die Frau steckt schon »viel zu tief drin«, um noch vom Narzissten loszukommen. Nur eine Frau, die ein starkes Selbstwertgefühl besitzt, ist in diesem Moment noch fähig, sich aus solch einer Bindung zu lösen.

Wie man die Beziehung mit dem Narzissten aufrechterhält

Während meiner Tätigkeit als Therapeutin fiel mir immer wieder auf, dass jene Frauen, die eine Beziehung mit einem Narzissten eingehen, bewusst oder unbewusst stark unter seiner Unfähigkeit leiden, sich am Leben zu freuen und innerhalb der Beziehung Vertrauen zu entwickeln. Diese Frauen müssen sich zurücknehmen, weil der Partner Raum für seine Emotionen und Erlebnisse braucht. Im Gegenzug bilden sie immer stärker die Fähigkeit aus, Trost und Heilung zu schenken, anfangs nur dem Partner, doch mit der Zeit lernen sie auch, sich um sich selbst zu kümmern. Der Großteil von ihnen wird durch die Ereignisse gezwungen, das Niveau der eigenen Bewusstheit deutlich anzuheben.

Dazu schreibt der Jungianer Erich Neumann: »Der Verlust des Geliebten gehört zu den tiefsten Wahrheiten dieses Mythos, er ist der tragische Punkt, an dem jede weibliche Seele in ihr eigenes Schicksal eintritt.«[4] Diese Vertiefung der Beziehung zu sich selbst stellt sich unvermeidlich ein, vor allem wenn die Beziehung von unbewussten Faktoren gesteuert wird, wenn sie gut funktioniert, weil es zu einer Art vorsichtigem Sich-gern-Haben kommt. Doch auch für Frauen in einer Verschmelzungsbeziehung, die zu ihrem Partner einen sehr intensiven, manchmal sogar schmerzhaften Kontakt haben, ist dies ein wichtiges Moment.

Daher möchte ich Ihnen hier von der Beziehung zwischen Amor und Psyche erzählen, von der Apuleius uns berichtet und die auch Neumann analysiert hat. Neumann hat sie zum Anlass für seinen Aufsatz über die Entwicklung des Weiblichen und die Beziehung zwischen

Weiblichem und Männlichem genommen. In diesem Mythos ist Psyche die Geliebte des Eros und lebt mit ihm in absolutem Einklang. Doch sie darf nur dann bei dem Geliebten bleiben, wenn sie hinnimmt, dass sie zwar glücklich ist, ihren Liebsten aber nicht erkennt. Sie darf ihn nicht zu Gesicht bekommen, was bedeutet, dass sie nicht wissen darf, wer er in Wirklichkeit ist. Sie muss sich also seinen Regeln unterwerfen: »Ich will dein Antlitz nicht sehen. Das Dunkel der Nacht schreckt mich nicht mehr, da du nun all mein Licht bist.«

Eros seinerseits liebt Psyche nur dann, wenn sie sich ihm vollkommen hingibt. Sie wird den Blicken der Welt entzogen, wird zur nächtlichen Gefährtin, herausgerissen aus der alltäglichen Wirklichkeit. Eros bringt sie dazu, mit ihm zusammen eine paradiesische Existenz jenseits aller Realität zu führen, die er kontrolliert.

In dem Augenblick, in dem Psyche, angestachelt von den eifersüchtigen Schwestern, die Regeln bricht und ihren Geliebten von Angesicht zu Angesicht sieht, flieht Eros: wie der narzisstische Mann es tut, sobald die Beziehung zu sehr den Geschmack des Alltags annimmt, zu prosaisch wird und der Zauber verflogen ist – sobald es zu Auseinandersetzungen über Erwartungen und Bedürfnisse kommt. An diesem Punkt muss Psyche sich verändern. Sie muss die Beziehung zu den Schwestern zurückweisen, muss über ihre eigene Ambivalenz hinwegkommen: Schließlich will sie Eros unter allen Umständen zurückgewinnen und ist bereit, ihn so zu akzeptieren, wie er ist. Damit dies geschehen kann, ist ein Wachstumsschub nötig: Psyche verliert den Partner, doch sie wächst an diesem Ereignis.

Während der Prüfungen, die ihr auferlegt werden, lässt sie das Reich des Unbewussten hinter sich und entwickelt

Bewusstheit. Die instinkthafte Beziehung, die einzig darin wurzelte, dass eine Frau einen Partner braucht, wird zur freiwillig getroffenen Wahl: Nun will Psyche ebendiesen Mann wiedersehen. Sie lässt die Prüfungen über sich ergehen, die Aphrodite, seine eifersüchtige Mutter, ihr auferlegt. So wird sie zur aktiv liebenden Frau, die die Verantwortung für ihre Gefühle übernimmt. Während Eros im Haus seiner Mutter (!) schläft, unterzieht sich Psyche vier verschiedenen Prüfungen, die ihr die Möglichkeit geben, ihre persönlichen Qualitäten zu entwickeln und ihre Liebe wiederzugewinnen. Folgende Prüfungen muss sie meistern:

- Sie muss Samen und Getreidekörner trennen. Dies lässt sich deuten als Fähigkeit, in der männlichen Welt zu bestehen und die grundsätzlich formlose Liebe zu ordnen.
- Sie muss Aphrodite die Wolle der Menschen tötenden Sonnenschafe bringen. Sie folgt also deren Spur und bezähmt am Ende die dämonischen Kräfte. Bei dieser Prüfung geht es darum, abzuwarten und den richtigen Zeitpunkt zu wählen. Die Intuition hilft ihr, in Kontakt mit den gefährlichen Aspekten des Männlichen zu treten.
- Sie muss einen Krug vom Wasser des Lebens holen, ohne in den Abgrund zu stürzen, in dem dieses fließt. Sie muss also Kontakt zu den »niedrigen« Instinkten der Seele und des Männlichen aufnehmen: dem Form und Ruhe geben, was formlos und fließend erscheint.
- Sie muss sich in den Hades begeben. Dort ist Psyche zum ersten Mal auf sich allein gestellt und muss ihre Aufgabe ohne die Hilfe totemistischer Helfertiere erledigen. Sie soll bei vollem Bewusstsein dem Tod ins

Antlitz blicken und dann der Weg zurückfinden. Bei dieser Aufgabe muss Psyche sich entschlossen zeigen, sie muss auch beweisen, dass sie fähig ist, der Bitte um Mitleid anderer Geschöpfe zu widerstehen, will sie ihr innerstes Ziel erreichen.

Doch während der vierten Prüfung wird Psyche ungehorsam. Sie erhielt den Befehl, Aphrodite von den Schönheitssalben der Unterweltsgöttin zu bringen, aber weil sie für ihren Liebsten schön sein will, öffnet sie das Kästchen, das man ihr in der Unterwelt mitgab und das leer ist. Sie fällt in einen todesähnlichen Schlaf. Doch eben ihre vom Schlaf bedingte Inaktivität – nach der Kraft, die sie bewies, indem sie alle Prüfungen meisterte – ist es am Ende, welche Eros aus dem Gefängnis befreit. Er verscheucht den Schlaf mit seinen Flügeln, ist aufs Neue mit Psyche vereint und erwirkt vom Göttervater sogar die Unsterblichkeit für seine Geliebte. Tatsächlich eröffnet der Schlaf ihr den Zugang zu ihrer Instinktnatur, wo sie die Hilfe des Gottes annehmen kann.

Interessanterweise erlangt Psyche im Mythos durch das Bestehen der ihr auferlegten Prüfungen nicht mehr Kraft, sondern immer höhere Grade von Bewusstheit. Am Ende erlaubt ihr dies, ihre Weiblichkeit zu leben: Hilfsbereitschaft, Klugheit und auch die Fähigkeit, sich schwach zu zeigen, also in der Beziehung zu bleiben, statt zu fliehen.

Oder wie Neumann sagt: »Für die Taten der Psyche ist es charakteristisch, dass mit der Betonung der Bezogenheits-, d.h. der Eros-Komponente auch eine fortschreitende Miteinbeziehung des zunächst unbewussten männlichen Geist-Elementes, schließlich aber auch eine sich stärkende Bewusstseinsposition verbunden ist [...]

Wenn wir die Entwicklung Psyches als ein archetypisches Geschehen erkennen, dann lässt sich die Psyche-Eros-Konstellation als Archetyp der mann-weiblichen Bezogenheit verdeutlichen.«[5]

Die Geschichte des Apuleius stellt sozusagen das Modell einer gleichberechtigten Beziehung dar, in der der andere nicht zum Feind umgedeutet wird, in der das eigene Wohlergehen nicht vollständig von der anderen Person abhängig gemacht wird, sondern in der man seine Ressourcen nutzt und lernt, für die eigenen Bedürfnisse einzutreten und die des anderen zu respektieren.

Die Beziehung zu einem narzisstischen Mann erlaubt der Frau – vor allem in schwierigen Momenten, aber auch wenn alles gut läuft –, sich in der Beziehung zu sich selbst stärker zu engagieren. Das Risiko, das sich dabei naturgemäß einstellt, liegt darin, ein recht stereotypes Bild vom negativen Männlichen auszubrüten. Dabei wäre das Ziel ganz anders zu formulieren: Es geht um eine lebendige, fruchtbare Beziehung zum Männlichen durch eine intensivierte Beziehung zur eigenen Weiblichkeit. (Während der ihr auferlegten Prüfungen trägt Psyche Eros' Kind im Leib.) Im Leiden können die Frauen zum inneren Gleichgewicht finden, sich wandeln, in sich suchen, was sie außerhalb nicht finden – oder sich auf unfruchtbare Weise am Schmerz abarbeiten. Doch die meisten begreifen, dass es eher von ihnen abhängt, ob sie sich gut oder schlecht fühlen, als von den anderen. Viele Frauen haben in der Therapie ihren inneren Entwicklungsprozess angesprochen, um ihn mit mir zu teilen. (»Ich musste mich selbst wieder aufrichten. Noch nie musste ich in einer Beziehung so viel tun, noch nie so viel an mir selbst arbeiten. Im Grunde müsste ich ihm dankbar sein. Er hat dafür gesorgt, dass ich an mir arbeite und eine andere werde.« Oder: »Die Beziehung, die ich nach ihm hatte, war sehr viel reifer, bewusster und mehr von gegenseitiger Achtung getragen als die zu ihm. Endlich habe ich eine echte Beziehung und aufgehört, nach einem Ideal zu suchen.«)

Nachrichten von der Couch

Immer wenn Furio und Olimpia voneinander getrennt sind, gelingt es ihr, von Neuem die Tür zu ihrem alten Schmerz zu öffnen, der seine Wurzeln in ihrer Kindheit hat, im frühen Verlust eines Elternteils: Ebendiese Pforte bleibt gewöhnlich fest verschlossen. Wenn sie sich öffnet, schafft es Olimpia, einen Teil von sich zu erkennen, den sie stets verdrängt, um den sie sich jahrelang nicht gekümmert hat. Dann wird sie von heftigen Emotionen bedrängt, die aber notwendig sind, um die eigene Vergangenheit aufzuarbeiten. Daher ist der Schmerz, den Furio ihr zufügt, wenn er sich von ihr entfernt, für Olimpia sehr wichtig: Aus diesem Grund fleht sie ihn immer wieder an, zu ihr zurückzukommen, und setzt sich dem Verlassenwerden erneut aus. Mitunter scheint sie es regelrecht darauf anzulegen.

Für Olimpia bedeutet diese Beziehung, dass sie endlich lernt, sich ohne Panzer zu zeigen. Wenn Furio sich eines Tages für immer entfernt, wird es ihr sehr schlecht gehen, weil sie ihm sozusagen einen Teil ihrer selbst mitgibt: »Ich fühle mich entzweigerissen. Mir fehlt ein Teil meiner Seele. Ein Schwarm Piranhas frisst mein Herz. Ich habe das Gefühl, als fehle mir ein Teil meiner selbst. Seit Monaten geht es mir jetzt schon schlecht.«

Die Verwundung hat etwas Unausweichliches. Auf diese Weise aber kann sie sich auch wandeln, kann einen neuen Dialog mit sich selbst eingehen, die eigene Individualisierung vorantreiben. Furio hingegen, der sein übliches Spiel treibt – Verrat, ohne die dahinterstehende Dynamik zu begreifen –, wird sich selbst treu bleiben und an seinem Leben nichts ändern.

Man will sie – um jeden Preis

> »In ihm ist etwas, was ich nicht begreife und nicht kontrollieren kann. Er entzieht sich mir, und deshalb muss ich ihn haben.«
> *Eine Patientin*

Alle Männer wünschen sich, dass ihre Partnerin sie mehr begehrt als irgendetwas sonst. Sie genießen es, wenn sie im Mittelpunkt ihrer Aufmerksamkeit stehen. Für den Narzissten jedoch hat dies eine größere Bedeutung als für jeden anderen. Daher werden sogar ein Kind, selbst ein gemeinsames, aber auch der Beruf oder die Hausarbeit zum Hindernis und zum Grund für ihn, sich nicht genug geliebt zu fühlen. Genug ist nie genug.

Damit eine Beziehung über längere Zeit bestehen kann, ist es nötig, dass einer der Partner, besser noch alle beide, in der Lage ist, die Beziehung aufrechtzuerhalten, ohne sich von ihren Höhen und Tiefen beeindrucken zu lassen. Das bedeutet: die Partnerschaft auch dann nicht aufzugeben, wenn sie Ermüdungserscheinungen zeigt; nicht der Versuchung zu erliegen, den anderen auf die Probe zu stellen oder zu provozieren; sich nicht aufzuregen, wenn der Partner Distanz braucht; das Vertrauen in die Beziehung zu erhalten. Ich glaube allerdings nicht, dass eine Frau einen Mann halten kann, wenn sie sich all seinen Wünschen beugt. Für einen Narzissten gilt dies noch weniger. Vielleicht ist es gerade die Fähigkeit, nicht immer zu nett zu sein, nicht zu verständnisvoll, die hier den Unterschied ausmacht.

Mit dem Narzissten funktioniert auch eine andere Strategie nicht, nämlich jene, sich gleichsam aus der Zweisamkeit herauszunehmen, um scheinbar überlegen und kontrolliert zu erscheinen. Allein die stetige Konfrontation, nur der dauernde Dialog können eine Beziehung voranbringen, sodass sie sich je nach den aktuellen Gegebenheiten verändern kann. Gerade in der Therapie begegnet man aber meist dem Phänomen, dass die Frauen sich mit ihrer höheren Sensibilität in der Partnerschaft mit einem narzisstischen Mann engagieren und dabei leiden. Sie erzielen keine besseren Resultate, wenn sie ihre erhöhte Bewusstheit zum Vorteil der Beziehung nutzen. Ganz im Gegenteil: Mitunter verstricken sie sich zu sehr in den negativen Aspekten, eben weil sie sich diese zu stark bewusst machen. Das Bewusstsein der negativen Aspekte des anderen hebt sie gleichsam aus der Beziehung heraus und macht sie überlegen. So sind sie nicht mehr in der Lage, Freud und Leid der Bindung zu genießen.

Das Leben zu zweit in E-Mails und Briefen

Olimpia an Furio: »Ich habe stur an dieser Beziehung festgehalten, ohne jeden vernünftigen Grund. Ich habe dich geliebt, begehrt, bewundert und habe dir zugehört, weil mir das Zusammensein mit dir wertvoll war. Vielleicht habe ich mich zu sehr auf dich konzentriert und zu meinem Lebensmittelpunkt gemacht. Ich habe mich ganz auf deine Emotionen und

Befindlichkeiten eingestellt, statt einfach nur auf mich zu hören und an mein Wohl zu denken.

Vielleicht habe ich aus diesem Grund Druck auf dich ausgeübt und ›getan, als liebte ich dich‹, wie du meintest. Vielleicht habe ich, weil alles gut gehen sollte und ich Missverständnisse vermeiden wollte, mich von vornherein auf deine Wünsche eingestellt. Vielleicht bin ich dir mit meinen ständigen Aufmerksamkeiten zu nahe getreten. Dies hat dir anscheinend das Vergnügen geraubt zu begehren, zu wollen, wählen zu können. Außerdem hast du dich dann mir gegenüber verpflichtet gefühlt. Ich wollte von dir Bestätigung und habe dies auf ›unsichere und kritische‹ Weise geäußert: Verzeih mir, aber manchmal empfand ich dich als so fern, dass ich an unserer Liebesgeschichte zweifelte.«

Doch die Gründe, die Frauen veranlassen, in der Beziehung zum Narzissten hartnäckig zu sein, sind keineswegs nur altruistisch. So sagte mir eine Patientin: »Ich habe quasi eine Wette mit mir selbst abgeschlossen. Ich will, dass er meinetwegen seine Frau verlässt. Ein Teil von mir bleibt aus Hochmut bei ihm. Ich will, dass er mich will. Ich wollte immer schon eine Beziehung, die für mich eine echte Herausforderung darstellt.«

Eine andere: »Ich laufe erst richtig heiß, wenn die Situation kompliziert wird, wenn er mich schlecht behandelt. Ich liebe es, wenn er sich mir widersetzt ... für mich ist das ein Spiel.«

»Ich bin, wie du mich haben willst«

> »Sah ihn die klangreiche Nymphe, die niemals schwieg,
> wenn ein andrer sprach, doch niemals begann,
> die wiedertönende Echo [...] von vielen Worten mochte sie
> nur die letzten wiederzugeben.«
> Ovid, Metamorphosen, III, 356–361

Manche Frauen scheinen großes Vergnügen daraus zu ziehen, dass sie in der Lage sind, die Vorstellungskraft eines so leidenden und sensiblen Mannes, wie der Narzisst es ist, zu entflammen. »Ich muss mich an das anpassen, was er von mir erwartet«, sagte mir eine Psychologin. Sie sprach von ihrem Mann. »Ich bleibe am Ball nur um der Aspekte willen, die in seinen ›Film‹ passen. Er will, dass ich mich an seinen Bedürfnissen orientiere und mich hinsichtlich meiner Gedanken selbst verleugne.«

Frauen in solchen Beziehungen erhalten häufig mehr Peitsche als Zuckerbrot. Gerade in schwierigen Umfeldbedingungen wird die Situation geprägt von Abwesenheit, feindseligem Schweigen und ewiger Kritik.

Mitunter genügt schon ein Schnurrbartzucken, ein Anheben der Augenbraue, ein Hauch von Enttäuschung in der Stimme, damit die Frau sich wieder fügt. Dabei geht das Gleichgewicht im Innern der Beziehung (das für diese so wichtig ist) verloren, andererseits erhält die negative Seite des Narzissten dadurch nur neue Nahrung.

»Meine Freundin ist viel mehr sie selbst, wenn wir nicht zusammen sind«, sagte mir ein narzisstischer Freund. »Sie ist viel freier, amüsanter, geistvoller, energiegeladener ohne mich« – und bestätigte damit die Neigung der Frauen, sich selbst einzuschränken, um dem Partner nicht zu missfallen, nicht zu stark zu erscheinen, nicht kritisiert oder gar aus seinem Gesichtskreis entfernt zu werden. Sie haben Angst, diesbezüglich etwas auszuprobieren, weil sie der Beziehung an sich nicht vertrauen.

Direktaufnahme
Olimpia: »Die Geschichte mit Furio funktioniert, wenn ich mich mit der Rolle der Geliebten zufriedengebe, wenn ich ihn beim Abendessen aufbaue, wenn die Kommunikation während der gemeinsamen Abende gut läuft, wenn ich die aufmerksame Frau an seiner Seite spiele. Eine Schulter zum Ausweinen, eine Frau, die ihn immer und überall bestätigt. Brauche ich etwa jemanden, der zärtlich zu mir ist und mir den Hof macht?

Die intellektuelle Auseinandersetzung mit Furio ist sehr befriedigend. Emotional aber kann er mir nicht mehr geben, als er mir im Augenblick gibt. Scheinbar hat er Angst, sich auf mich einzulassen. Dabei ist auch ihm klar, dass es nicht viel ist, was er zu geben hat. So viel ist drin, mehr nicht. Die Qualität unseres gemeinsamen Lebens ist recht bescheiden.«

Die häufige Eifersucht

»Ich habe schon immer gesagt, dass die Eifersucht mehr als die Wahrheit weiß.«
Gabriel García Márquez, Erinnerungen an meine traurigen Huren[6]

Da der Narzisst seiner Partnerin nur eine unsichere Bindung in Aussicht stellt, entsteht leicht Eifersucht. Häufig berichten Freundinnen und Patientinnen von der zwanghaften Vorstellung, der Partner führe ein paralleles Leben, in dem er anderen Frauen das gibt, was er ihnen vorenthält. Dies nämlich würde die Mängel der Beziehung erklären, die sie so deutlich empfinden: »Er gibt mir so wenig, dass ich mir immer vorstelle, er habe eine andere, die alles bekommt, was ich nicht bekomme. Es wäre mir ja ein echter Trost, wenn ich wüsste, dass er anderswo engagiert ist und seine Zärtlichkeiten nicht mit dem Tropfenzähler dosiert. Dann fange ich an, ihn zu kontrollieren. Das macht mich nervös ... Ich habe mich schon dabei ertappt, wie ich sein Handy checke. Das habe ich noch nie bei jemandem gemacht. Immer wenn er am Telefon ist, wenn er eine angeregte Unterhaltung führt und amüsanter ist als sonst, fange ich an, Verdacht zu schöpfen.«

Manchmal allerdings glauben die Frauen auch, im Unrecht zu sein und nur aufgrund ihrer Mängel nicht genug zu bekommen: Sie glauben, keine Liebe zu verdienen. Dann nehmen sie den Partner in Schutz und geben sich selbst die Schuld:

Direktaufnahme

»Wenn ich anders wäre, wenn ich ihn mehr liebte, auf andere Weise, besser vielleicht ... wenn, wenn, wenn.« Oder: »Ich bin seinetwegen eifersüchtig, aber ich spüre ihm gegenüber noch immer eine ungeheure Zärtlichkeit.« Und: »Wo wir auch hingehen, überall sieht er den anderen Frauen nach, dann konzentriert er sich auf eine und schaut sie ständig an. Das ist wie ein Tick: Sein Blick legt sich immer wieder auf diese Person (im Allgemeinen eher hübsch), den ganzen Abend über. Wenn ich mich beherrschen kann und ihn direkt nach ihr frage (ich also keinen Wutanfall bekomme), fällt er aus allen

Wolken. Er hat es gar nicht bemerkt. Es sei die Gewohnheit. Mit mir habe das gar nichts zu tun! ... Hätte ich doch nur schon früher etwas gesagt, statt wütend neben ihm zu sitzen im Glauben, er würde eine andere vorziehen!«

Den Narzissten verlassen?

»Lange dauerte es nicht, bis sich die Unruhe einstellte. Ich war gegangen, doch ich war immer noch eingehüllt in ihn: die Riten des Alltags, die gemeinsame Lektüre, die Mahlzeiten, die Musik, die Gedanken ... Ich wusste nicht mehr, was meines war oder was zu ihm gehörte. Alles verstörte mich, weil ich in allem die Erinnerung an ihn wiederfand.«
Nuria Barrios, Letter from Home

Einen Narzissten zu verlassen ist ausgesprochen schwierig. Die Frau wird von seinem Bedürfnis nach ihr gleichsam eingefangen, aber auch vom eigenen Bedürfnis, ihm Energie zu schenken, ihn in die Schönheiten des Lebens einzuweihen. Gerade die mangelnde Aufmerksamkeit des Narzissten, sein hoher Anspruch an die Partnerin, sein Egoismus und seine Art der Bindung stellen starke Fallstricke dar. Der Alltag mit ihm ist anstrengend, gerade die Trennung lässt die Wut anwachsen. Und wer wütend ist, dem fällt es leichter, sich zu trennen.

Doch die Wut hält nicht an: Bald erinnert die Partnerin sich wieder seiner zärtlichen, bedürftigen Anteile und kehrt zurück, um ihn von Neuem zu beschützen. Viele Frauen berichten außerdem, es fehle ihnen die Intensität dieser Bindung: tiefschürfende Gespräche, Diskussionen über die unterschiedlichsten Themen, leidenschaftliche

Interessen, merkwürdige Phantasien, die absolute Hingabe in ihrem Leben. Sie vermissen es, in surreale Welten mit kaum definierten Grenzen katapultiert zu werden.

Gleichberechtigt ist eine Beziehung zum Narzissten nur in den seltensten Fällen. Am Ende ist es immer die Frau, die beschützt, verzeiht, versteht und ihn mit seinen Verhaltensweisen konfrontiert. Man verzeiht ihm fast immer, sodass er auch mit wenig begrüßenswerten Aktionen durchkommt. Er kann sich schlecht benehmen, kann unerklärliche oder exzessive Wutanfälle bekommen und die Partnerin einfach benutzen. Dabei ist klar, dass das Verzeihen keine einfache Angelegenheit ist: Der Wille vermag dabei nichts, aber es hat auch nichts mit Vergessen zu tun. Es ist, wie C. G. Jung sagt, die Verwandlung des Salzes der Bitterkeit in die Essenz der Weisheit. Doch es ist auch gefährlich, die Bedeutung zu leugnen, die der Partner im eigenen Leben einnimmt, und folglich das Leid, das man in der Beziehung erfährt: In diesem Fall unterschätzen wir die Macht des anderen, die Wut, die er in uns hervorrufen kann, aber auch den Schmerz, den wir empfinden. Wir unterschätzen das Leid des Verlusts.

»Ich weiß einfach nicht, was ich mit solch einer Beziehung anfangen soll«: Häufig sind es die Frauen, die unter all die Spiele einen Schlussstrich ziehen und gehen, den Narzissten verlassen. Sie sind im Laufe dieser Partnerschaft gewachsen. Sie wollen nicht mehr die Mama spielen oder in einer Beziehung bleiben, in der sie den anderen ständig beschützen müssen, in der wenig Raum ist für sie und ihre positiven Neigungen: »Ich will etwas anderes, eine Beziehung, in der beide am gleichen Strang ziehen. Ich möchte auch einmal verwöhnt werden, nicht dauernd dazu verurteilt sein, Notizen zu machen, wenn er anfängt, seine Vorlesungen zu halten.«

Und dennoch ist es nicht leicht, sich aus einer solchen Bindung zu verabschieden, gerade weil der Narzisst dann doch nicht selten als Erster geht. Zur Vorsicht sozusagen, denn mit seiner unglaublich hoch entwickelten Intuition spürt er, dass der andere sich entfernt. Wenn er einmal beleidigt wurde oder sich nicht ausreichend gewürdigt fühlt, nimmt er die Werbung jedenfalls nicht mehr auf. Er bleibt fern, auch wenn er leidet, und macht sich zufrieden an die Idealisierung der zu Ende gegangenen Beziehung. Letztlich ist es immer der andere, der den ersten Schritt tun muss. Er kann sich dazu nicht herablassen, denn für ihn käme es einer Demütigung gleich.

Direktaufnahme

»Eines Tages begriff ich dann, dass mein Leben nun immer so weitergehen würde – immer auf der Jagd nach einem Glück, das für mich so einfach zu erlangen war, lag es doch in vielen kleinen Dingen, die man mit Liebe tat. Für ihn war das anders. Für ihn war Glück ohnehin lächerlich. Er verachtete es regelrecht.

Eines Tages hörte ich mir wieder einen abfälligen Kommentar über mich und einen meiner Vorschläge an, als in mir plötzlich eine Tür zuschlug. Mit einem Mal war ich frei von ihm … nach Jahren der Faszination und der Abhängigkeit. Ich hatte mich klein gemacht, um ihn bei mir zu haben, nun aber hätte ich ihn nicht einmal mehr geschenkt gewollt, nicht einmal, wenn er so liebevoll und aufmerksam gewesen wäre wie zu Beginn der Beziehung. Ich habe mich befreit gefühlt. Endlich war Schluss mit dem dauernden, nagenden Schmerz. Endlich konnte ich aufhören zu weinen, weil er sich ständig von mir zurückzog … auf einmal war ich frei. Ich verstand gar nicht mehr, wie ich mir das über einen so langen Zeitraum hatte antun können.«

Warum man den Narzissten nicht vergisst

> »›So bist du wieder da, Casanova! Wie hab ich diesen
> Tag ersehnt. Dass er einmal kommen würde, hab ich
> gewusst.‹ – ›Es ist nur ein Zufall, dass ich da bin‹,
> sagte Casanova kalt. Amalia lächelte nur. ›Nenn es, wie du
> willst. Du bist da! Ich habe in diesen sechzehn Jahren von
> nichts anderm geträumt als von diesem Tag!‹«
> *Arthur Schnitzler,* Casanovas Heimfahrt

> »Wenn mich heute jemand fragte, wie man sich am
> effektivsten das Leben ruinieren könne, würde ich ihm
> antworten, dass es diesbezüglich nichts Besseres gibt,
> als sich zu lieben und auseinanderzugehen. Das ist das
> absolute Maximum, ein Leiden ohne Umkehr.«
> *Romana Petri,* Esecuzioni[7]

Kehren wir zu unserem Mythos zurück. Narziss sagt zu Echo: »Du meinst, dir würde ich mich schenken? Eher würde ich sterben.« Hier drückt Narziss explizit aus, was ihn umtreibt: die Unmöglichkeit, jemandem zu vertrauen, der seinerseits ein klares Bedürfnis nach ihm erkennen lässt. Bei Frauen, die eine Beziehung mit einem narzisstischen Mann hatten, bleibt immer ein schmerzhaftes Gefühl des Bedauerns zurück, weil sie sich an die Möglichkeiten erinnern, die dieses Zusammensein aufscheinen ließ, an das Glück der ersten Zeit. Sie blicken neben dem mittlerweile beschwerlich gewordenen Alltag häufig auf das berauschende Gefühl zurück, ihren Geliebten glücklich gemacht und eine wunderbare Zweisamkeit geschaffen zu haben. Sie vermissen die Nähe, die sie in gewissen Augenblicken mit ihm erlebten, die Anstrengung, die es kostete, die Beziehung am Laufen zu halten, die Fähigkeit, sich um seinetwillen selbst zu vergessen. Vielleicht stimmt es ja, was Olimpia diesbezüglich sagte: »Wenn er mir fehlt, fehle ich mir im Grunde selbst.« Die Frauen sehnen sich nicht nach dem Narzissten, sondern nach der Rolle, die sie in der Beziehung zu ihm spielen konnten: Sie kämpften quasi stets in vorderster Reihe.

Nachrichten von der Couch

»Mein Herz blutet und blutet weiterhin. Ich schaffe es einfach nicht, dass sich die Wunde schließt«, sagt Rita, die sich wie Echo an eine Liebe zurückerinnert, die nie richtig zum Erblühen kam, weil sie schon vorher von Schwierigkeiten erstickt wurde. »Ich hatte nur wenige glückliche Tage, und trotzdem hing ich von ganzem Herzen an ihm.«

Rita kann einfach nicht vergessen. Sie hat einen neuen Freund, eine neue Liebesgeschichte, die in ihrer Bedeutung jedoch nicht an die vorhergehende heranreicht. In der Therapie spricht sie daher auch nur über die Beziehung zu »ihrem Gott«. Sie betrachtet ihr Leben immer noch als mit ihm verbunden. Sie redet nur von ihm, denkt an ihn, träumt von ihm, wünscht ihm gar, er möge glücklich sein. Sie ist nicht einmal wütend auf ihn, obwohl er sich ihr gegenüber reserviert und kühl zeigte. Sie beschreibt ihn, vielleicht nicht ganz zu Recht, als »sensibles und bedürftiges Junges«. Die Krisen, die sie mit ihm erlebte, klammert sie dabei aus: das Schweigen, das beleidigte Gesicht, die Ablehnung. Sie stellt ihn sich immer noch allein vor, als vereinsamtes Geschöpf, das Zuwendung sucht.

In Wirklichkeit aber entdeckte sie bald, dass er schon seit geraumer Zeit eine andere hatte und es darauf anlegte, dass sie ihn verließ.

Mit ihrem neuen Freund klappt es körperlich prima, sie kann gut mit ihm leben; aber ihr fehlt das »Geheimnis«. Der Mann ist rational, vorhersehbar und leicht zu handhaben. Doch sie zieht es vor, sich darauf zu konzentrieren, dass ihr die seltenen Momente der Nähe fehlen, die sie mit »ihrem Gott« erleben durfte, magische Augenblicke von einer unglaublichen Intensität: »Dieser Mann wollte mich und konnte nicht zeigen, dass er das wollte. Ich aber war immer blind vor Unglück über seine Distanziertheit, woraufhin er sich immer stärker hinter seiner Abwehr verschanzte.«

Ritas »Gott« unternahm einige halbherzige Versuche, sie durch »zärtlich« geschriebene SMS wiederzugewinnen. Wenn Rita danach zu ihm zurückkehrte, empfing er sie voller Kälte, als sei all sein Wohlwollen bereits durch die SMS aufgebraucht und als müsse sie ihm nun voller Begeisterung um den Hals fallen. Diese SMS trieben Rita auf die Palme, weil sie, wenn sie sich dann mit ihm versöhnte, immer wieder auf die übliche ablehnende Haltung stieß. Sie kam einfach nicht an ihn heran, konnte die Mauer zwischen ihnen nicht niederreißen.

»Man kann mit einem Mann Schluss machen, mit dem man innerlich fertig ist. Mit ihm kann ich das nicht, weil ich immer noch das Gefühl habe, ihm etwas schuldig zu sein. Ich habe mich während unserer Ehe viel um ihn gekümmert, weil ich stets hoffte, ich würde etwas zurückbekommen, was aber nicht der Fall war. Trotzdem fühle ich mich von ihm nicht frei. Ob er mich verhext hat? Nein, ich kenne alle seine Fehler. Und doch bin ich an ihn gebunden. Es ist wie ein Zwang. Ich hatte ihn retten wollen, als ob dies meine Lebensaufgabe sei. Wenn ich ihn hätte retten können, wären wir glücklich geworden. Doch ich habe es nicht geschafft. Daher trauere ich immer noch dieser Liebe nach, obwohl ich so unglücklich war mit ihm.«

Warum können Frauen den Narzissten so schlecht vergessen? Dafür gibt es zahlreiche Gründe. Einer der wichtigsten ist meiner Ansicht nach, dass in der Beziehung zum Narzissten ein Ideal geschaffen wird, an das man nie herankommt. Die Trauer um das, was man gemeinsam hätte schaffen können, ist es, welche die Frauen schlecht vom Narzissten loskommen lässt.

Direktaufnahme
Olimpia: »Ich kann ihn nicht vergessen, weil er satanisch, faszinierend, unhaltbar, aber auch tödlich war. Er fehlt mir, als sei er der einzige interessante und wertvolle Mann auf der ganzen Welt. Ich vergesse immer, wie unsicher er mich gemacht hat …

Warum ich so auf ihn fixiert war? Sicher, weil er mir erlaubte, mich zu verändern. Seitdem ich mit ihm zusammen war, gelingt es mir eher, in einer Beziehung zu bleiben, auch wenn sie schwierig ist. Weil er mich an unbekannte Orte brachte. Er hat mich sehr stimuliert. Mir gefiel es, dass er sich nicht einfangen ließ. Ich liebe die Herausforderung. Vielleicht aber auch, weil wir uns so ähnlich waren und deshalb so vollkommen miteinander verschmelzen konnten. Jedenfalls kann ich ihn nicht vergessen: Ohne ihn fühle ich mich weniger wert.«

Alle Frauen, die mit diesem Typus Mann eine Beziehung eingehen – und das sind nicht wenige –, so eng oder distanziert sie auch sei, halten auf die Ferne jenen Wunsch aufrecht, der in der Gegenwart des Narzissten so schwer zu erfüllen ist: »Was wir alles hätten tun können! Wenn er zurückkommt, werden wir …« Häufig scheint es gar, als sei es einfacher, den Narzissten auf die Ferne zu lieben statt im gemeinsam erlebten Alltag. Dann kann man sich all der schönen Erlebnisse erinnern, der Möglichkeiten, die die Beziehung bot, der Intensität dieser Möglichkeiten, und muss nicht mehr die Frustration des ewig Unmöglichen ertragen.

Direktaufnahme

Olimpia: »Es steht in seiner Macht, dass es mir schlecht geht, selbst wenn wir getrennt sind.«

Therapeutin: »Ist es möglich, dass Sie in eine Art Symmetriespiel mit ihm eingetreten sind, das selbst jetzt, wo Sie sich nicht mehr sehen, noch nicht beendet ist? Da Sie beide keinen klaren Schlussstrich gezogen haben, sind Ihre Regeln unter Umständen noch weiter wirksam, und diese Regeln sind kein Zuckerlecken: Es gewinnt der, der dem anderen am stärksten wehtun kann, der nicht zurückkommt, der nicht anruft, der sich distanziert zeigt und von der Bildfläche verschwindet.«

Furio: »Wenn wir uns trennen, hasse ich Olimpia. Ich will sie weder sehen noch hören. Jeder, der mir von ihr erzählt, geht mir auf die Nerven, ebenso alles, was mich an sie erinnert. Nur wenn ich sie komplett aus meinem Dasein streiche, kann ich mein Leben leben, daher sorge ich dafür, dass nichts mehr von ihr übrig bleibt.«

Olimpia berichtet von einem unerträglichen Schmerz, von ihrer Unfähigkeit, Furio zu vergessen. Stattdessen denkt sie ständig an ihn: Sie hasst ihn nicht. Obwohl sie guten Grund dazu hätte, schafft sie es nicht, auf ihn wütend zu sein. Er fehlt ihr: Sie spürt, dass ihr Leben dort, wo vorher er war, nun leer ist, und leidet darunter. Als hätte sie ein Loch in der Brust, eine tiefe Wunde im Herzen.

Das Paarspiel

Der Beziehungstanz

> »In einer Zweierbeziehung stellt der andere
> schon per se eine Gefahr dar.«
> *Ein Patient*

Zwei Menschen begegnen sich und werden neugierig aufeinander. Einer der beiden will den Kontakt aufrechterhalten und versucht, eine Beziehung herzustellen: Das kann der andere akzeptieren oder nicht. Dann können beide beschließen, dass sie sich des Öfteren sehen wollen, für längere Zeit oder nur kurz, voller Vergnügen oder unter allerlei Schwierigkeiten. Die Menschen, die zueinander in Beziehung treten, sind nicht unbelastet: Sie tragen das kulturelle Gepäck ihrer Kindheit mit sich herum, ihre sozialen Werte, ein Netz von Beziehungen, Gewohnheiten und Voraussetzungen, das ihnen mehr oder weniger bewusst ist.

Jene Paare, die eine längerfristige Beziehung eingehen, tun dies unter Aufstellung von festen Regeln und Rollenmodellen. Regeln – wer tagsüber wen anruft, wie man die Hausarbeit aufteilt, wer im Bett die Initiative ergreift, wie man auf das reagiert, was einem am Partner nicht gefällt, ob man Spannungen durch Schweigen oder Aussprache löst – können zur Verständigung beitragen oder nicht.

Wenn sie das nicht tun, führt dies schnell zu negativen Gefühlen auf beiden Seiten.

Natürlich wird sich dieser Kodex im Laufe der Zeit verändern. Eine Beziehung ist umso gesünder, je flexibler und offener dieses Regelwerk gehandhabt wird. Psychologen können bei einem Paar, das fest zusammen ist, eine Art Tanz feststellen, dessen Schritte vorhersehbar sind, zum Beispiel die Art, wie man sich einander annähert, um sich dann wieder voneinander zu entfernen. Das Ideale ist, wenn die Rollenverteilung rotiert, dass also der, der sich einmal zurückzieht, beim nächsten Mal aktiv wird – usw. Aber das kommt nicht so oft vor: Meist blockiert man sich durch eine mechanische Haltung gegenseitig. Das Verhalten wird vorhersehbar, als spiele man immer wieder denselben Film. Das Beziehungsspiel entsteht aus dem Zusammentreffen zweier Menschen mit ihrer je eigenen Geschichte. Was immer in einer Partnerschaft geschieht, ist also stets eine Antwort, eine Antwort auf die Präsenz des anderen. Allerdings ist es nicht so, dass permanent nur einer aktiv wird und der andere passiv bleibt, das Rollenmodell von »Täter« bzw. »Opfer« wird keineswegs immer von derselben Person ausgefüllt. Dieses Spiel spielen zwei, auch wenn man die Verantwortung gern auf den jeweils anderen abschiebt ...

Nachrichten von der Couch

Olimpia und Furio sind beide eher »Beziehungsflüchter«. Sie haben sich nie gern auf ihre Partner eingelassen und verließen sie ohne das geringste Bedauern. Wer auch immer ihr Vis-a-vis gewesen sein mag, es war jedenfalls nicht der oder die »Richtige«. Sie schlossen die Tür hinter sich und stürzten sich in ein neues Abenteuer.

Der Beziehungstanz · 215

Als sie sich im Alter von fünfzig Jahren kennenlernen, glauben sie, dieses Mal sei es »fürs Leben«. Sie fühlen sich so gefestigt, dass sie sich aufeinander einlassen können. Beide wollen bleiben, ihre Abwehrstrategien abbauen. Doch trotz dieser klaren Entscheidung haben die zwei ihre ambivalente Haltung nicht aufgegeben und stehen Beziehungen im Allgemeinen ängstlich gegenüber. Sobald einer der beiden – aus Angst vor der sich stabilisierenden Zweisamkeit – die Ambivalenz des anderen spürt, flüchtet er oder geht zum Angriff über und stellt das Ganze infrage.

Der andere fühlt sich als Opfer dieser Strategie: Er gewinnt die Überzeugung aufpassen, ja sich wehren zu müssen. Diese Unsicherheit löst Angst vor dem Verlassenwerden aus. Jeder der zwei beginnt, beim anderen nach Signalen zu suchen, dass er sich entfernen oder seine Aufmerksamkeit nicht mehr dem Partner widmen will. Für beide ist das Verlassenwerden denkbar. Diese Unzuverlässigkeit, die sie im anderen wahrzunehmen scheinen, tut beiden weh, in Wirklichkeit aber ist das, was sie sehen, nur der eigene Mangel an Verlässlichkeit.

Man kann also von einer Falle sprechen, in die man zyklisch wiederholt tappt, von einem Tanz zwischen den Partnern: Sobald der eine spürt, dass die Beziehung funktioniert, erschrickt er vor dieser Nähe und bekommt Angst, verlassen zu werden, wie dies in der frühen Kindheit geschehen ist. Manchmal fühlt er sich dann auch einfach überwältigt. Auch dieses Gefühl, für das er dem Partner die Schuld gibt, wurzelt in der frühen Kindheit. Er empfindet dann den Wunsch, allein zu sein. Zuerst erschrickt der eine, dann der andere, weil er den Partner in Panik geraten oder sich entfernen sieht. Jeder der beiden fühlt sich als Opfer des jeweils anderen und erfährt die

Beziehung als bedrohlich: Man lebt gefährlich. Dann brauchen beide vom jeweils anderen Bestätigung, und zwar so sehr, dass sie von Angst ergriffen werden. Derjenige, der in dieser Situation am unsichersten ist, durchbricht nun die Dynamik: Er stellt die Beziehung auf die Probe und verstärkt den Wunsch beider Partner nach Rückzug. Der andere hingegen verschanzt sich oder hat das Gefühl, ihm würde der Boden unter den Füßen weggezogen. Dann begreift er, wie wichtig diese Beziehung für ihn ist, oder sucht zwanghaft nach Ersatz, ohne einen höheren Grad an Bewusstheit zulassen zu müssen. Wer als Erster die Beziehung in die Krise führt, ist kaum je vorherzusagen. Das Ende erscheint dem einen Teil meist unausweichlich, dem anderen absichtlich inszeniert. Aber auch in der Verteilung dieser Rollen wechseln sich die Partner ab.

Doch das Ende ist nie wirklich definitiv, denn das Paar versteht sich im Grunde sehr gut. Dann kommt es zur nächsten Begegnung, es folgt eine Zeit der Leidenschaft und der tiefen, offen gezeigten Gefühle, nur um am Ende wieder bei Unsicherheit und Unbefriedigtsein zu landen. Olimpia erwacht mit Tränen in den Augen aus ihrem Traum und berichtet, sie fühle sich »nicht richtig geliebt«. Furio nimmt die kritische Haltung seiner Partnerin zur Kenntnis, doch statt ihr mehr zu geben, zieht er sich zurück, bekommt Angst und will wieder einmal weg. Er träumt von einer Frau, die ihn »bedingungslos« liebt. Er sucht die »große Liebe, jene Nähe, die man nur einmal im Leben verspürt«.

Leider sieht Olimpia in Furio den Grund für ihr Unglücklichsein, er seinerseits betrachtet sich als vollkommen unbeteiligt und gibt ihr die Schuld für alles. Keiner der beiden bleibt gelassen und sieht die Gemütslage des anderen als das, was sie ist: ein Gefühl. Damit beginnt der Teufelskreis von vorn, die Partner schieben sich gegenseitig die Rolle des Krisenverursachers zu, was immer häufiger vorkommt. Einer der beiden, der sich mehr als Opfer fühlt als der andere, wird früher oder später den Satz äußern: »Wieso behandelst du mich so schlecht? Was habe ich dir denn getan?« Und der andere wird etwas entgegnen wie: »Ich bin unglücklich, es geht mir nicht gut.« Die beiden lieben sich, können sich das aber nicht zeigen: Am Ende werden sie sich wieder trennen. Wie zwei Spiegel, die einander gegenüberstehen und sich bis ins Unendliche spiegeln. Und doch hängt jeder am anderen, so viel ist sicher, sonst würden beide sich aus dieser Situation verabschieden. Doch sie »ticken« beide gleich, sie reflektieren sich sogar in ihren Gedanken: Das ist nicht eben sinnvoll.

Wenn man einen anderen Interpretationsansatz anlegt, könnte man die Beziehung als Versuch sehen, sich gegenseitig zu heilen. Dann würden wir einmal nicht von einer verhaltenspsychologischen Betrachtungsweise ausgehen, sondern das Unbewusste mit einbeziehen: Jeder der beiden ist Teil des Ganzen und projiziert den eigenen Schatten auf den anderen. Olimpia hat jahrelang den bedürftigen, dunklen Teil ihrer selbst ins Unbewusste verbannt, als würde ein innerer Feind sie bedrohen. Als sie Furio kennenlernt, gibt sie ihren Panzer auf und projiziert ihre bedürftigen Anteile auf ihn: Sie versucht, diese Bedürfnisse zu erfüllen, indem sie sich um ihn kümmert. Furio hingegen identifiziert sich mit seinem Schatten, zu dem er in den Augenblicken der Depression Zugang hat, wenn er die Last der Routine spürt und sich eingesperrt fühlt. Oder er projiziert den Schatten auf Olimpia, deren Mängel er dann herausstellt.

Jeder der beiden nimmt in der Beziehung zum anderen eigene Anteile wahr, die er ansonsten nicht sieht: Sie, die diese Anteile noch nie erkannt und betrachtet hat, entdeckt sie plötzlich in Furios Persönlichkeit; er spürt sie in der Tiefe der Beziehung, die sich zwischen den beiden auf einmal einstellt. Manchmal hofft er, dass diese Beziehung ihn von seinen selbstzerstörerischen Momenten heilt, die er sonst auf aktive Weise an anderen auslebt.

Jeder projiziert also seine ambivalenten Aspekte und den eigenen Schatten auf den anderen. Auf diese Weise wird der Partner zum Spiegelbild des eigenen Selbst. Wenn sie damit konfrontiert werden, reagieren beide jedoch unterschiedlich: Furio flüchtet. Olimpia klagt und fühlt sich immer mehr zum Opfer gemacht, immer unsicherer. Sie werde allmählich, so heißt es, »zwanghaft«.

Der »Himmelskreis«

Der Narzisst sucht stets nach Bestätigung für die wechselseitige Anziehung. Er braucht es, dass seine Partnerin ihn bedingungslos akzeptiert: Alles, was sie tut oder sagt, wird minuziös analysiert und mit möglichen Bedeutungen unterlegt, die positiv ausfallen, solange der magische Zusammenklang der ersten Verliebtheit noch vorhanden ist, aber ins Negative kippen wird, sobald der Verdacht sich regt und Narziss die Geduld verliert.

Diese Gewohnheit verleiht dem Partner eine enorme Macht: Die Liebe hängt letztlich von der Bestätigung durch das Gegenüber ab. Der Narzisst fragt sich nicht, wer er ist, sondern wer er für den anderen ist. Für ihn scheint es von grundlegender Bedeutung, dass die Frau gut von ihm denkt und ihm gegenüber nie Kritik oder Vorwürfe äußert. Im Normalfall folgt das Spiel zwischen dem Narzissten und seiner Partnerin diesem Schema: Wenn einer der beiden auf den anderen zugeht, reagiert der andere mit einer Vervielfältigung der positiven Beziehungsaspekte und nimmt dies als kostbare Gelegenheit wahr, die ersehnte Bestätigung vom Partner zu erhalten. Auf solche Weise wächst das Wohlbefinden exponentiell an. Beide genießen das Zusammensein. Da dieser »Himmelskreis« jedoch sehr eng gestrickt ist, erfordert der Umgang der beiden Partner miteinander sehr viel Feinabstimmung: Zum einen dürfen sie nicht so verletzlich sein, dass sie sich von der Unabhängigkeit des anderen bedroht fühlen, zum anderen dürfen sie nicht so unabhängig sein, dass dies beim anderen das Gefühl der Verletzlichkeit auslöst.

Die Zeit der Verliebtheit ist es, die diesen »Himmelskreis« hervorbringt: Alles läuft bestens, jeder geht spontan auf den anderen zu und spürt, dass sich die Aufmerksamkeit des Partners auf ihn konzentriert. Wenn sie sich miteinander wohl fühlen, entspinnt die Beziehung sich gleichsam von selbst. Beide empfinden sie als wunderschön, und dieses Gefühl steigert sich noch, weil jedes Ereignis den gemeinsamen »Tanz« nur noch lebendiger werden lässt.

»Anfangs ging es uns immer gut«, erinnert sich Olimpia. »Wir haben irre Spielchen miteinander gemacht, verrückte Sachen erfunden, um noch mehr Spaß miteinander zu haben. Wir waren ständig zusammen, lachten viel, ergriffen jede Gelegenheit, um dem anderen etwas Gutes zu tun, ihn zu überraschen. Es war einfach toll.«

Auch wenn sich zwischen den Partnern eine Art Allianz einstellt, wenn man sich entweder für ein gemeinsames

Projekt engagiert oder Schwierigkeiten gemeinsam bewältigen muss, Einsamkeit, Unsicherheit, den Wunsch nach Bestätigung – in schwierigen Zeiten fühlt solch ein Paar sich so einig wie sonst nur selten.

Der »Himmelskreis« ist in der Beziehung immer dann möglich, wenn man sich vom provokativen Verhalten des anderen, von seinen Fluchten, nicht bedroht fühlt, wenn man nicht auf eigene Abwehrmechanismen zurückgreifen und mehr Distanz schaffen muss.

Der Teufelskreis

> »Ich bin unglücklich. Warum bin ich unglücklich? Irgendjemand muss doch schuld sein, oder? Es kann schließlich nicht sein, dass ich ein egozentrischer Idiot bin, der nur in seiner eigenen dumpfen, dunklen Sorgenwolke rotiert.«
> *Ethan Hawke*, Aschermittwoch

In dem amüsanten Buch *Versuch über die Liebe* von Alain de Botton, der vielleicht selbst narzisstisch veranlagt ist, weil er diese Art Mann so einfühlsam beschreibt – er möge mir verzeihen –, erlebt das Paar eine Zeit der Gemeinsamkeit: »Wir blieben zehn Tage in Spanien, und ich glaube (soweit man der eigenen Erinnerung trauen kann), dass wir beide es zum ersten Mal riskierten, diese Tage in der Gegenwart zu leben. In dieser Zeitform zu leben bedeutete nicht immer himmlisches Glück; die Ängste, die aus instabilem Liebesglück entstehen, explodierten regelmäßig in Streit. Ich erinnere mich an einen heftigen Krach in dem Dorf Fuentelespino de Moya, wo wir haltgemacht hatten, um zu Mittag zu essen. Es hatte mit einem Scherz über eine frühere Freundin angefangen und hatte sich ausgewachsen zu dem Verdacht in Chloés Kopf, dass ich diese Freundin noch liebe. Nichts hätte der Wahrheit ferner liegen können, doch war ich inzwischen dazu übergegangen, solche Verdächtigungen als eine Projektion der abnehmenden Gefühle Chloés für mich zu werten, und eben das warf ich ihr vor.«[1]

Bald zeigt sich in der Beziehung der übliche Teufelskreis. Die Abwehrmechanismen der Partner prallen aufeinander und verstärken sich gegenseitig. Gerade jene Qualitäten, die ein Partner auf den anderen projiziert, scheinen ihn nun zu erbosen. So ertragen beide die Ambivalenz des anderen nicht, weil sie die eigene nicht spüren wollen. Oder sie überprüfen den Partner ständig auf seine Absichten: »Ich richte meine Aufmerksamkeit nur auf das, was fehlt, auf den nicht vorhandenen Tropfen, der das Glas daran hindert, halb voll zu sein.«

Der Teufelskreis führt zu Distanz, Groll und Ängsten bei beiden Partnern. (»Ich spüre deine Bedürftigkeit so sehr, dass sie mich regelrecht lähmt.« Oder: »Die Liebe zu dir macht mich schwach.«) Daraufhin wird meist ein Streit provoziert, um das Weggehen zu rechtfertigen, der sprichwörtliche »Sturm im Wasserglas«. Die Wut wird genährt, indem man sich an jeden noch so kleinen Makel des anderen erinnert. Man kritisiert ohne Ende und reitet auf allen Fehlern herum, die der andere zu haben scheint. Jeder der beiden Partner zeigt sich durchaus fähig, ebenjene Person zu verletzen, der er vorher den Himmel auf Erden bereiten wollte.

Diese negative Dynamik wird in Gang gesetzt, wenn das emotionale Element fehlt oder das geliebte »Objekt« zu dicht aufzurücken scheint und gefährlich wird. Oder wenn es, im Gegenteil, sich zu weit entfernt. Beides wird als bedrohlich erlebt, weil die Erfahrung einer sicheren Basis fehlt und daher immer wieder Abwehrstrategien zum Einsatz kommen. Interessanterweise ist beides gleichzeitig möglich, zumindest in der Wahrnehmung des Narzissten, auch wenn ihm dies selten bewusst wird. Ideal wäre es, wenn die Partner nicht auf die jeweiligen Provokationen eingingen. Das ist leichter gesagt als getan. Ist es wirklich nötig, dass beide Partner sich nicht zu sehr engagieren und den Kontakt zur Außenwelt aufrechterhalten? Vielleicht gelingt es nur so, dass der Beziehungstanz nicht automatisch zum Abwehrzauber gegen den anderen wird.

Die Beziehung funktioniert immer so lange, wie die totale Verschmelzung bewahrt werden kann, wie der Mann sich verstanden und akzeptiert fühlt, wie die Frau sich um ihn kümmert und sich auf ihn einstellt – diskret natürlich, ohne ihn in seinen Angelegenheiten zu stören. Ist das nicht der Fall, zieht er sich pikiert zurück und fühlt sich als Opfer: Er verweigert den Dialog, teilt mit ihr nicht mehr, was sie fühlt und denkt, und begibt sich hinter seine Mauer. Dies aber empfindet die Frau als Grausamkeit. Dann fängt jeder der beiden an, sein eigenes Leben zu führen. Das Paar verliert die Erfahrung der Nähe, hat nichts mehr, was es miteinander teilen könnte. Einer der beiden wird meist zum Verfolger, das Gefühl, das vernachlässigte Opfer zu sein, wandert vom einen zum anderen.

Viele Frauen berichten, dass die Distanz und das Gefühl mangelnder Bindung ihnen Angst macht, sodass sie nicht selten anfangen, mit dem anderen zu streiten: Sie provozieren, machen ihren Unmut deutlich, ziehen sich zurück oder lassen sich »abschrecken«, nur damit sie den

Partner gleichsam wieder »kennenlernen« können und der Beziehung neuen Schwung verleihen. Die Frauen fühlen sich nicht mehr geliebt, was für viele ein Ansporn ist, die Verbindung auf die Probe zu stellen.

Dieser Teufelskreis hält manchmal sogar bis nach der Trennung an: Wenn der Schmerz über das Ende akzeptiert wird, kann jeder seinen Teil des Leids bearbeiten. Auf diese Weise leistet das Paar Trauerarbeit im Hinblick auf das Ende der Beziehung. Wenn sich jedoch einer dieser Trauerarbeit verweigert, bleibt sie ganz dem, der verlassen respektive betrogen wurde. Die Gefahr besteht, dass diese Person sich dann auf das eigene Leiden zurückzieht. Manchmal kommen Patienten zu mir, meist Frauen, die den Schmerz über das, was mit dem Partner geschehen ist, ganz allein tragen. Der andere leugnet, rationalisiert und nimmt keinen Anteil: Der Narzisst ist längst woanders. Das aber ist nicht gut für ihn. Denn auf diese Weise verliert er eine kostbare Gelegenheit, über sich nachzudenken und so mehr Bewusstheit zu erlangen.

Nachrichten von der Couch

Furio und Olimpia treffen sich wieder, nachdem sie sich zu Olimpias großem Schmerz getrennt haben: Der Mann hat die Beziehung innerlich einfach abgestellt, ohne sich mit ihr auseinanderzusetzen.

Bei der zufälligen Begegnung in einer Bar versucht er erneut, sie zur »Komplizin« seiner Wünsche zu machen. Er möchte die Nähe von einst wiederherstellen. Während sie zusammen sind, soll sie wieder verliebt in ihn sein und ihn leidenschaftlich bewundern. Er möchte von dem Schmerz, den er bei ihr ausgelöst hat, nichts hören und die verflossene Zeit am liebsten auslöschen, damit sie von Neuem das leidenschaftliche Paar geben können, das sie einst waren. Er möchte, dass sie ihn aus verliebten Augen ansieht, so wie dies früher war, damit er sich wieder »außergewöhnlich« fühlen kann – wenigstens in der Beziehung zu ihr.

Olimpia hingegen, die immer noch leidet, ist wütend auf ihn und löst sich als Erste aus seiner Umarmung. Sie zeigt sich ihm voller Würde, aber unerreichbar und liest die Enttäuschung darüber förmlich in seinen Augen.

In der Therapiesitzung berichtet sie über ihre Wut darüber, dass sie sich nicht an ihm rächen kann: »Er ist sicher überzeugt davon, dass er das Richtige getan hat. Für ihn bin ich jetzt hart, undankbar und habe seine Liebe nicht verdient. Also wird er zufrieden sein, dass er mich verlassen hat. Ich hätte ihn verführen sollen, damit er begreift, was er an mir verloren hat!«

Sich selbst erfüllende Prophezeiungen

> »Solange du Beziehungen als Investition betrachtest,
> die Rendite abwerfen soll, als Sicherheitsgarantie oder
> Lösung für deine Probleme, gibt es keinen Ausweg:
> Kopf – du verlierst. Zahl – der andere gewinnt.«
> *Zygmunt Bauman,* Amore liquido[2]

Es stellt ein enormes, aber häufig eingegangenes Risiko dar, eine Beziehung anzufangen, in der die Frau alles wertschätzt, was der Partner tut – vor dem Hintergrund der unausgesprochenen Erwartung, dass er sie enttäuschen wird. Denn dies wird unweigerlich geschehen, da Prophezeiungen sich stets selbst erfüllen. Für den Narzissten ist die ursprüngliche Erfahrung die des Nichtgeliebt-Werdens, und ebendiese wird er in seinem Leben wieder inszenieren: Er will sich ständig beweisen, dass die anderen unfähig sind, ihn zu lieben, sodass eine Trennung unvermeidlich ist. Stellen Sie sich nur vor, wie das ist, wenn beide Partner narzisstisch veranlagt sind!

An einem bestimmten Punkt fangen auch die Partnerinnen an, dieses Spiel zu spielen: Sie wurden mehrfach enttäuscht und schützen sich nun vor weiteren Erfahrungen dieser Art, indem sie sozusagen damit rechnen. Und schon beginnt ein neuer Circulus vitiosus negativer Erwartungen, der beide Partner enorm frustriert. Keiner erwartet mehr etwas vom anderen, und es gelingt beiden nicht mehr, das positiv zu sehen, was sie vom Partner bekommen oder was sie gemeinsam haben.

Stellen wir uns die Beziehung einmal vor wie eine Schatztruhe, die anfangs von beiden Partnern mit »Wertgegenständen« gefüllt wird. Von einem bestimmten Punkt an werden keine kostbaren Objekte mehr in die Truhe gelegt: Gespräche, gemeinsame Unternehmungen oder Gefühle, Aufmerksamkeiten dem anderen gegenüber, kleine Geschenke oder Überraschungen, guter Sex usw. Auch das, was vorher da war, wird weggeworfen. So leert sich die Schatztruhe allmählich. Am Ende bleiben nur die Schatulle und drinnen Enttäuschungen, Vorwürfe, Groll und Ängste.

Nachrichten von der Couch
Furio ist davon überzeugt, dass Olimpia ihn nicht wirklich liebt oder zumindest nicht so, wie er es gern hätte. Wenn sie ihn zu einer Bergtour mit Freunden einlädt – eine Freizeitbeschäftigung, der beide gern nachgehen –, lehnt er aus

Faulheit oder Gewohnheit ab. Vielleicht auch nur, um ihr keinerlei Genugtuung zu geben.

»Wie wirst du denn den Sonntag verbringen?«, fragt ihn dann Olimpia. Er antwortet, dass er zu Hause bleiben und arbeiten möchte. Sie fühlt sich vernachlässigt (»Er will ja nicht einmal etwas mit mir unternehmen«, stellt sie enttäuscht fest), will aber trotzdem mit ihren Freunden in die Berge, was sie auch sagt. Sie fügt noch den Wunsch an, dass er vielleicht seine Meinung ändert.

Dies verstärkt in ihm wiederum das Gefühl, für sie nicht wichtig zu sein. »Ich verdiene eine Frau, die sich mehr um mich kümmert, die nicht dauernd wegrennt«, denkt er, nun seinerseits enttäuscht, in typischer Opfermanier. In der Folge inszeniert er eine weitere Gelegenheit, um sich von ihr zu entfernen. Natürlich schiebt er die Schuld ihrem Egoismus zu: Olimpia stelle sich nicht auf seine Bedürfnisse ein.

Nicht mit dir, nicht ohne dich

> »Willst du damit sagen, dass Livia, während die beiden sich umarmten, genau das Gegenteil von dem empfand, was er fühlte? Dass sie wütend war, weil er sich von ihr entfernte, andererseits aber stets darauf bedacht, ihre Freiheit zu wahren? Zuerst wurde sie zornig, dann musste sie lachen. Wie heißt es doch in diesem lateinischen Sprichwort? *Nec tecum, nec sine te.* Nicht mit dir, nicht ohne dich.«
> Andrea Camilleri, La pazienza del ragno[3]

> »Hassen und lieben zugleich muss ich. Wie das?
> Vielleicht bist du es, die mir dies abverlangt.
> Ich fühl es nur, und es zerreißt mir das Herz.«
> Catull, Carmina, 85

Viele Frauen erzählen, dass ihre Liebe gleichsam in eine Sackgasse geraten sei. Sie sind dem Partner fern und leiden, doch es geht ihnen auch nicht besser, wenn sie an eine Rückkehr denken. Lesen wir, wie Olimpia diese Zeit empfand.

Direktaufnahme
»Ohne ihn sein? Da habe ich das Gefühl, sterben zu müssen. Wirklich: Das tut so weh, wie ich es noch nie erlebt habe. Bei ihm sein? Auch dann habe ich das Gefühl, sterben zu müssen, weil ich unser gemeinsames Leben hasse. Aber auch wenn ich mir vorstelle, wieder mit ihm zusammen zu sein, fühle ich mich schrecklich, weil ich in der Beziehung nur abqualifiziert werde, geduldet, nicht geschätzt. Ich muss mich zurückhalten, beschränken, meine Energie im Zaum halten.

Mit ihm geht es mir schlecht, ohne ihn noch schlechter.

Ich fühle mich elend ohne ihn, bin ich aber mit ihm zusammen, frage ich mich, ob es das Ganze überhaupt wert ist: Er kritisiert mich nur und weist mich zurück. Vielleicht ist es leichter, die Abwesenheit eines Menschen zu ertragen, als neben einem zu leben, der mich nicht begehrt ... Doch sobald ich nicht mit ihm zusammen bin, weil wir uns wieder einmal getrennt haben, erinnere ich mich nicht mehr an das unangenehme Gefühl, das ich habe, wenn ich mit ihm zusammen bin, an die Einsamkeit, an das Gesicht, das er immer zieht ... Dann denke ich an alles Schöne, das dieser Mann mir im Grunde geben kann. Dann fällt mir ein, was er für ein angenehmer Typ sein kann, wie nett und humorvoll ... All das jedenfalls, was er nur hervorholt, wenn wir mit anderen Menschen zusammen sind. Und dann habe ich wieder das Gefühl, einfach nicht auf ihn verzichten zu können.

Ich bin in diesen Mann verliebt und trotzdem stinksauer auf ihn. Und auf mich auch ...!«

Die Frauen zählen rational alle Gründe auf, weshalb es gut ist, Schluss zu machen. Sie machen quasi ein Kreuz in das Kästchen »Es ist besser, jetzt zu gehen«. Wenn sie alle Argumente zusammengetragen haben, treffen sie ihre Entscheidung, nur um dann zu merken, dass ihr Herz am Ausgangspunkt zurückgeblieben ist, es immer noch für ihn schlägt und sie ihn wiederhaben wollen: »Ich fühle mich nicht frei von ihm.« In diesem Fall kann man von Symbiose sprechen, von einer emotionalen Verstrickung, die eine wechselseitige emotionale Abhängigkeit[4] schafft: Die beiden Partner brauchen einander so sehr, dass sie sich mehr oder weniger gezwungen fühlen, zusammen zu sein, und die Unabhängigkeit des anderen nicht respektieren können. Jeder der beiden braucht den anderen aufgrund seiner unbewussten persönlichen Anteile.

Und so kommt es, dass die Frauen in narzisstischen Beziehungen oft in einem stärkeren Maße abhängig sind als in anderen. Dies macht sie unduldsam sich selbst gegenüber – sie erkennen die eigene Person nicht mehr wieder –, aber auch gegenüber dem Partner, dessen Verhaltensweisen ihre Unsicherheit auslösen. Diese Männer kennen häufig die wahre Bedeutung des Worts »gemeinsam« nicht. Sie gehen davon aus, dass der andere stets ganz für sie da ist. Indem sie sich dergestalt egoistisch verhalten, steigern sie die Abhängigkeit der Partnerin noch. Grundsätzlich aber zieht der Narzisst Frauen an, die zur Abhängigkeit neigen: Das Bild der Perfektion, das er ausstrahlt, sowie die erste Zeit der Verliebtheit lassen die Möglichkeit einer vollkommenen Verschmelzung erahnen.

Andererseits kommt es auch vor, dass die Frauen finden, er verlange zu viel von ihnen: zu viel Nähe, zu viel Symbiose, zu viel Selbstverleugnung. Man hört von ihnen dann Aussagen wie die folgende: »Er hängt ständig an mir dran. Ich bekomme keine Luft mehr. Ich bin nicht mehr ich selbst, wenn ich mit ihm zusammen bin. Ich ersticke. Ich fühle mich nicht mehr frei. Alles muss immer gemeinsam unternommen werden, alles muss mit ihm zu tun haben. Ich habe mich zurückgenommen, um so zu sein, wie er mich haben will. Ich bin nicht mehr ich selbst; ich erkenne mich nicht mehr wieder.«

Der »gemeinschaftliche« Verrat

> »Liebe zu mir verbrennt mich.
> Ich schüre die Glut, die ich leide.«
> *Ovid,* Metamorphosen, III, 464

Narziss entzieht sich per definitionem: Dies ist Teil seiner Natur. Echo passt sich ihm völlig an: »Ich bin, wie du mich willst; und wir machen, was du möchtest.« Oder sie wird zur Skeptikerin: »Du bist nun einmal so, da lässt sich nichts machen.« Zur Heilsbringerin: »Ich rette dich, ich heile dich, ich kümmere mich um dich.« Oder zur Klette: »Ich habe Angst, dass du mich verlässt; ich habe Angst, dass du mich betrügst; ich kontrolliere dich.«

Doch all diese Verhaltensweisen treiben den Narzissten nur noch mehr in die Flucht, was wiederum seiner Partnerin, aller Welt und ihm selbst bestätigt, dass er unfähig zur Liebe ist. Narziss geht und denkt, die Partnerin habe ihn vertrieben. Er ist davon überzeugt, dass

- Echo nicht zu lieben versteht, ihn nicht akzeptiert und nicht ausreichend schätzt,
- sie seine Wesensart nicht respektiert und
- sie ihn zu Unrecht negativer Verhaltensweisen bezichtigt (die er allerdings bei *ihr* sieht).

Er beschließt, nicht »genug« geliebt worden und daher seinerseits nicht verliebt oder interessiert zu sein, wobei er sich dieses Kausalzusammenhangs nicht bewusst ist. Er sucht nach Alternativen, die mindestens so großartig sind, wie er sich empfindet, denn sein Selbstgefühl wird nicht ein bisschen angekratzt.

Wenn man den Faden des Mythos einmal weiterspönne, dann würde Echo, sofern Narziss sich ihr nicht entzöge, am Ende von einer »Nichtbeziehung« erdrückt werden. Dies ist gewöhnlich das Ende der unbewusst sadistischen Beziehungen des kapriziösen Narzissten. Sie riskiert, als »Nichtperson« behandelt zu werden, zum Abziehbild zu werden, das man nicht mehr wahrnimmt. Narziss würde sie zum Abfalleimer für seine Ängste machen. Wenn sie dies weiter hinnähme, würde sie sehr unglücklich werden und am Ende vielleicht sogar an gebrochenem Herzen sterben.

Wie also versucht Echo, dieser demütigenden Beziehung zu entgehen? Meist, indem sie die Bindung auf die Probe stellt: Sie entzieht sich seelisch und provoziert die Aggressivität des Partners. Sie erlaubt ihm, in ihr geheimes Inneres einzudringen, sie lässt sich verletzen. Sie erwartet nichts Positives mehr von dieser Beziehung und nimmt die Opferrolle ein. Mitunter überschätzt sie sich auch und denkt, sie werde nicht allzu viel Schaden nehmen. Oder sie glaubt, sie könne als Erste gehen. Doch darin täuscht sie sich. An diesem Punkt setzt der Teufelskreis ein. Auf jeden Fall macht sie aus dem Partner ein Ungeheuer, über das sie mit ihren Freundinnen spricht, wodurch sie sich außerhalb der Beziehung stellt. Dann wieder geht sie in Abwehrstellung. Sie lässt ihren Partner nur noch ihre Fassade sehen und wird ihrerseits unerreichbar. Der Verrat an der Beziehung wird zum Modus, um das gemeinsame Spiel zu unterbrechen. In diesem Fall geht er nicht von einem der Beteiligten aus, sondern ist Teil des Spiels. In Szene gesetzt wird der Verrat durch Achtlosigkeiten, Abwesenheiten, Unpässlichkeiten, mangelnde Loyalität oder tatsächliche Seitensprünge.

Nachrichten von der Couch
Wenn Furio aus beruflichen Gründen unterwegs ist, fühlt Olimpia sich emotional allein gelassen. Dann versucht sie, ihn anzurufen, doch sie hat das Gefühl, dass er sich ihr entzieht: Sie bittet ihn konkret, für sie da zu sein, doch sie glaubt, er sei ihr gegenüber nicht ehrlich. Olimpia fühlt sich sofort schlecht behandelt und ist beleidigt: Sie hat Angst zu leiden. Darauf reagiert Olimpia, die ja ebenfalls narzisstisch veranlagt ist und daher in der Liebe viel Bestätigung braucht, mit Ablenkung. Sie zieht sich emotional von Furio zurück.

Wenn das Paar sich wiedersieht, ist sie davon überzeugt, dass Furio sie während der Reise betrogen hat; dann löst sie die Krise aus. Wer hat die Distanz geschaffen? Wer hat wen betrogen? Dies ist letztlich unmöglich festzustellen. Jeder der beiden scheint mehr damit beschäftigt, sich zu verteidigen, als den anderen zu lieben.

»Mir fällt auf, dass ich ihm dauernd Vorwürfe mache«, wird Olimpia irgendwann sagen. »Ich kann ihm nicht mehr mit Leichtigkeit und Neugierde begegnen. Die Energie, die mich treibt, ist meist Groll und der Wunsch nach Klärung. Ich will beweisen, dass ich recht habe und er unrecht hat. So gehen wir uns gegenseitig auf die Nerven. Unser Alltag besteht aus Verdächtigungen und Streit. Wo ist nur unsere Leichtigkeit geblieben? Der Spaß um des Spaßes willen? Immer rechnen wir etwas gegeneinander auf. Und nie geht diese Rechnung auf.«

Das narzisstische Paar: Die Gefechte im Untergrund

Ein Narzisst kann nur mit einem anderen Narzissten eine gleichberechtigte Beziehung eingehen. Der Anfang ist großartig. Es beginnt ein rhythmischer Tanz von Emotionen, Anregung, Bestätigung, der sich auf schwindelerregende Weise immer stärker aufschaukelt und so immer intensivere Gefühle erzeugt. Die beiden Narzissten spiegeln sich gegenseitig ihre Großartigkeit wider, und so geht es den zweien immer besser. Trotzdem ist eine dauerhafte Beziehung zwischen beiden schwierig: Sie sind so ähnlich, haben dieselben Ängste, dieselben Bedürfnisse, was sich auf Dauer als problematisch erweist. Sie sind emotional unsicher: In einer Beziehung wird sich dieses Bedürfnis noch verstärken, auch die Angst, nicht liebenswert zu sein. Die beiden Narzissten werden einander in einem fort Bestätigung abverlangen. Eine dauerhafte Liebesbeziehung macht ihnen Angst, weil sie gleichsam als Fundament fungiert, was vor allem für den Mann gilt. Eine Frau jedoch, die schwächer ist als er und weniger Prestige besitzt, jagt ihm weniger Angst ein.

Dem ungleichmäßigen Verlauf der Beziehung lässt sich durch mehr Autonomie begegnen. Sie gewinnt an Sicherheit, wenn ein gewisses Maß an Distanz vorhanden ist. Die zwei Narzissten träumen von Unabhängigkeit und Verschmelzung gleichermaßen, können aber beides nicht realisieren. Jeder braucht Streicheleinheiten und Bestätigung, weiß aber gleichzeitig, dass der andere sie ihm nicht geben kann, schon gar nicht auf Kommando – und ohne seinerseits bestätigt worden zu sein. Jeder misst sich das Recht zu, die Beziehung zu kontrollieren, zum Schutz, aus Angst vor Verletzung, dem Bedürfnis nach Bestätigung und dem Wunsch, genau das zu machen, was er will. Doch die Kontrollversuche scheitern. Der andere spielt nicht mit, und so kämpft der Narzisst darum, seine Wünsche durchzusetzen. In der Beziehung projiziert jeder seine Erwartungen auf den anderen und reagiert auf das, was der andere tun sollte, nicht auf die Wirklichkeit, die er vor Augen hat.

Die Beziehung zwischen zwei narzisstisch veranlagten Persönlichkeiten ist stets begleitet von Krisen, Trennungen, wechselseitiger Verachtung. Getragen wird sie von Augenblicken tiefer Intensität und einem starken Zusammengehörigkeitsgefühl. Wenn einer der beiden sich gezielte Provokationen erlaubt, wenn er eine Reihe von Punktsiegen über den Partner davonträgt, kann er sicher sein, dass der andere im Geheimen einen Schlag vorbereitet, der den Punktestand wieder ausgleicht.

In Indien, wo die Straßen sehr eng sind, fahren die Autos dicht nebeneinander. Sie nähern sich gefährlich und rasen so eine Zeit lang parallel. Bis im letzten Moment einer von beiden das Steuer herumreißt und seitlich ausbricht, dort, wo es keine Straße mehr gibt. Er hat verloren, der andere aber braust weiter auf der Straße dahin. Die beiden Narzissten scheinen ebenfalls diesen Wettkampf zu führen, bei dem der gewinnt, der als Letzter aufgibt, so als verlöre der sein Gesicht, der einlenkt. Folglich werden Trennungen unvermeidlich.

Die Partner erwarten vom anderen, dass er ihnen gibt, was sie auch selbst geben könnten, aber nicht als Erste anbieten wollen – aus Trägheit oder aus dem Gefühl heraus, dass ihnen etwas zusteht. Jeder der beiden billigt sich das Recht zu, die Qualität der Beziehung an der Großzügigkeit des Partners zu messen: »Wir haben eine richtige Fassadenbeziehung. Ich fühle mich nicht wirklich begehrt. Er spürt vielleicht, dass ich nicht ganz bei der Sache bin, dass ich andererseits auf ihn auch nicht verzichten kann. Wir halten uns beide zurück, was das Leben unbequem macht.«

Wer legt nun die Regeln in einer Beziehung zwischen zwei narzisstisch veranlagten Persönlichkeiten fest? Eine einigermaßen gleichberechtigte Beziehung ist schwer herzustellen: Jeder der beiden möchte das Farbenspiel der Beziehung bestimmen, den zeitlichen Rhythmus. Jeder möchte das Leben beider Partner so organisieren, dass er sich dabei sicher fühlt. Das ist durchaus möglich, wenn die zwei eine ähnlich starke Persönlichkeit haben, gleich starke Abwehrstrategien an den Tag legen und gleichermaßen entwickelt sind: »Er ist ein Narzisst und wirklich schwierig, aber ich bin auch eine hochmütige Prinzessin.« Eine Beziehung ist möglich zwischen zwei grandiosen und aktiven Typen oder zwischen zwei Menschen, die sich des Spiels, das sie spielen, bewusst sind. So findet die »Schlacht« um die Kontrolle – die dem Narzissten erlaubt, sich sicher zu fühlen – häufig auf dem Gebiet der gemeinsamen Unternehmungen statt, nicht selten wird sie aber auch passiv geführt. Die Passivität wird zu einer Form der Aggressivität dem anderen gegenüber. Statt sich also gegenseitig zu bestärken und zu bestätigen, schaffen die beiden Narzissten eine Leere, die sich immer weiter ausbreitet.

Nachrichten von der Couch

Olimpia versucht, Furio vorbehaltlos zur Verfügung zu stehen: Sie lässt ihn die Entscheidungen treffen. Die beiden gehen dorthin, wo er will. Er ist es, der bestimmt, wann sie sich treffen und was sie machen. Doch bald genügt dies nicht mehr. Furio spürt vielleicht, dass sie nicht genug »Unterwerfung« an den Tag legt. Sie ist ihm zu unabhängig oder zu nachgiebig, was seinen Verdacht erregt. Insgesamt scheint sie ihm gefährlich, und so verstärkt er die Schwierigkeiten, die sie im gemeinsamen Leben ohnehin haben: Sie unternehmen nichts. Man plant nichts für das Wochenende. Er verstärkt sein Verlangen nach Aufmerksamkeit und »Gehorsam«.

Je mehr Olimpia sich nun anpasst, desto stärker wachsen in ihr Wut und Frustration. Das merkt Furio, und es bestätigt in seinen Augen, dass sie grundsätzlich gefährlich ist, dass sie sich nicht auf ihn einstellt. So vergeht ihm die Lust, etwas mit Olimpia zu unternehmen. Er spielt den Einsiedler, sie das Opfer, die arme, verlassene Frau, die von einem bösen Mann hintergangen wurde (wo sie doch so gut ist). Sie versucht, die gemeinsamen Freunde auf ihre Seite zu ziehen. Bald wird die Paardynamik zum erbitterten Krieg, bei dem alle Mittel erlaubt sind. Doch wenn man dem anderen wehtut, tut man auch sich selbst weh.

Im Grunde ist das Ganze ein Machtspiel, was jedoch keiner der beiden zugeben will. Möglicherweise ist den Kombattanten auch gar nicht bewusst, dass sie die Kampfhandlungen aufgenommen haben. Sie lassen Taten sprechen, und diese sprechen eine deutliche Sprache: »Vielleicht sind wir beide emotional zu unsicher, um die Unsicherheiten des anderen zu ertragen. Vielleicht haben wir Angst, dass eine so enge Bindung wie die unsere uns schwächt, statt uns zu stärken. Aus diesem Grunde sabotieren wir sie, wo wir nur können.«

Jeder der beiden zeigt sich autark und signalisiert dem anderen, dass er ihn nicht braucht. Das ist wie ein Dialog zwischen Tauben: Man lässt sich nicht vollständig auf die Beziehung ein, um sich vor dem anderen zu schützen, um nicht von ihm überrannt zu werden. Natürlich fühlen sich beide dann vom Partner eingeschränkt. Das Leiden tritt nun offen zutage und hat den Geschmack alter Verletzungen.

Direktaufnahme
»Mitunter folgt unsere Beziehung mehr dem Gesetz der Pflicht und der Erwartung als dem Wunsch nach Zusammensein und gemeinsamen Unternehmungen. Das nimmt uns sofort Energie: Groll, Missverständnisse, Unsicherheiten sind die Folge. Es entsteht ein unglaublich starkes Bedürfnis nach Bestätigung. Es ist komisch, denn das Ganze verläuft gleichsam in Schüben: Intensiven Augenblicken, die wir im höchsten Maße genießen, folgen Augenblicke des Rückzugs, in denen die Beziehung nur anstrengend wird ... Es reicht, dass einer anfängt, Nichtverfügbarkeit zu signalisieren, und dem anderen nicht seine volle Aufmerksamkeit widmet, weil er selbst Probleme hat oder Ärger im Beruf. Dann zieht der andere sofort nach und signalisiert selbst, dass er Besseres zu tun hat. Es ist, als würden wir beide glauben, unsere Beziehung dürfe nur Höhen haben.«

Von Zeit zu Zeit wird einer der beiden Narzissten wütend und behandelt den anderen schlecht. Er fühlt sich frustriert und unbefriedigt und lässt keine Gelegenheit aus, dem Partner dessen Versäumnisse unter die Nase zu reiben. Unter Umständen entwickelt sich eine Täter-Opfer-Beziehung, in der jeder der beiden sich selbst für den Leidtragenden hält, ohne zu merken, dass er ebenso Täter ist. So wird die Entfremdung zum wichtigsten Ingrediens der Beziehung.

Vertrauen?

> »Vertrauen ›haben‹? Vertrauen ›hat‹ man nicht.
> Man besitzt es nicht. Man gibt es. Vertrauen ›schenkt‹ man.«
> Eric-Emmanuel Schmitt, Kleine Eheverbrechen

Es ist schwierig, einem Narzissten zu vertrauen. Stehen nicht all seine Beziehungen unter dem Zeichen des Scheiterns? Ist für ihn der Betrug an der Partnerin nicht ein probates Mittel, um der Beziehung neuen Schwung zu verleihen? Kommt dazu nicht noch der innige Wunsch, mit der Partnerin zu verschmelzen, der ihn bei jedem Konflikt veranlasst, der Partnerin alle Schuld zu geben?

Besser ist es also, ihm nicht zu vertrauen, keinen Schutz von ihm zu fordern, sondern sich stark, autonom, in keiner Weise bedürftig zu zeigen. Die liebevollen, fürsorglichen Frauen werden ohnehin bald in die Mutter- oder Ehefrauenrolle geschoben. Sie werden toleriert, doch das Leben spielt sich für den Narzissten dann längst anderswo ab.

Direktaufnahme

Olimpia: »Er hält sich für den absoluten Helden. Er stellt sich allen Herausforderungen in der Arbeit, in der Stadt ... Für seine Freunde war er der Größte. Ich aber weiß, dass er weint, dass er Angst hat, depressiv ist. Mir gefallen auch diese Anteile an ihm, aber er fühlt sich dann ›klein‹. Bei mir kann er nicht mehr den Helden spielen, und er hat keine andere Rolle, die ihm Energie schenken würde. Und ist es nicht viel sicherer, mit jemandem zusammen zu sein, für den du ein toller Typ bist?

Daher vertraut er mir nicht mehr. Ich habe seine schwachen Seiten gesehen, ich weiß, dass auch er Ängste hat. Er vertraut mir nicht mehr, weil er in meinen Augen auch einmal seine Schwäche liest. Vielleicht traut er sich selbst nicht und sucht deshalb Menschen, die ihm nur seine Großartigkeit widerspiegeln.«

Was bedeutet es, wenn uns jemand verrät, dem wir eigentlich vertrauen können sollten? Wenn wir uns für einen narzisstischen Mann entscheiden, bedeutet dies, dass wir auf das »Urvertrauen« in der Beziehung verzichten müssen, dass wir keine sichere Grundlage haben und uns auf diese Weise Stabilität und Sicherheit verschaffen müssen.

Manchmal fällt diese Entscheidung unbewusst, manchmal aber ist sie auch unvermeidlich. Zeigen wir uns also optimistisch: So haben wir Gelegenheit, besser mit uns selbst zurechtzukommen. Auch das ist in Ordnung, wenn wir uns dabei keine ernsthaften seelischen Verletzungen zuziehen.

Die schlimme Liebe

> »Ich weckte sie weinend mit einer rasenden Liebe, die so lange andauerte, bis der erbarmungslos peitschende Wind der Wirklichkeit sie aus meinem Leben trug.«
> *Gabriel García Márquez*, Erinnerungen an meine traurigen Huren

Die schlimme Liebe[5] ist jene, in der die Verletzungen nicht abreißen, in der es in den eigenen vier Wänden zu den verschiedensten Formen seelischer Grausamkeit kommt, zu Schweigen, Demütigung, Machtmissbrauch und regelmäßigen Unterwerfungsaktionen: Es handelt sich hier nicht mehr um schwierige Beziehungen, die viel Leid verursachen, sondern um psychische oder tatsächlich physische Gewalt.

Geschichten von der Couch

Katia, eine Angestellte, ist eine begabte, intelligente, großzügige und positiv eingestellte Frau. Ihre »schwierige« Familiengeschichte ließ sie einen Ehemann wählen, der sie ständig herabsetzt, wie ihre Mutter dies getan hatte. Sie kommt in die Therapie, weil sie depressiv ist und unter der Beziehung zu ihrem Mann leidet. Er weigert sich, sie auf ihrer Entdeckungsreise ins eigene Innere zu begleiten.[6]

Der Mann, der ebenfalls Angestellter ist, wird als jemand beschrieben, der alles schlechtmacht. Der Alltag ist wenig befriedigend und wird um seine Bedürfnisse herum organisiert. Kein Tag, an dem sich ihr Mann Katia gegenüber nicht grob oder gemein verhält. Er lädt all seinen Frust auf ihr ab, würdigt sie herab, ist nicht bereit, etwas mit ihr zu unternehmen oder ihr im Haushalt zu helfen.

Trotz der von Distanz und Grausamkeit geprägten Beziehung verlangt der Ehemann von Katia »sexuelle Dienstleistungen«. Dabei macht er sich über ihr Äußeres lustig – er beschreibt sie als magersüchtig und ohne jeden Sex-Appeal – und quält sie seelisch, indem er ihr beispielsweise von seinen Kontakten mit Prostituierten erzählt.

Sein eigenes Leben ist von Geheimnissen umgeben: Er telefoniert mit dem Handy vom Badezimmer aus, geht mit Freunden aus, die seine Frau nicht kennt, verbringt das Wochenende allein, ohne ihr zu sagen, wo er war.

Katias Beschreibung zufolge wäre er ein Narzisst mit grandiosen Zügen und einer völligen Unfähigkeit, Beziehungen zu Menschen aufzubauen, die von Wertschätzung getragen sind. Er benutzt andere als Objekt zur persönlichen Befriedigung oder um seine negativen Seiten auf sie zu projizieren.

Warum aber nimmt Katia die schlechte Behandlung durch ihren Mann, die psychische Gewalt, einfach hin? Warum erlaubt sie ihrem Mann, sie so zu schwächen? Warum nimmt sie die negative Identität, die er ihr aufdrückt, so bereitwillig an? Katia hat sich für die eigene Familie immer aufgeopfert: Sie lebte mit einer kranken egoistischen Mutter zusammen, die sie demütigte, damit das Mädchen tat, was sie wollte. Mit der Zeit wurde die Opferhaltung für Katia die einzige Möglichkeit der Selbstbestätigung, aus der sie persönliche Befriedigung zog. Katia wuchs durchaus im Bewusstsein dessen auf, was mit ihr geschah, doch sie war überzeugt, stark genug zu sein, um die frustrierende Beziehung zur Mutter zu ertragen. Auf dieselbe Weise war sie davon überzeugt, sie würde die Gewalttätigkeit ihres Mannes aushalten können. Diese zeigte sich darüber hinaus nicht sofort, sondern erst nach zwei Jahren des Zusammenlebens. Doch natürlich macht es einen Unterschied, ob man die Schikanen einer ans Bett gefesselten alten Mutter erträgt oder die eines gleichaltrigen Mannes, der ein ausgefeiltes Instrumentarium besitzt, um seine Frau zu demütigen.

Katia hatte ihre Fähigkeiten überschätzt und wurde in der Beziehung tief verletzt, fand aber keinen Weg heraus. Doch dies sollte nicht so bleiben. Die therapeutische Arbeit führte zu einem positiveren Selbstbild, sodass Katia sich der seelischen Grausamkeiten ihres Mannes bewusst wurde. Sie hat sich seitdem mehr Autonomie erobert, hat sich einen Freundeskreis geschaffen und geht wieder ihren Interessen wie Kino und Lesen nach. Schließlich schaffte sie es, sich von ihm zu trennen.

Fallen für die Partnerin

Was ist eine »Falle«?

»Ich bin traurig, weil ich wieder auf einen seiner Tricks hereingefallen bin und er das zugelassen hat«, meint Olimpia in einer Sitzung nach einer der unzähligen Auseinandersetzungen mit ihrem Partner.

Im Folgenden möchte ich Ihnen die häufigsten Fehler vorstellen, die Frauen im Umgang mit dem Narzissten machen. Nachdem wir unsere Aufmerksamkeit bislang vor allem auf die Herren der Schöpfung gerichtet haben, wenden wir sie nun den Frauen zu. Letztlich ist diese Aufsplittung künstlich, denn schließlich gehören zum Tanz der Geschlechter zwei. Wie dieser Tanz ausfällt, hängt von der Biographie und der Persönlichkeit der Tänzer ab.

Warum aber spreche ich überhaupt von »Fallen«? Weil es gleichsam um die »unvorhergesehenen Stürze« im Beziehungsspiel geht: Jeder der beiden Partner handelt in gutem Glauben, meistens jedenfalls, und stellt an sich und den anderen Forderungen, die er für berechtigt und erfüllbar hält. Gleichzeitig aber vertraut er weder sich noch dem Partner und schon gar nicht der Beziehung als solcher. Doch in der Liebe gibt es keine Sieger und Verlierer: Entweder gewinnen beide – oder beide verlieren.

Das Anlegen von Fallgruben ist kein vorsätzlicher Akt, der sich gegen den anderen richtet, sondern etwas, was sich aus der Beziehung ergibt: Der Narzisst folgt seinem Drehbuch, er versucht, etwas für sich zu tun, um nicht unglücklich zu sein oder zumindest so wenig wie möglich, um sich nicht überrannt zu fühlen oder das Angstniveau niedrig zu halten. Dieses Verhalten verschafft auch dem anderen gewisse Vorteile, weil er ja von dessen Liebe abhängig zu sein glaubt. Wenn die Angst vor der unbewussten Macht des Partners jedoch zu stark wird oder er sich besonders schwach und verwundbar fühlt, werden seine unausgesprochenen Forderungen immer mehr. Er stellt die Beziehung auf die Probe, zieht sich zurück und interpretiert alles, was passiert, aus seiner verzerrten Optik. Dieses offen oder verdeckt an den Tag gelegte Verhalten drängt den anderen in eine Position, in der er reagieren muss. Auf diese Weise kommt es zu Interaktionsmustern – Aktion und Reaktion –, die sehr anstrengend sind und die wechselseitige Anpassung erschweren, mitunter sogar »pathologische« Züge tragen.

Jeder der beiden hat natürlich die Freiheit, sich auf dieses Spiel nicht einzulassen und sich Freiräume vorzubehalten, in denen er unabhängig von den Mustern agieren kann, welche die Beziehungsdynamik ihm auferlegt: »Ich habe einfach verstanden, dass es ein Fehler wäre, wenn ich so reagierte, wie er es von mir erwartet und wie die Situation es zu erfordern scheint.« Jeder hat die Wahl, ob er das Spiel mitspielt. Doch um das zu begreifen, ist es nötig, die Verantwortung für den eigenen Part in der Beziehung zu übernehmen und nicht alle Schuld an den Problemen dem anderen zuzuweisen.

Wenn wir aber in die Falle gehen, dann geschieht das meist unbewusst: Auf rein rationaler Ebene lässt sich dies nicht umgehen. Das Gute daran ist: Wenn wir das

Spiel der Liebe aufmerksam beobachten, werden wir feststellen, dass es von dem angeführt wird, der aktiver ist und bereit, etwas zu investieren. Immer wenn einer auf ein positives oder negatives Ereignis (Kompliment, Geschenk, Streit, Kritik, Rückzug) auf eine bestimmte Weise reagiert (Wertschätzung, Glück, Dankbarkeit, Rückzug, Wut, Verrat), kann er sicher sein, dass der andere diese Reaktion aufnimmt und sie vervielfacht. Dies lässt den Schluss zu, dass die Fallen zu Entwicklungsanstößen werden können, wenn man ihnen mit einer gewissen Bewusstheit begegnet. Der Weg allerdings dürfte weitgehend bergauf führen. Man kann aus einem Teufelskreis durchaus einen »Himmelskreis« machen. Allerdings gelingt dies nicht in allen Fällen.

Welche Fallen gibt es?

Alle Rollen spielen wollen

Olimpia war zu Beginn ihrer Beziehung das »Weib«, die Geliebte. Mit der Zeit nahm sie die Rolle der Berufsberaterin an, dann die der Sekretärin, der Krankenschwester ... durchweg Positionen, die sie aus der Beziehung hinauskatapultieren, die sie als Helferin erscheinen lassen und Furio als den von ihr Abhängigen. Rollen, in denen sie keineswegs ihr besseres Ich lebt, ihr amüsantes, spitzbübisches, grenzüberschreitendes, sinnliches Ich. In diesem Rollenspiel wird die Paarbeziehung asymmetrisch: Er ist kein Kind, sie nicht die einzige Erwachsene in der Beziehung.

Direktaufnahme
Olimpia an Furio: »Ich habe das Gefühl, genug für dich zu tun – ich organisiere unser gesamtes Leben, ich rede mit dir über deine Arbeit, ich halte den Kontakt zu unseren wichtigsten Freunden. Ich passe mich an deinen Zeitplan an, an deine Entscheidungen, dein Programm, meist auch an deine Wünsche. Ich höre dir zu und bin meistens für dich da. Meine Gedanken bleiben außen vor.
›Dann sag eben, was du denkst‹, wirst du mir jetzt antworten.
Ich meine dazu: ›Mir scheint, dass dafür kein Raum ist.‹
All das tue ich gern und habe ich gern getan. Meist hatte ich viel Spaß und habe dabei viel Schönes bekommen.«

Auf diese Weise verbleibt sie in der Position der Sekretärin bzw. Pflegerin, die andere Möglichkeiten gar nicht zulässt. Furio seinerseits ist in der Rolle dessen gefangen, der sich pflegen lässt.

Die Mutterrolle

Genauso riskant ist es, dem eigenen Mutterinstinkt zu viel Raum zu lassen und den Partner als bedürftigen Sohn zu betrachten, um den man sich kümmern muss, den man von ganzem Herzen liebt und den man mit all seinen Fehlern einfach akzeptiert. Gerade diese Haltung bringt den Narzissten auf, weil er sich frei fühlen will und – zu Recht – die Tatsache nicht besonders schätzt, dass man ihn wie ein Kleinkind behandelt. Folglich reagiert er passiv und provokant. Für den Narzissten die Mama zu spielen bedeutet real meist, dass man sich selbst mit den paar Brosamen zufriedengeben muss, die dabei abfallen. Das ist an sich schon ein gefährlicher Weg, der den Charakter einer Strafmission annehmen kann. Tatsächlich hat es wenig Sinn, jemandem Friede, Freude, Eierkuchen geben zu wollen, der die Unruhe zu seinem Lebenselixier gemacht hat.

Direktaufnahme

»Vielleicht bin ich ja mit ihm zusammen, weil die schönste Zeit meines Lebens ebenjene war, in der mein Kind noch klein war. Diese Beziehung habe ich mit diesem durch und durch primitiven Mann wiederholt. Er war der kleine Junge: Er hat sich benommen wie ein Kleinkind, das die Mutter immer in der Nähe wissen will. Er will, dass ich im Haus bin, wenn er schläft. Er will, dass ich mich nach seinem Zeitplan richte, nach seinen Wünschen. Seine Bedürfnisse liegen so klar auf der Hand wie seine Ambivalenz mir gegenüber.

Andererseits ist sein Bedürfnis nach Liebe so groß, dass ich mich in null Komma nichts in der Rolle der nährenden Mutter wiederfand. Ich gebe ihm Sicherheit, habe keine eigenen Bedürfnisse, habe nur ihn im Blick, bin nur auf ihn konzentriert. Meine Vorstellung dabei ist, dass ich seine Seele berühre, indem ich ihm vollstes Verständnis entgegenbringe: Ich höre ihm zu, schenke ihm Zärtlichkeit, verstehe ihn, verwöhne ihn. Doch am wichtigsten ist das Zuhören.

Mein Herz war voller Liebe, und ich hatte Angst, dieser großen Aufgabe nicht gewachsen zu sein. Doch seine Bedürfnisse, die Aufmerksamkeit, die ich ihm entgegenbringen musste, haben mir jede Ängstlichkeit genommen: Mich um ihn zu kümmern war die einzige Möglichkeit, die ich fand, um ihm näherzukommen. Wenn er mich braucht, muss ich da sein.«

Ihn nackt sehen

Der Narzisst wird so richtig sauer, wenn die Frau ihn »nackt sieht«, wenn sie also sein psychologisches Strickmuster durchschaut und ihn deshalb für vorhersagbar hält. Damit verliert sie jede Hoffnung auf eine andere Wirklichkeit. Wie wir bereits gesehen haben, ist für den Narzissten die »Komplizenschaft« der entscheidende Punkt in der Partnerschaft. Er will mit der Partnerin im Gleichklang schwingen, mit ihr Emotionen, Begeisterung und Hoffnungen teilen. Möglicherweise tritt das Erhoffte nicht ein. Vielleicht ist er gerade jetzt nicht in der Lage, das umzusetzen, was er sich selbst versprochen hat. Doch die Partnerin muss an eine Zukunft glauben, in der all die schönen Dinge eintreten, die die beiden für sich erträumt haben.

Einige Frauen messen dem Verhalten des Partners eine so hohe emotionale Bedeutung bei, dass sie rund um ihn eine Theorie spinnen, meist eine negative. Sie haben sich mit den Tatsachen abgefunden und erwarten von der Beziehung nichts mehr: Sie haben dem Mann das Etikett »gefühlsarm«, »kalt«, »bösartig« oder »nicht verliebt« aufgedrückt. Doch in dem Augenblick, in dem die Frau die eigenen Erwartungen herunterschraubt und keine Hoffnung mehr investiert, tötet sie alle Entwicklungschancen in der Beziehung ab. Auf diese Weise lähmt sie auch den Partner, der – hypersensibel wie alle Narzissten – sich gleichsam unbewusst dem Bild anpasst, das die Partnerin sich von ihm macht. Dann hört auch er auf, in die Partnerschaft zu investieren.

Damit aber geht den beiden das Verbindende verloren. Der Spiegel wirft keinen Glanz mehr zurück: »Du sorgst immer dafür, dass ich mich dir gegenüber schuldig fühlen muss.« Dabei wäre es schön, wenn man sich zum Fan dieses so sensiblen Geschöpfs entwickeln könnte. Wenn man ihr Spiel mitspielt, können Narzissten einem schrecklich wehtun. Doch wenn man ihre Möglichkeiten sieht und sich von ihren negativen Stimmungen nicht allzu sehr beeinträchtigen lässt, werden unglaubliche Schätze sichtbar. Der Alltag mit ihnen kann sich als anstrengend, ja, schwierig herausstellen, doch kann aus der Beziehung zu ihnen ein wahrhaft tiefes Band entstehen.

Bestätigung suchen

Viele Frauen suchen Liebe und Anerkennung für das, was sie geben. Sie haben das Gefühl, in einer solch schwierigen Beziehung wirklich etwas Besonderes zu leisten. Doch auf die Anerkennung eines Narzissten können Sie lange warten. Er schätzt es, wenn man etwas für ihn tut, es ist ihm auch durchaus bewusst, doch er wird seine Dankbarkeit nie äußern. Er schenkt schon in den Augenblicken der Liebe keine Sicherheit. Wie viel weniger kann er dann einer unsicheren Frau Bestätigung geben? Seine schlechte Laune, das emotional nicht ganz einfache Leben mit ihm, die ständige Kritik, die Abwertung von seiner Seite sorgen dafür, dass die Partnerin unsicher wird. Dieses Gefühl nimmt im Lauf der Beziehung noch zu.

Trotzdem ist es von entscheidender Bedeutung, dass man die eigene Wertschätzung und das eigene Dasein nicht vom narzisstischen Partner abhängig macht. Und dass man von ihm keine Bestätigung im Hinblick auf die aktuelle Beziehung fordert, denn dies erschwert das Verhältnis. Es nimmt ihm die Leichtigkeit und Offenheit, die der Narzisst zu brauchen scheint.

Direktaufnahme
Olimpia über den Beginn ihrer Beziehung mit Furio: »Ich habe von der langen Zeit gesprochen, die wir uns nicht wiedersehen würden – das Wiedersehen war für Ostern geplant –, und sage scherzhaft: ›Wenn wir uns dann wiedersehen, wirst du mir deine neue Verlobte vorstellen und ich dir meinen neuen Liebhaber.‹ Vielleicht hoffte ich ja, dass er sagen würde, ich sei doch seine Verlobte, er liebe mich, begehre mich, wolle nur mich ... Ich weiß ja, dass das falsch war ...

Er wurde schrecklich wütend. Er meinte, ich sei doch kein Marsmensch. Ich bräuchte eben jemanden, der mich liebt, der mir ständig Bestätigung und Zärtlichkeit gibt. Er aber könne das nicht, er könne mir nicht mehr geben, als er mir ohnehin schon gebe, er wisse, dass dies nicht viel sei, aber mehr sei einfach nicht drin.«

Olimpia merkt bald, dass sie sehr empfindlich wird, sehr verwundbar, weil sie sich den Stimmungen Furios anzupassen versucht, statt bei sich zu bleiben. Sie berichtet, dass der absolute Mangel an Bekenntnissen zur Beziehung sie mitunter ängstlich werden lässt, wobei sie ihrerseits viel gebe. Tatsächlich gibt sie umso mehr, je weniger sie bekommt, in der Hoffnung, er würde darauf positiv reagieren. Doch ebendiese empfindliche, unsichere Haltung treibt Furio in die Flucht.

Welche Fallen gibt es?

Direktaufnahme
Olimpia: »In dieser Beziehung habe ich mich nie sicher gefühlt. Sie macht mich nervös. Ich habe dauernd das Gefühl, dass sie entzweigehen könne. Mir ist schon klar, dass ich ihn mehr kritisiert habe, als ihn so anzunehmen, wie er ist. Als Partnerin nehme ich mir das Recht heraus, die Beziehung zu verhandeln, ohne sie infrage zu stellen. (Und sein Sabotageverhalten?) Und mich trifft die allerschlimmste Schuld: Ich wollte von ihm ein klares, ausgesprochenes Bekenntnis zu unserer Beziehung. (Ich weiß, dass er das hasst.) Ich wollte hören, dass er mich liebt, dass er mit mir zusammenbleiben will.

Natürlich hätte ich diese Bestätigung auch aus der Tatsache ziehen können, dass wir ständig miteinander telefoniert haben, dass wir uns sahen, dass er jeden Tag nach Hause kam. Ich hätte Geduld haben und in seiner Seele lesen können. Vielleicht hätte ich seinen heimlichen Wunsch nach Flucht ignorieren sollen, auch sein Sabotageverhalten? Ich hätte sie vielleicht nicht als Provokation sehen, nicht jedes Mal darauf reagieren, mich nicht immer abgelehnt und beleidigt fühlen sollen. Gut, dazu war ich nicht fähig. Ich hätte weniger empfindlich sein können, hätte nicht mit Röntgenaugen jede seiner Botschaften durchleuchten sollen. Ich hätte mich weniger auf ihn ausrichten sollen, auf seine Stimmungen, auf jeden Hauch einer Veränderung. Ein wenig mehr Distanz, Ironie, Autonomie hätten nicht geschadet. Ich hätte mich mehr auf mich selbst konzentrieren sollen ... dann hätte ich spielen, hätte selbst etwas riskieren können.«

Sich verlieren

Einige Frauen geben in der Beziehung zum Narzissten ihr gesamtes Eigenleben auf: Sie haben ihr ganzes Dasein auf die Beziehung abgestellt und führen eine so traditionelle Bindung, dass ihre Großmutter sich im Grabe umdrehen würde (da sie von ihrem Ehemann durchaus Respekt und Aufmerksamkeit einzufordern wusste). Auch diese totale Selbstaufgabe in der Beziehung löst bei den Frauen Unsicherheit und das Gefühl aus, sich selbst verloren zu haben.

Direktaufnahme
»Ich bin nicht mehr ich selbst. Ich habe ihm alles überlassen und mich dabei verloren. Wenn ich mit ihm zusammen bin, habe ich das Gefühl zu ersticken. Ich treffe mich nicht mehr mit meinen Freundinnen. In meinem Leben gibt es nur noch Arbeit und ihn. Ich habe kaum noch Zeit für all das, was mir Spaß macht. Ich fühle mich so verunsichert, so schwach. Ich bin dem Wunsch, von ihm geliebt zu werden, hilflos ausgeliefert ... Wenn er mich nicht liebt, kann ich nicht glücklich sein. Zumindest fühle ich mich so.«

Schuldgefühle haben, sich als Opfer betrachten, sich kleinmachen

Die Partnerinnen treten häufig in einen Teufelskreis aus Schuldgefühlen und »Reparationsleistungen« ein. Sie leiden und machen sich Vorwürfe, dass sie die Beziehung nicht zum Laufen bringen. (Dabei ist es vielleicht nur *diese* Beziehung, die sich als unmöglich erweist.) Noch schlimmer: Sie neigen dazu, den anderen als grausamen Verfolger zu sehen, der sie zum Opfer macht: »Wir fahren nicht weg. Wir gehen nicht gemeinsam essen. Wir machen nie was Lustiges ...« Diese Frauen haben sich selbst ein Monster geschaffen, von dem sie gejagt werden.

Direktaufnahme
Olimpia gegen Ende der Beziehung mit Furio: »Meine Opferhaltung, die Sicherheit, dass ich recht habe, das Gefühl, ungerechterweise schwer verletzt worden zu sein, führen dazu, dass ich ihn ständig kritisiere. Ich versuche erst gar nicht, seinen Standpunkt zu verstehen. Ich schere aus der Beziehung aus und kritisiere ihn. Ich fühle mich als Opfer und suche dafür Bestätigung bei meinen Freunden, damit in meinem Kopf alles wieder aufgeht: Sieh nur, Welt, wie böse er zu mir ist! Er ist schlecht drauf, statt sich zu freuen, dass er mich sieht. Er verehrt mich nicht mehr und gibt sich keine Mühe, mich zu unterhalten! Statt mit mir zu sprechen, fällt er wie ein Sack aufs Sofa und bleibt dort passiv liegen.

Ich Ärmste! War ich immer schon so? Aus dieser Beziehung ist schnell ein Schlachtfeld geworden: ich, die ich stur an die Möglichkeiten der Zweierbeziehung glauben wollte, er, der sich erlaubte, sie infrage zu stellen. (Ich war ja da und hielt daran fest.) Diese Rollen haben wir stereotyp ständig wiederholt, obwohl sie uns immer unbequemer wurden und uns daran hinderten, uns wirklich zu begegnen.«

Wütend werden, kritisieren, den Narzissten infrage stellen

Das, was sie von ihrem Partner nicht bekommen, was er versprochen, aber nicht gehalten hat, macht Frauen meist wütend. Auch die Hindernisse, die er immer wieder aufbaut, das Schweigen, der Rückzug, mit dem er zumindest droht, lösen bei ihr Zorn aus. Dann empfindet sie ihren Partner als Feind und zieht gegen ihn in den Krieg, weil sie glaubt, sich verteidigen zu müssen.

Direktaufnahme
»Es stimmt schon. Ich merke ja selbst, dass ich gelegentlich wahre Granaten abfeuere. Ich glaube, ich habe zu viel hinuntergeschluckt. Ich kann einfach nicht mehr. Ich provoziere ihn, ich sabotiere ihn. Doch auch er nimmt mich häufig als Feindin wahr. Leider können wir darüber nicht gemeinsam lachen! Dann fange ich an zu streiten, damit er mich von meiner Negativität erlöst.«

Direktaufnahme
Olimpia: »Es ist enorm wichtig, dass ich ihn nicht kritisiere, nicht einmal in Gedanken, denn sogar das merkt er! Er spürt, dass ich ihm ambivalent gegenüberstehe, und reagiert dann ebenso zweideutig. Er ist wie ein Radar. Wenn ich ihn als Feind empfinde und er es merkt, wird er sofort zum erbarmungslosen Gegner. Dann führt er Krieg mit mir, behindert jede meiner Unternehmungen und versucht, mich niederzumachen.«

Ich habe Frauen zugehört, die ihren Partner vor ihren Freundinnen hemmungslos kritisieren und über all seine Fehler reden: Sie ziehen über ihn her und verraten die Loyalität gegenüber ihrem sensiblen Partner ohne Bedenken. Doch der Partner merkt das und rächt sich, oder er zieht sich in seinen Elfenbeinturm zurück.

Den Narzissten bestrafen

Mitunter wünschen die Frauen sich mehr Aufmerksamkeit von ihrem narzisstischen Partner, doch es gelingt ihnen nicht, ihn dazu zu bewegen. Dann sehen sie sich das Ganze eine Zeit lang an, schließlich aber werden sie wütend und versuchen, Narziss zu bestrafen. Sie möchten ihn erziehen wie einen Sohn, doch das funktioniert nun mal nicht.

Direktaufnahme

»Ich möchte ihn bestrafen, weil er mir so wehgetan hat. Ich möchte mich aus dieser Beziehung verabschieden. Nicht, weil ich ihn nicht lieben würde, sondern um mich zu rächen und ihn leiden zu sehen. Ich möchte, dass er Angst bekommt, mich zu verlieren, dass er merkt, wie sehr er mich liebt und wie viel ich ihm wert bin. Er ist viel aufmerksamer zu mir, wenn er spürt, dass ich wegwill. Ich müsste das viel öfter machen, doch dann lässt er wieder anklingen, dass er sich zurückziehen könnte, oder er tut es tatsächlich.«

Nachdem die Partnerin viel hingenommen hat, packt sie der Zorn. Dann versucht sie, es dem Partner heimzuzahlen, weil sie einfach nicht mehr kann.

Direktaufnahme
»Ich sage ihm so richtig die Meinung. Schreckliche Sachen, auch solche, die ich gar nicht denke. Er legt natürlich meine Worte auf die Goldwaage, denkt über alles nach und wirft mir das noch nach Monaten vor.«

Oder: »Ich habe ihn betrogen, weil ich das Gefühl hatte, er liebt mich nicht mehr. Ich habe einen tollen Nachmittag mit einem liebevollen, leidenschaftlichen Mann verbracht. Es war super! Ich bin so zufrieden aus seinem Bett gestiegen, wie ich es schon lange nicht mehr war. Es wäre toll, wenn ich mich hin und wieder rächen könnte, ohne dass er es erfährt! Ob er es merkt? Immerhin ist er ziemlich sensibel. Theoretisch würde sich ja nichts ändern. Er rechtfertigt seine Gedankenlosigkeiten ohnehin immer damit, dass ich ihn mit Sicherheit betrüge.«

Ihn ändern wollen

Meine Freundin Stella, die sich blendend auf Narzissten jeglicher Couleur versteht, erklärte mir eines Tages, dass einen Narzissten ändern zu wollen sei, als gehe man in einen Eisenwarenladen, um Milch zu kaufen. Wir werden keine bekommen, und wenn wir noch so viel bitten und betteln. Wir werden mit leeren Händen dastehen, auch wenn wir zornig werden und noch so entschieden auftreten.

Auch der Narzisst kann uns nicht mit der Milch der Zufriedenheit versorgen: Wenn wir mit ihm zusammen sind, werden wir viel lernen, aber nach Hause tragen können wir davon nur wenig oder gar nichts.

Direktaufnahme
»Während der Ferien, als er den Kopf wirklich ganz woanders hatte, habe ich mich entspannt. Ich habe mich umgesehen, dann noch ein paar Tage mit ihm verbracht. Wenn er seinen Obliegenheiten nachging, habe ich gelesen und gewartet, bis er wieder zurückkam.

Ich hätte gewollt, dass er mich verwöhnt und mir Zuwendung schenkt, aber ich weiß, dass er das nicht kann. Auf Kommando schon gar nicht. Ich habe nie aufgehört zu hoffen, dass er sich eines Tages ändern würde und wieder anfinge, mich zu umwerben wie zu Beginn der Beziehung, dass er mich verstehen würde und mir wieder näherkäme.

Ich habe versucht, ihn so zu akzeptieren, wie er ist: Ich bin allein einkaufen gegangen, allein ins Café, allein an den Strand, um mit den Möwen Zwiegespräche zu führen. Ich möchte, dass er anders ist. Manchmal bin ich deshalb schlecht gelaunt, traurig ... Am Ende hat er mir vorgeworfen, ihn zu vernachlässigen ... Es ist schon komisch!«

Und: »Ich habe immer gehofft, dass er mal einsehen würde, wie sehr er mich hat leiden lassen, als er mir gegenüber so gleichgültig wurde. Daher bin ich immer um ihn herumgetänzelt und habe ihm den Hof gemacht wie am ersten Tag. Ich wollte ihm zeigen, dass er mein Märchenprinz ist. Sinnlos? Ich hoffe, nicht.«

Sein Verhalten herausfordern

»Ich schaffe es, mit ihm zusammenzubleiben. Ich werde dort Erfolg haben, wo die anderen gescheitert sind. Ich werde ihn behalten.« Viele Frauen bleiben in einer für sie frustrierenden Beziehung zu einem narzisstischen Mann, weil sie in Wettbewerb mich sich selbst und mit den früheren Partnerinnen des Narzissten (vielleicht mit allen Frauen der Welt) treten. Und natürlich mit ihm selbst. Diese Frauen möchten sich eine Medaille ans Revers heften. Dafür nehmen sie jedes Opfer hin: Sie wollen bei diesem Mann bleiben.

Sie nehmen sich das Recht, ihn bei sich zu behalten. Dabei haben sie nicht die geringste Vorstellung, was ein Machtspiel wie dieses sie kosten kann. Es bringt meist mehr, mit Narzissten zu teilen, was es an Schönem gibt – vor allem ihre Gesellschaft –, und an einem bestimmten Punkt zu gehen. In der Paartherapie habe ich zwischen zwei narzisstischen Partnern schon wahre Gladiatorenkämpfe mit tödlichem Ausgang[1] erlebt: ein Kampf bis auf den letzten Blutstropfen, bei dem beide behaupteten, sich des Machtkampfs aus Provokation, Ambivalenz und abwertenden Äußerungen nicht bewusst zu sein.

Dieser Krieg wird mit scheinbar schwachen Mitteln geführt, steckt aber in Wirklichkeit voller Gewalt: »Er hat meine Art, mich selbst zu sehen, vollkommen kaputt gemacht. Ich habe in unserem Kampf dafür gesorgt, dass er allen unsympathisch wurde. Ich habe schlecht von ihm gesprochen und seine Bosheiten und Achtlosigkeiten überall herumerzählt.«

Dem Narzissten die Verantwortung für das eigene Glück (und nicht nur dafür) übertragen

Einige Frauen delegieren die Verantwortung für das eigene Glück an andere: In diesem Fall werden sie von diesen Menschen abhängig oder co-abhängig[2]. Sie achten also mehr auf den anderen als auf sich selbst.

Direktaufnahme

»Ich habe ihm meinen Namen überantwortet, ich stehe ganz unter seiner Fuchtel. Jede Stimmungsänderung, jede Bereitschaft zum Kontakt wird von mir sofort wahrgenommen, ich reagiere auch unmittelbar darauf. Ich muss mich wieder zurückholen, sonst tue ich mir nur selbst weh.

Wenn er wüsste, wie sehr er mich in der Hand hat, wäre er sauer. Wenn es ihm gut geht, geht es auch mir gut. Wenn er schlechter Laune oder angespannt ist, dann kann auch ich mich nicht entspannen. Wenn er aber meine Nähe sucht, mein Einverständnis, fühle ich mich glücklich und stark. Dann liegt mir quasi die Welt zu Füßen. Wenn nicht, dann werde ich traurig. Sein Wohlergehen ist mir wichtiger als meines ...«

Immer wenn der Narzisst provoziert und seine Partnerin sich danach niedergeschmettert zeigt, wird ihm klar, dass Gedanken verwunden können und er diese zerstörerische Macht besitzt: Dies erschreckt ihn, sodass er die Beziehung potenziell als gefährlich erlebt. Falls die Frau es aber schafft, sich von ihm nicht verletzen zu lassen und nicht auf jeden seiner Schachzüge zu reagieren, macht seine eigene Destruktivität ihm weniger Angst. Dann bleibt der Beziehung eine gewisse Leichtigkeit. Wenn er zu streiten anfängt, muss die Partnerin ja nicht mitstreiten.

Direktaufnahme

»Ohne ihn fühle ich mich halb. Ich habe das Gefühl, den einzig interessanten und wichtigen Mann meines Lebens verloren zu haben. Niemand sonst scheint so wunderbar, angenehm, verrückt, geistvoll, anregend, mit einem Wort: einfach ›anders‹, zu sein ... Wahrscheinlich werde ich auf immer und ewig allein bleiben, weil ich an keinen anderen Mann mehr denken kann, ohne ihn mit Narziss zu vergleichen.«

Wie man die Fallen umgeht: Positive Strategien

Wie wir bereits im Kapitel über die Partnerinnen des Narzissten erfahren haben, kann eine Beziehung zu einem schwierigen Mann für die Frau eine Gelegenheit darstellen, sich persönlich zu entwickeln und sich selbst auf die Probe zu stellen, indem sie ihre eigene Bewusstheit steigert. Die Frauen des Narzissten haben vielerlei Gelegenheit, mehr oder weniger bewusst an sich zu arbeiten. Auch dies schenkt ihnen Kraft.

Die folgenden Strategien können Ihnen in einer Beziehung mit einem schwierigen Partner von Nutzen sein.

Das Schöne bewusst wahrnehmen

Es gibt Frauen, die die irrationale Liebe des Narzissten genießen können, der sich sehr selten als vorhersehbar oder langweilig erweist. Sie bekommen es mit einer ordentlichen Dosis an Überraschungsmomenten zu tun und lassen sich von ihrem Partner faszinieren. (»Er ist wie ein junger Gott, der mich meine barbarischen Seiten spüren lässt.« Oder: »Er hat eine präverbale weibliche Seite, die mich immer wieder fasziniert und in Erstaunen versetzt.« – »Seine Energie und seine Neugierde stecken mich an. Das Leben bringt Tag für Tag etwas Neues, wenn ich mich auf ihn einlasse, amüsieren wir uns wie verrückt.«)

Wie das Leben so spielt

Rossana ist in ihren Freund total verknallt. Sie hält ihn für klug, ungeheuer tüchtig, mit einer spielerisch-leichten Energie. Sie liebt das Verrückte, ein wenig Wilde an ihm, aber auch seine klugen Seiten, wo er sich zu Reflexion und Tiefe fähig zeigt. Gerade diese Doppelgesichtigkeit ihres Liebsten ist es, die sie fasziniert: Stärke und Schwäche, der Weise und der Knabe, Eitelkeit und Nachlässigkeit, die Energie des Intellekts neben seiner Abgründigkeit, ausgelassene Heiterkeit neben düsterster Verschlossenheit, Ruhe und Bewegung.

Dieser Mann zeigt ihr unbekannte Seiten ihrer selbst auf, Tag für Tag, im Guten wie im Bösen: Unter Lachen oder unter Tränen entdeckte Rossana an sich Neues, konnte ihre irrationalen Seiten erforschen, erfuhr Ungeahntes über sich und ließ ihr Unbewusstes ans Licht treten.

Sie hat eine Therapie begonnen, nur um dieser Liebesreise gewachsen zu sein. Wenn er keine Lust hat, sie zu sehen, kümmert sie sich um ihren Garten. Verabschiedet er sich für eine gewisse Zeit von ihr, tut sie, was ihr Spaß macht. Doch sie harrt voller Sehnsucht darauf, dass er wiederkommt und ihr all die wunderbaren Dinge erzählt, die ihm passiert sind. Eifersucht? Rossana verschließt sie in einer Truhe und denkt einfach nicht mehr daran. Das hat sie geschafft.

Wie man das herbeiführt, was man sich wünscht

»Ein Mann klopft an die Pforte seiner Geliebten. Eine Stimme antwortet ihm: ›Wer ist da?‹ Er antwortet: ›Ich bin es.‹ Die Stimme gibt zurück: ›Für dich und mich ist hier kein Platz.‹ Und die Pforte bleibt verschlossen.

Nach einem in Einsamkeit verbrachten Jahr kehrt er zurück und klopft erneut. Eine Stimme aus dem Innern des Hauses antwortet ihm: ›Wer ist da?‹ Er sagt: ›Du.‹ Und die Pforte öffnet sich.«

Jalaluddin Rumi, Die Behandlung

Diese Geschichte erinnert uns daran, dass Frauen die Macht haben, nein zu sagen, die Pforte geschlossen zu lassen und das herbeizuführen, was sie sich wirklich wünschen. Manchmal sind es gerade die Frauen, die die Beziehung ruinieren, weil sie, statt sich ihren Wert bewusst zu machen und zu formulieren, was sie sich wünschen, sich gleichsam als Zuschauer der Liebesbeziehung betrachten und ständig etwas vom anderen erwarten. Sie beklagen sich, werden wütend, lösen Spannungen aus und beurteilen im Nachhinein, was gut und was schlecht ist, statt in positiver Weise aktiv zu werden. Sie machen sich die Hände nicht schmutzig, geben sich keine Mühe, übernehmen keine Verantwortung für die Beziehung oder kritisieren sie offen. Sie lassen keine Gelegenheit verstreichen, um auf all das hinzuweisen, was nicht funktioniert. Sie meckern, suchen nach Fehlern, die sie dem anderen vorwerfen können, und richten sich nur nach ihrem eigenen Zeitplan, statt einen Rhythmus für die Beziehung zu suchen. Doch man kann auch, ohne Forderungen zu stellen, eine Atmosphäre schaffen, in der sich die eigenen Wünsche verwirklichen können.

Rossana hat als Partnerin ihres Liebsten gelernt, um etwas zu bitten: Wenn er sich auf die Fahnen schreibt, nur das zu tun, wozu er wirklich Lust hat – was sollte sie daran hindern, das Gleiche zu tun ...? Allmählich lernte sie, nicht alles zu machen, was er von ihr will: Wenn ihr Narziss so sehr an seiner Freiheit hing, warum sollte sie dann nicht dieselbe Freiheit für sich reklamieren? Wenn er sie sehen will, obwohl sie müde ist, warum sollte sie dann nicht dasselbe Recht haben, ihn nur zu sehen, wenn auch sie es möchte?

Sie setzt sich damit nicht immer durch, was sie aber keineswegs zur Verzweiflung treibt. Zumindest schafft sie es, das zu schätzen, was sie bekommt, und das Zusammensein mit ihrem Partner zu genießen. Manchmal, wenn sie ihn sehen will, organisiert sie etwas, von dem sie weiß, dass es ihm Spaß macht. Sie ruft ihn an und unterbreitet ihm einen dementsprechenden Vorschlag. Sie hat gelernt, mit einem Nein umzugehen, vor allem aber hat sie gelernt, ihre Partnerschaft nicht als etwas Festes, Stabiles zu betrachten, dessen Grenzen von vornherein festliegen. Sie geht mit ihrer Beziehung stets so um, als wäre es der erste Tag, den die beiden gemeinsam verbringen.

Direktaufnahme

Olimpia: »Ich muss aufhören, mich ständig hinter seinem miesen Charakter zu verstecken, in Deckung zu gehen, nichts zu riskieren. Auch ich möchte versuchen, das zu erreichen, was ich mir wünsche. Ich bin verliebt, voller Energie. Ich bin eine erfolgreiche Frau, habe das Glück auf meiner Seite. Ich könnte doch zumindest versuchen, noch einmal von vorn anzufangen. Vielleicht kann ich Furio ja nochmals verführen, ihn neugierig machen. Vielleicht auch nicht. Auch dann trüge daran keiner Schuld. Wir sollten einfach sehen, was passiert.«

Die eigene Unabhängigkeit leben

Eine wirkungsvolle Strategie für all jene Frauen, die sich wirklich auf die Beziehung zu einem Narzissten einlassen wollen, ist die Aufrechterhaltung autonomer persönlicher Bereiche. Das bedeutet nicht, dass man von nun an alles allein machen und die Beziehung vernachlässigen muss, sondern einfach nur, dass die persönlichen Interessensbereiche gewahrt bleiben. Dies wiederum bedeutet, dass man das, was man als sein Recht betrachtet, auch mit dem anderen bespricht.

Normalerweise lässt der Narzisst Sie spüren, wenn Sie etwas für sich tun: »Du machst nur, was dir Spaß macht. Ich komme in deinen Plänen gar nicht vor.« Außerdem scheint er Frauen zu mögen, die dazu bereit sind, etwas mit ihm zu unternehmen. Doch eine, die von ihm abhängig ist, mag er überhaupt nicht. Es lohnt sich also, die eigenen Wünsche zu entdecken und auszusprechen, mehr Unabhängigkeit zu entwickeln.

Der Narzisst ist fähig, seine eigene Energie zu nutzen und dem anderen aufzudrängen, was er will, ohne auch nur ein Jota von seinen Wünschen abzugehen. Ebendas ist es, was wir von ihm lernen, uns zu eigen machen können, sodass auch wir unabhängig von ihm darauf zurückgreifen können.

Damit dies geschehen kann, müssen wir aber auf die totale Verschmelzung verzichten: Wir müssen aufhören, die Beziehung zu idealisieren, dem Partner stets Bestätigung zu geben und andererseits die Stabilität der

Beziehung nicht zu bezweifeln. So lernen wir, mit dem Partner an einem Strang zu ziehen.

Und das sollte mit einem Narzissten möglich sein? Nicht immer, aber immer öfter. Übersetzt heißt das: manchmal ja, manchmal nein.

Direktaufnahme
Rossana: »Ich habe ihn dazu gebracht, viel allein zu unternehmen, mit Freunden auszugehen, sich den Abend zu organisieren. Ich hatte es einfach satt, immer auf Abruf für ihn bereit zu sein. Und die Abende, an denen wir uns gegenseitig fertigmachten, gingen mir auf die Nerven.

Mich hat diese Umstellung einiges gekostet, denn zu Anfang wollte er, dass wir alles gemeinsam machen. Nun ist es so, dass ich wochentags zu Hause bleibe und er ausgeht, wenn er Lust hat. Das Wochenende gehört dem Partner. Da versuchen wir dann, etwas Tolles zu unternehmen, was uns beiden gefällt. Normalerweise ist er es, der entscheidet, was das sein wird, aber da mache ich gern mit, sodass wir uns gemeinsam wirklich amüsieren.

Natürlich stehe auch ich Ängste aus, dass er eines Abends vielleicht nicht heimkommt, dass er jemanden kennenlernt – und aus. Das möge Gott verhindern! Also musste ich lernen, ihn nicht auszufragen, was er gemacht hatte. Ich musste mit seinen Freiräumen leben lernen, mit all dem, was er nicht sagt. Ich musste lernen, dass es immer einer gewissen Anstrengung bedarf, sich aufeinander einzustellen, wenn man sich sieht. Doch das war die Mühe wert.«

Statt sich also völlig auf den Mann auszurichten und ihn zum Mittelpunkt unseres Lebens zu machen, sollten wir lernen, uns auf uns selbst zu konzentrieren, auf unsere

Bedürfnisse und Wünsche. Das bedeutet nicht, dass die Verbindung zum Partner verloren gehen muss: »Ich fühle mich stark, weil ich diese Abhängigkeit von ihm durchbrochen habe; weil ich ihm nicht mehr erlaube, darüber zu entscheiden, wie es mir geht; weil ich mit ihm gesprochen und mir klargemacht habe, dass ich eine schöne Beziehung will, in der ich mich geliebt fühle, in der man mir Gefühle entgegenbringt. Ich spiele sein Spiel nicht mehr mit. Ich habe keine Angst mehr, wenn er wütend wird, irgendwann hört das auch wieder auf.«

Den Weg der Unabhängigkeit einzuschlagen bedeutet, sich Freiräume im Denken und Handeln zu schaffen und trotzdem im Dialog zu bleiben. Doch natürlich ist eine Beziehung nicht leicht zu führen, in der beide ihr Heim als ihre Burg erleben, in die sie sich zurückziehen können, in der jeder nur allein vor sich hin wurstelt. Der Narzisst erwartet Nähe und Gemeinsamkeit. Er braucht viel Bestätigung und eine enge, dauerhafte Beziehung: Das Band zwischen den Partnern darf also nicht abreißen.

Einen Teil des Selbst immer geschützt halten

Es gibt Verhaltensweisen, die wir schon als Kinder lernen sollten. Dazu gehört etwas, was auch in der Beziehung mit dem Narzissten zur Überlebensstrategie werden kann: Wir sollten einen Teil unseres Selbst für uns behalten. Das bedeutet, dass wir den anderen niemals alles geben, sondern immer auch die eine oder andere Schublade verschlossen halten.

Dies können wir auch als Erwachsene noch lernen. Voraussetzung dafür ist eine gewisse Selbstachtung und genug Energie. Wir sollten immer wissen, dass unser Leben in unserer Hand liegt. Das hat mit Egoismus nichts zu tun und auch nicht damit, dass wir etwa nicht teilen könnten. Die Fähigkeit, sich in einer Beziehung wohl zu fühlen, hängt unter anderem davon ab, ob wir es schaffen, uns im anderen nicht zu verlieren, unser inneres Gleichgewicht zu bewahren. Sich auf die eigene Person zu konzentrieren ist dabei eine wichtige Übung: Wir sind nicht von anderen abhängig, auch nicht von unseren eigenen Stimmungen. Wichtig ist, dass wir das, was passiert, und wie wir uns daraufhin fühlen, von unserem Selbst trennen können: »Beim Spazierengehen finde ich wieder zu mir selbst. Ich tanke Energie, höre auf, mich überfahren zu fühlen, und komme mit neuem Schwung nach Hause zurück.«

Verschmelzung in Gemeinsamkeit umwandeln

Beinah hätte ich all jene Frauen vergessen, die mit ihrem Narzissten ganz gut klarkommen: entweder weil sie ihm das Recht, sie zu verletzen, erst gar nicht einräumen, oder weil sie sich der Bindung sicher sein können. Sie haben keine Angst vor dem emotionalen Rückzug und den schlechten Launen des anderen. Natürlich habe ich als Psychotherapeutin eher mit Männern und Frauen zu tun, die in ihrer Beziehung leiden. Daher ist dieses Versäumnis irgendwo auch beruflich bedingt.

Jene Frauen, die aus der Beziehung zu einem Narzissten völlig unbeschadet hervorgehen, haben sich meist auf die Illusion der Verschmelzung und das idealisierte Bild der Beziehung, das der Narzisst entwirft, gar nicht erst eingelassen: Frauen also, die sein Ideal nicht kritiklos akzeptieren. Es ist nämlich durchaus möglich, das Verschmelzungsverlangen überhaupt nicht wahrzunehmen – wenn man in seiner Entwicklung darüber hinaus ist – oder es zu einer komplizenhaften Gemeinsamkeit umzugestalten. Erinnern Sie sich an Elisa und Bice, die glücklich waren, das zu tun, was der Partner von ihnen wollte, die sich in jeder Hinsicht den Wünschen des Mannes anpassen konnten, weil sie sie zu ihren eigenen machten? Auch Rossana amüsiert sich mit ihrem Freund, weil sie es schafft, keinen seiner Vorschläge als gegen sich gerichtet zu betrachten. Für sie ist die Beziehung einfach über alles andere erhaben. Auf diese Weise schafft sie es, immer hinter ihm zu stehen.

Direktaufnahme

Olimpia in einer Einzelsitzung: »Vielleicht wünscht Furio sich eine Verschmelzung, die ich ihm nicht geben kann. Sein Beziehungsmodell entspricht dem meinen überhaupt nicht. Ich habe mit so etwas auch nicht die geringste Erfahrung. Manchmal verlangt er die totale Verschmelzung, als wären wir eine Person mit mehreren Armen und einem riesigen Herzen, im nächsten Moment braucht er seinen Freiraum und will die totale Unabhängigkeit. Vorzugsweise, wenn er sich um seine Arbeit kümmern will. Dann entscheidet er, wann wir uns wiedersehen.

Mein Modell sieht anders aus: Man bleibt immer unabhängig. Man strebt erst gar nicht nach Verschmelzung. Man wird stärker, weil es den anderen gibt, auch wenn er nicht anwesend ist ... Von ihm kommen aber stets einander gegensätzliche Anforderungen, von denen ich mich unter Druck gesetzt fühle: Einerseits will er, dass ich ständig für ihn da bin, dass ich am Tag mehrmals mit ihm telefoniere und jede

Nacht bei ihm verbringe. Andererseits bittet er mich darum, ihm mehr Zeit für sich selbst zu lassen, für seine Musik und seine Malerei. Wenn ich versuche, mich seinen Anforderungen anzupassen, wird er wütend, weil er in diesem Moment gerade etwas anderes erwartete. Was für ein Stress!«

Die eigene Rolle im Beziehungsspiel erkennen

Achtung vor sich selbst, Achtung vor dem anderen, Verantwortung für das eigene Tun: Dies sind die wichtigsten Elemente, die wir in jeder Beziehung parat haben sollten. Um dies in der Partnerschaft mit dem Narzissten umzusetzen, sollten wir über uns selbst nachdenken können, ein klares Bewusstsein davon haben, wie wir gewöhnlich zu reagieren pflegen, wie wir früher reagiert haben usw. ... Wir sollten uns über uns selbst die Wahrheit sagen. Und uns folgende Fragen stellen:

- Inwieweit beeinflussen meine Geschichte, meine Denkgewohnheiten, meine Werte das, was passiert?
- Inwieweit bin ich selbst für das verantwortlich, was jetzt gerade abläuft, ob angenehm oder unangenehm?
- Warum will ich in dieser Beziehung bleiben?
- Was habe ich davon? Was bringt es mir ein, wenn ich bei diesem Menschen bleibe?
- Welche sekundären Vorteile ziehe ich daraus?
- Welche meiner Bedürfnisse werden erfüllt?
- Welche Ängste kann ich durch die Beziehung ausblenden oder angehen?
- Auch wenn mein Partner Fehler gemacht hat, mag er dafür seine Gründe haben: Wie habe ich zum (möglichen) Scheitern dieser Beziehung beigetragen?

- In welcher Hinsicht trägt die Beziehung zu meinem Partner zur Aufrechterhaltung meines Selbstbildes bei? Wie möchte ich gesehen werden? Wie möchte ich mich selbst sehen?
- Was hält mich in unserer Beziehung davon ab, glücklich zu sein?
- Was trägt in unserer Beziehung dazu bei, dass ich glücklich bin?
- Auf welche Weise stützt die Beziehung mich und meine Lebensgeschichte?

So ist es beispielsweise von entscheidender Bedeutung, das Leid, das wir in der Beziehung erleben, von jenem zu trennen, das aus unserer Lebensgeschichte rührt. Das ist schwer auseinanderzudividieren? Durchaus, aber nicht unmöglich.

Nachrichten von der Couch
Olimpia berichtet in der Sitzung, dass Furio für ihr Leben sehr wichtig gewesen sei: Sie sei ihm zu einer Zeit nähergekommen, als sie noch völlig auf Abwehr programmiert gewesen sei, sehr rational, sehr ängstlich. Er aber habe sie wieder in die Welt der Gefühle und Leidenschaften eingeführt. Vielleicht, so meint sie, hätten gerade die vielen Unterbrechungen in ihrer Beziehung dazu beigetragen, dass sie ihm auf diesem Weg gefolgt sei: Immer wenn gerade Schluss war, hatte sie Atempause. Dies wiederum verstärkte in ihr den Wunsch, mit ihm zusammen zu sein. Wenn die Beziehung sich linear und gleichmäßig entwickelt hätte, wäre einer der beiden an einem bestimmten Punkt vielleicht ausgeschert. Eben die vielen Pausen und Zweifel aber hätten dazu beigetragen, dass die Beziehung immer tiefer wurde.

»Mittlerweile sind wir durch eine Bewusstheit, eine Gefühlslage verbunden, die ich niemals für möglich gehalten hätte. Meine Geschichte, der frühe Verlust eines Elternteils, das Gefühl, dass niemand sonst sich um mich kümmerte, haben sicher dazu beigetragen, Furio mitunter von mir fernzuhalten. Ich wurde misstrauisch und ängstlich, blieb immer hinter meinem Schutzwall verborgen. Vielleicht habe ich gerade deshalb seine Wälle eher bemerkt, doch zum Glück ist jeder von uns immer zum anderen zurückgekehrt.«

Innerhalb dieser Beziehung lernte Olimpia, ihre Liebesfähigkeit zu vergrößern, mehr Intensität zuzulassen. Sie ist glücklich, weil sie mit Furio in einen Dialog treten konnte, der ihr erlaubte, ihre eigene Liebesfähigkeit auszuloten. Seitdem hat sie weniger Angst vor Beziehungen. Sie hat Anteile an sich erkundet, die sie nicht kannte: Leichtigkeit, die Fähigkeit, Spannungen auszuhalten, etwas um jeden Preis zu wollen, einem Gefühl gegen jede Einrede des Verstandes zu folgen. Jetzt geht es ihr besser als vor der Beziehung: Sie ist reifer geworden, weiß mehr über sich selbst und ist dem Leben stärker zugewandt.

Überlebensstrategien

»Sag einfach ja.«
Ratschlag einer Freundin

In diesem Kapitel finden Sie einige Überlebenstipps, die auf dem beruhen, was wir bislang herausgefunden haben. Die Strategien sind nicht für die erste Zeit der Verliebtheit gedacht, solange die beiden Partner noch damit beschäftigt sind, einander kennenzulernen. Sie zielen vor allem auf die Zeit danach, die schon weniger prickelnd ist. Für jene Periode also, in der die Beziehung sich in Launen und Missverständnissen zu erschöpfen droht. In der man ohne große Begeisterung einfach weitermacht, in der man mit Kritik umgehen muss, die die Beziehung bedroht.

Von der unterentwickelten Liebesfähigkeit des Narzissten, die von seinem mangelnden Einfühlungsvermögen herrührt, haben wir bereits gehört. Auch von der Unfähigkeit, echtes Interesse am Partner zu entwickeln und mit der Ambivalenz umzugehen, die sich in längerfristigen Beziehungen zwangsläufig einstellt. Darüber hinaus übernimmt der Narzisst nur selten die Verantwortung für seinen eigenen Anteil an auftauchenden Konflikten. Narzisstische Männer neigen dazu, die Partnerin wie ein Objekt zu behandeln, das man ganz nach persönlichem Gusto hervorholt oder in die Ecke stellt. Dabei pendelt der Narzisst ständig zwischen begeisterter

Idealisierung und Abwertung bzw. Langeweile hin und her.

Die Überlebensstrategien,[1] die ich Ihnen hier vorschlage, sind darauf ausgerichtet, Probleme in Lösungen umzuwandeln und dem Paar ein befriedigenderes Zusammenleben zu ermöglichen. Einige der Vorschläge scheinen sich gegenseitig zu widersprechen. Das liegt daran, dass sie auf Situationen zugeschnitten sind, die sich permanent wandeln. Viel hängt also letztlich auch davon ab, wie dosiert man diese Strategien anwendet.

Bewahren Sie sich Ihren Freiraum

Wenn Sie eine Beziehung zu einem Narzissten überleben wollen, müssen Sie sich Ihren Freiraum bewahren. Damit meine ich einen Bereich, den wir Frauen mit niemandem teilen, außer mit uns selbst, was uns ja bekanntermaßen schwerfällt: die Fähigkeit, sich zu zentrieren, ohne sich abzukapseln, sich eigene geistige Bereiche zu erobern, um so ein Gefühl der Zufriedenheit herzustellen und dem Mann keine Macht einzuräumen, um bei sich zu bleiben und nicht zu verwundbar zu werden. Wir sollten uns dem anderen nicht vollständig ausliefern und unser Selbstgefühl nicht vollkommen von der Haltung des Partners zu uns abhängig machen.

Natürlich ist das schwierig, aber wir sollten grundsätzlich versuchen, der Außenwelt nicht zu viel Macht einzuräumen. Den Schuh der Schuldzuweisungen oder Bosheiten müssen nicht a priori wir uns anziehen. Es genügt, wenn wir geistig Abstand halten und dem anderen nicht erlauben, uns infrage zu stellen. Wir sollten nicht vergessen, dass diese Männer in den schwierigen Momenten regelrecht nach etwas suchen, was in der Beziehung nicht klappt, um den anderen damit zu konfrontieren und sich ohne Schuldgefühle zu verabschieden.

Wenn wir uns diesen geschützten Raum nicht zugestehen, überrollt uns vielleicht die Negativität, die der Narzisst mitunter an den Tag legt. Wut hingegen sollten wir erkennen und sie an die richtige Adresse schicken: nach außen. Zusammen mit dem ganzen »Rest« – der Frustration über die mangelnde Zuwendung, dem Zorn über die ewige Krittelei, dem Wunsch nach Rache für all die Probleme.

Machen Sie Ihren Wert nicht vom anderen abhängig

Keinesfalls dürfen Sie Ihr Selbstwertgefühl in die Hände eines Narzissten legen: Er würde es ohnehin nur mit Füßen treten. Kümmern Sie sich höchstpersönlich darum. Jeder von uns kann mit der Zeit sein Leben auf das bauen, was er vollbracht und begriffen hat. Auf diese Weise kann er seine Selbstachtung und das Gefühl der eigenen Identität steigern. Oder er kann einfach alles geschehen lassen und nicht weiter an seinem Selbstwertgefühl arbeiten: keinen destruktiven Dialog mit sich selbst führen, sich keine Rechenschaft über das eigene Leben und die eigene Geschichte ablegen.

Wenn wir uns vorstellen, dass unsere Selbstachtung im Wesentlichen aus einzelnen Bausteinen aufgebaut ist, dann können wir diese achtlos herumliegen lassen oder solide Mauern errichten, die zu allem Möglichen gestaltet werden können: zum eigenen Haus, zur Zuflucht, zur Aussichtsplattform, von der aus wir in die Welt blicken.

Manche Frauen müssen entdecken, dass sie für den anderen nur Spielzeug waren, ein simples Objekt des Begehrens, die Verlängerung des narzisstischen Selbst: Sie geben sich mit den Brosamen zufrieden und akzeptieren so, wenn auch unbewusst, »benutzt« zu werden. Vielleicht wurden sie ja auch schon von den eigenen Eltern »benutzt«?

Es gibt Lebenslagen, in denen alles, was der Narzisst tut, die Liebe dieser Frauen zu ihm noch verstärkt: Kälte, Rückzug, Kritik, ja, selbst brutale »seelische Gewalt«. Diese Frauen bilden sich ein, er könne nicht anders. Sie deuten seine Verhaltensweisen um, sodass sie sie nicht mehr länger als bedrohliche und schmerzhafte Beziehungsbotschaften wahrnehmen müssen. Das lässt an Kinder denken, die von den Eltern geschlagen werden. Entwickeln nicht auch sie das Gefühl, diese Schläge selbst provoziert zu haben? Offensichtlich ist das für sie immer noch besser als die totale Achtlosigkeit, der sie sonst ausgesetzt wären. Auch wir Frauen riskieren mitunter, uns von der Kritik des Narzissten überrollen zu lassen, sodass sie uns jedes Selbstwertgefühl nimmt.

Machen Sie den Narzissten nicht zum Ungeheuer

Nur zu leicht wird der wunderbare, aber treulose Partner in unseren Augen zum Feind, dessen Verhaltensweisen wir mit unseren Freundinnen durch den Kakao ziehen. Suchen wir nicht in der Gemeinschaft mit ihnen die Vertrautheit, die der Narzisst uns vorenthält? Verhaltensweisen, die uns wehtun, machen wir im Kreis unserer Vertrauten lächerlich.

Doch die Opferhaltung ist eine schlechte Kompensationsstrategie: Wir sind lieb zu uns selbst, weil das kalte und abweisende Verhalten des Narzissten uns schmerzt. Aber es ist wichtig, dass wir unseren Partner nicht als Feind sehen, nicht einmal, wenn er uns üble Worte an den Kopf wirft. Wir sollten uns vielmehr sagen, dass wir einem verletzten Kind gegenüberstehen, das nur vor sich selbst gerettet werden möchte.

Ist der Narzisst also für Erziehungsmaßnahmen empfänglich? Am ehesten noch für solche nonverbaler Art: wenn wir ihm jene Zärtlichkeiten angedeihen lassen, die wir uns von ihm wünschen; wenn wir ihm Zuckerbrot und Peitsche geben; wenn wir ihn loben, schätzen, mit ihm lachen – also mit ihm gemeinsame Sache machen. Es stimmt schon, dass ein Narzisst vom depressiven Typus wenig tun wird, um die Beziehung aufrechtzuerhalten. Das kommt höchstens zu Anfang vor. Danach wird das immer Aufgabe der Partnerin bleiben, und mitunter macht der Narzisst ihr diesbezüglich das Leben auch ganz schön schwer.

In diesem Moment ist es wichtig, sich klarzumachen, was wir bislang von der Beziehung hatten. Jenes Bewusstsein können wir dann gleichsam als Energielieferanten nutzen. Tatsächlich scheint es manchmal so, als wolle er gar nicht, dass es ihm gut geht. Dann sucht er regelrecht die Auseinandersetzung, die Enttäuschung, die Unzufriedenheit. Er kritisiert die Partnerin, weil er seine mangelnde Befriedigung auf sie projiziert. Doch wenn wir uns an den Alltag mit dem Narzissten gewöhnen können und ihn nicht schelten, weil er nur unter außergewöhnlichen Umständen zu glänzen vermag, wenn wir seine Sensibilität richtig wahrzunehmen vermögen, dann schaffen wir es, ihm das Gefühl der Wertschätzung zu geben.

Es stimmt schon: Der Narzisst hat so hochgesteckte Ideale, dass wir ihn stets enttäuschen müssen. Und das verhehlt er uns in den seltensten Fällen.

Doch es hat wenig Sinn, das »verlorene Paradies« wiederherstellen zu wollen. Wir sollten uns stattdessen vor Augen halten, dass seine Stimmung ständig umschlägt. In den schlimmsten Momenten können wir uns zurückziehen und warten, bis sie vorüber sind.

Nehmen Sie ihn nicht zu ernst

Wir sollten versuchen, den Narzissten nicht allzu ernst zu nehmen. Sonst geraten wir in den Strudel wunderbarer Augenblicke, gefolgt von düsteren Momenten ohne jeden Hoffnungsschimmer. Der Narzisst widerspricht sich ständig selbst. Sein Energiepegel steigt und sinkt. Im einen Moment macht er Pläne für eine Weltreise und schlägt die unglaublichsten Projekte vor, im nächsten aber fehlt es ihm an Kraft, all das in die Tat umzusetzen. Narzissten denken sich aus, was man zusammen alles machen könnte. Sie eröffnen uns den Blick in eine Welt, in der die wunderbarsten Ereignisse geschehen – nur dass sie im letzten Moment dann doch lieber alles abblasen.

Die gemeinsamen Projekte lassen ihr grandioses Selbstgefühl anwachsen, doch am Ende schaffen sie es nicht, das, was nur potenziell vorhanden ist, in die Wirklichkeit zu überführen. Als hätten sie Angst, ihren eigenen Erwartungen nicht gerecht zu werden. Da sind zum einen die Visionen, die in den Momenten der Nähe aus dem Ärmel gezaubert werden, um die Intensität des Augenblicks zu steigern oder das Interesse des Partners zu erwecken. Ihre Verwirklichung freilich ist dann wieder eine andere Sache: in der Regel schwierig, weil anstrengend.

Es mag beschränkend wirken, dass sich mit dem Narzissten alles um seine momentane Gestimmtheit dreht, um die Achse des Persönlichen. Gehen Sie einfach weiter Ihren Weg. Engagieren Sie sich sozial. Erzählen Sie Ihrem Partner von Ihrer Begeisterung. Eröffnen Sie ihm die Möglichkeit, diese Aktivitäten mit Ihnen zu teilen. Wenn er das nicht will, dann haben Sie sich wenigstens nicht selbst solcher Optionen beraubt.

Versuchen Sie nicht, ständig mit ihm zusammen zu sein

Der Partner des Narzissten muss lernen, mit Themen wie »Nähe und Distanz« allein zurechtzukommen. Das ist beileibe nicht einfach. Einerseits will der Narzisst mit dem anderen verschmelzen, andererseits hat er Angst vor den Anforderungen, die der Partner stellen könnte, und fühlt sich freier, wenn man ihn sich selbst überlässt: wenn er Herr über seine Zeit und seine Ängste ist.

Sein Ideal sieht so aus: Die Partnerin steht ihm zur Verfügung, wenn er sie braucht, zeigt sich aber unabhängig, wenn er nichts von ihr wissen will. Sie ist da, wenn er traurig ist und ihre Gegenwart ihn tröstet. Ist dies für uns tatsächlich eine Lösung? Ich jedenfalls kann sie nicht empfehlen. Auf diese Weise steigen nur die Abhängigkeit und die Wut über nicht eingelöste Erwartungen. Natürlich wird Narziss in diesem Falle allerlei zu beklagen wissen: unsere innere Ferne, unsere Unabhängigkeit, die ihm zu viel ist, und die Trennungen, die ihm zu sehr nach Verlassenwerden schmecken.

Sofern die Partnerin jedoch Respekt für den eigenen Raum einfordert und ihm dennoch Sicherheit geben kann, wenn sie da ist, kann es sehr schön sein, gemeinsam zu beraten, was unternommen wird, sich aber andererseits Freiräume zuzugestehen. Mitunter ist es von entscheidender Bedeutung, wenn der Narzisst nein sagt, das Geplante trotzdem in Angriff zu nehmen. Nicht selten kommt er dann nach und amüsiert sich sogar.

Gewöhnlich betont der Narzisst seine Unabhängigkeit, wo er nur kann, obwohl er ja unbewusst die totale Verschmelzung anstrebt. Diesem geheimen Wunsch zu entsprechen ist für die Partnerin einfach nicht möglich, weil sie sich dadurch allzu enge Fesseln anlegen ließe. Besser ist es, die Nähe in außergewöhnlichen Momenten zu genießen. Vielleicht müssen wir uns einfach sagen, dass er im Notfall ein außergewöhnlicher und einsatzwilliger Partner sein kann.

Schenken Sie ihm Lob und Bestätigung

Sie müssen dafür sorgen, dass er sich unentbehrlich fühlt; Sie müssen ihm die Kontrolle über die Beziehung überlassen und ihm stets Bestätigung signalisieren. Anders funktioniert die Beziehung zum Narzissten nicht. Er muss sich für unentbehrlich halten, genauer gesagt, darf er sich – wie meine Freundin Stella[2] meint – keinesfalls unnütz fühlen, sonst dünkt er sich dazu berechtigt, sich wie ein Dreijähriger aufzuführen: »Man muss ihm alles überlassen, was bei ihm das Gefühl der Unentbehrlichkeit hervorruft, wodurch er sich gut fühlt, nicht, weil es wirklich wichtig wäre, dass er diese Dinge erledigt, sondern weil er die Rolle einfach braucht.«

Es geht also darum, ihn zu lieben, nicht, alles für ihn zu tun. Das kitzelt sein Ego nicht genug. Dem narzisstischen Partner Lob zu schenken heißt auch, das Positive hervorzuheben: das sprichwörtliche Glas als halb voll zu betrachten, nicht als halb leer. Sich daran zu erinnern, wer er ist – und an die Seelenqualen, die er leidet. Ihm mit Interesse und aufmerksam zuzuhören, seine Sensibilität zu nutzen, ihn ins Gespräch mit anderen einzubinden und ihm den Rücken zu stärken.

Immer ein Quäntchen Unsicherheit lassen

Wenn Sie dem Narzissten einen kleinen Schuss Unsicherheit einschenken – was die Beziehung angeht, nicht Ihre Person –, halten Sie ihn an der Leine. Als Frau bleibt man dadurch interessanter und »appetitanregender«. Wenn der Narzisst die Stärke seiner Partnerin wahrnimmt, ohne dass er den Eindruck gewinnt, diese richte sich gegen ihn, ist er stolz auf sie. Er mag es, wenn er das Gefühl hat, dass man seine Frau bewundert, dass sie intelligent ist und sich für vieles interessiert. Er will ja um seine Frau beneidet werden.

Gleichzeitig ist es wichtig, dem Narzissten nicht so viel Bestätigung zu geben, dass man für ihn die Mutterrolle übernimmt. In diesem Fall hasst er seine Partnerin, weil er sich von der Amazone eingeschüchtert, sich neben ihr klein fühlt, zur nicht besonders befriedigenden Rolle des kleinen Jungen verdammt. Was Sie ihm vermitteln sollten, lässt sich wie folgt zusammenfassen: »Du wirst mich nie ganz besitzen. Ich könnte mich jede Minute auf- und davonmachen, auch wenn du der faszinierendste Mann auf Gottes Erdboden bist.«

Die meisten Frauen haben Schuldgefühle, wenn sie sich stärker fühlen als ihr Partner. Dann fangen sie an, Abstriche zu machen. Sie stellen an ihn keine Anforderungen mehr, weder in finanzieller noch in anderer Hinsicht, zum Beispiel was die Mithilfe im Haushalt oder bei der Kindererziehung angeht. (Das sagt immer noch meine Freundin Stella.) Sie verlangen allmählich weniger: Sie fordern seltener Hilfe, laden sich den ganzen Ärger allein auf, alle Mühen gehen schließlich zu ihren Lasten. Sie übernehmen die Rolle des Partners mit und beschützen ihn. Auf diese Weise wird er zum »Ärmsten«, als der er sich dann auch benehmen darf: »Die Männer sind keine armen Schweine. Sie tun so, aber das sind sie nicht im Geringsten.«

Keine Opposition, keine Konfrontation

> »Schon von Kindesbeinen an hatten Vorwürfe ihm eine Art Krampf im Gehirn verursacht. Dass irgendwo auf der immensen Oberfläche der Welt jemand war, der ihn nicht lieben sollte, war ein Paradox von mathematischen Ausmaßen, das in seinen Augen der Folter gleichkam.«
> *John Updike,* Couples

In seinem bereits zitierten Roman *Couples (Ehepaare)* stellt Updike uns Piet vor, der Frauen erobert und sie erbarmungslos benutzt. Als seine Geliebte Foxy ihm einmal ein Treffen absagt, bedient sie sich dazu folgender Worte: »Piet, ich werde dir jetzt ganz sicher nicht sagen, was du mir bedeutest. Ich habe dir das schon auf eine Art zu verstehen gegeben, die eine Frau nicht vorspielen kann. Ich finde nur, dass ich dich heute nicht genießen könnte, und ich will dich nicht verschwenden. Außerdem ist es schon fast Mittag.« Was für eine wunderbare Form, sich einem Narzissten zu versagen. Welch wunderbares Geflecht aus Komplimenten und Anspielungen ... Jeder Narzisst hasst harte Worte, hasst Kritik, weil er sie nicht verträgt.

Streicheleinheiten

Ein anderer Ratschlag – zugegebenermaßen nicht leicht zu befolgen – lautet, diesen so außergewöhnlichen Männern viel Aufmerksamkeit zu widmen, ohne sie jedoch zum Kind zu machen. Es geht dabei um ein schwer zu findendes Gleichgewicht zwischen den Polen »mangelnde Zuwendung« und »zu viel Schutz«. Der Narzisst fühlt sich wohl, wenn die Frau an seiner Seite ihn unterstützt und in den wesentlichen Punkten seines Lebens mit ihm konform geht: wenn sie sich für ihn interessiert, seiner Lebensgeschichte lauscht und ihm zuhört. Mitunter besteigt er den Lehrstuhl und doziert, statt mit der Partnerin in einen Dialog zu treten, der von Austausch bestimmt ist. Was aber mit ihm am besten funktioniert, ist der Gleichklang auf einer Ebene.

Er liebt es, wenn man seinem Charme erliegt, wenn man auf einer nonverbalen Ebene mit ihm übereinstimmt. Natürlich hätte er auch gern eine Frau, die sich vor Begeisterung überschlägt, die ihn bedingungslos bewundert und beklatscht, die ihn lobt und ihn für die tollste, außergewöhnlichste Erscheinung überhaupt hält. Doch lassen Sie uns auf dem Teppich bleiben!

Der Narzisst erträgt es hinwiederum auch nicht, wenn er in den Augen des anderen Unzufriedenheit liest. Er kann die Vorstellung nicht aushalten, dass er jemanden enttäuscht hat. Dann fängt er an, die Partnerin zu attackieren, denn er ist wütend, weil er ihren Ansprüchen nicht genügte.

Es kommt vor, dass der Narzisst mit seinem eigenen Nachwuchs um die Aufmerksamkeit der Partnerin kämpft. Er verträgt es nicht, wenn er durch die Geburt eines Kindes auf Platz zwei abrutscht. Sofort zieht er sich beleidigt zurück, bis er für sein Kind zum Idol werden kann.

Im Alltag brechen Narzissten dann häufig die Brücken hinter sich ab. Sie ziehen sich hinter ihren Schutzwall zurück, verschließen sich in Schweigen, was in den Augen des Partners durchaus feindselige Züge annehmen mag. Schweigen ist für den Narzissten jedoch meist nur eine

Form, seine Autonomie zu bewahren, sich zu zentrieren, sich wiederzufinden. Es gibt Menschen, die sich hinter Büchern verschanzen, die lange Spaziergänge in den Bergen machen, die Musik hören oder ein anderes Hobby pflegen. Auf diese Weise kann der Narzisst die Welt daran hindern, seine Grenzen zu überfluten. Er bricht den Kontakt in der Beziehung ab, um die Batterien neu aufzuladen. Dieses Bedürfnis zu respektieren ist ebenfalls eine Form, Narziss Achtung zu erweisen ...

Vergessen Sie nicht, dass der Narzisst mit Nähe Probleme hat

Wer den Narzissten nicht besser kennt, hält ihn für den wunderbarsten, aufregendsten und faszinierendsten Mann aller Zeiten. In einer Beziehung allerdings sind diese Herren wirklich ziemlich anstrengend: Sie fühlen sich nie genug geliebt, vermutlich, weil sie selbst nicht lieben können. Sie lieben nicht wirklich, weil sie Angst haben, sich dem anderen anzuvertrauen.

Anfangs ist die Beziehung meist noch ein Wert an sich, dann aber wird der Narzisst kritisch ... sehr kritisch, vor allem wenn er sich verliebt. Zum einen, weil er die absolute Perfektion anstrebt, zum anderen, weil er genau davor Angst hat und am liebsten das Weite suchen würde. Wenn er verliebt ist, fühlt er sich dem anderen gegenüber schwach. In seinen Augen ist eine Beziehung unvermeidlich für das Ende bestimmt. Meist erträgt er nicht einmal die abnehmende Intensität nach den ersten Monaten. Er will einfach keine Kompromisse eingehen. Da er jedoch der Partnerin nicht wehtun kann, wird sie einfach zum Feind umgedeutet. Der Narzisst unterstellt ihr Böswilligkeit – und dass sie ihn zum Gefangenen in der Beziehung machen will. Und schon fängt er an, den »Feind« zu bekämpfen, um seine Freiheit wiederzuerlangen. Er zieht eine klare Grenze zwischen Gut und Böse, und was immer der andere tut, erlebt er als Angriff.

Für den narzisstischen Menschen hat die Beziehung meist einen negativen Beigeschmack: Sie ist für ihn gleichbedeutend mit dem Verlust der Unabhängigkeit, was ihm ständig Sorgen bereitet. Er erlebt die Liebe als Ideal und als Fallgrube zugleich. Wenn es darum geht, die Nähe zu verstärken, sich gegenseitig mehr zu erzählen, gemeinsame Projekte und Ziele zu entwickeln, empfindet er dies als Angriff auf seine Freiheit und die Möglichkeiten, die das Leben ihm bietet. Für viele Menschen sind Verpflichtungen Grundlage der Freiheit. Auch wenn man eine bestimmte Entscheidung bewusst trifft, fallen dadurch andere Möglichkeiten automatisch fort. Für den Narzissten aber besteht Freiheit in der Illusion, alles sei möglich.

Die Perspektive der Vorläufigkeit, die der Narzisst gern beibehält, ist seine Art, die Liebesgeschichte zu sehen. Wenn man von ihm offen Nähe fordert, steigt er aus. Da er immer überzeugt ist, alles, was er tue, wäre von der Vernunft diktiert, sieht er nicht, dass der Beziehungstanz von zwei Menschen getanzt wird. Meist denkt er, man verlangt von ihm etwas zu Unrecht. Um darunter nicht zu sehr zu leiden, sollte sich die Partnerin eines vor Augen halten: Es gibt einen Unterschied zwischen »Er hat keine Lust, mit mir zusammen zu sein« und »Er weiß nicht, wie er in einer Beziehung mit jemanden zusammen sein soll«. Für den Narzissten gilt: Er fühlt sich in engen Beziehungen einfach nicht wohl, vor allem nicht, wenn's ihm ernst wird.

Denken Sie daran, dass er gern provoziert

Der Narzisst empfindet umso mehr Unbehagen, je mehr er sich emotional engagiert und je stärker er mit seiner Partnerin verschmilzt. Dann verliert er seine Grenzen und fängt an, all seine negativen Stimmungen der Beziehung zuzuschreiben. Alles, was ihm nicht gefällt, landet auf dem Schuldenkonto der Partnerschaft.

Wenn diese für ihn ihren Wert verliert, wenn alles, was ihm missfällt, aus dieser Beziehung zu rühren scheint, fängt der Narzisst an, sich anderswo umzusehen. Er will eine neue, »jungfräuliche« Zweisamkeit, von der er widersinnigerweise hofft, dass sie nie diesen »defizitären Charakter« annimmt. An diesem Punkt sucht er eine Entschuldigung, um sich so schnell wie möglich zu verabschieden. Und nutzt die Provokation als Mittel, um Distanz herzustellen, wenn er sich dem anderen zu nahe fühlt, was er natürlich leugnet. Er gibt alle Schuld der Partnerin.

Diese muss wissen, dass das respektlose Verhalten, das er in solchen Situationen an den Tag legt – und das wir Psychologen als »neurotisch« bezeichnen, auch wenn wir damit ein bisschen übertreiben –, Ausdruck seiner Verletzlichkeit ist. Er ist einfach unfähig, dem anderen zu vertrauen. Wenn er also zum Angriff übergeht, sollten Sie sich ins Gedächtnis rufen, dass er nicht Sie angreift, sondern die Vorstellung, die er sich von Ihnen macht.

Der Narzisst stellt seine Partnerin auf die Probe. Es ist wichtig, nicht darauf hereinzufallen. Was bedeutet, dass man ihm die geforderten Liebesbeweise nicht gibt und sich von ihm nicht vollständig infrage stellen lässt.

Schlagen Sie ihm Unternehmungen vor

Für den Umgang mit dem Narzissten ist es von entscheidender Bedeutung, ihn einzubinden und nicht von ihm zu erwarten, dass er etwas organisiert. Laden Sie ihn ein. Erwecken Sie sein Interesse. Lassen Sie ihn teilhaben. Natürlich wird er Ihnen sagen, dass er seine Ruhe schätzt. Glauben Sie ihm nicht. Das ist ein simpler Trick. Wenn es ihm zu ruhig wird, kommen auch bei ihm Langeweile und Schmerz auf.

Narzissten sehnen sich nach der Jagd, wie der Soziologe Zygmunt Bauman schreibt. Seiner Ansicht nach ist es nicht das erlegte Tier, das uns Tod und Unglück vergessen lässt, sondern die Jagd selbst, in der wir nach einer Lösung für das Drama der Sterblichkeit suchen – nicht in dem, was sie uns einträgt, aber in dem Vergnügen, es anzustreben.[3] Es geht also um die Fähigkeit, Verlangen und Neugier lebendig zu halten, sie nicht zu befriedigen: Aktivität regt den Narzissten an. Verlangen und Neugier sind für ihn wichtig. Beides hält die Hoffnung aufrecht und stellt das Lustprinzip in den Dienst des Realitätsprinzips.[4]

Versuchen wir also, die Routine aufzulockern. Überraschen wir und lassen wir uns überraschen. Kehren wir nach Hause zurück voller neuer Empfindungen, Eindrücke, Erlebnisse, Möglichkeiten. So lässt sich der durchgeplante Alltagstrott, der für den Narzissten angstbesetzt ist, durch kleine Unterbrechungen erträglicher gestalten. Bauman rät, sich angesichts der durchorganisierten, gleichwohl »flüchtigen« Einförmigkeit der Moderne die Fähigkeit zum »Surfen« zu erhalten, da das Individuum nur auf diese Weise sinnvoll Verantwortung für sich übernehmen könne.

Natürlich wird der Narzisst unsere Vorschläge kritisieren. Mitunter zieht er sich auch in seine gut isolierte Schmollecke zurück. Er sagt also nein. Nun, das ist weiter nicht tragisch. Tun Sie trotzdem, was Sie vorhatten, auch wenn er keine Lust dazu hat. Keine Panik, er wird sich's anders überlegen.

Machen Sie sich auch keine Sorgen, wenn er zwar mitmacht, aber zu Anfang ein Schmollmündchen zieht. Bald wird es ihm gefallen, und seine Laune bessert sich. Erst recht, wenn Sie ihm Ihre Aufmerksamkeit schenken, wenn Sie ihn einbinden, sodass er sich lebendig fühlt.

Nähren Sie sein Ego

Wenn ein Narzisst seinen »guten« Tag hat, dann wird er das Publikum faszinieren. Er kocht für alle, kümmert sich um jeden, ist amüsant, ein angenehmer Gesellschafter voll unerschöpflicher Energie. Der Beste eben. Wenn er nervös oder ängstlich wird, kapselt er sich ab und versucht, das Leben mal eben schnell auf Standbild umzuschalten. Oder er sucht sein Heil bei der Partnerin. Er will über sich sprechen, um sein Selbstbild wiederherzustellen. Er versucht, in der Bewunderung durch den anderen in den Kontakt zu sich selbst und zur Welt zurückzufinden.

Und wie kann man nun so viele Fliegen mit einer Klappe schlagen? Indem man zur Bewusstheit des Herzens Zuflucht nimmt, den Einklang wiederherstellt, das Gefühl der Gemeinsamkeit, die Freude, mit ihm rückhaltlos eins sein zu können. Aus dem Gefühl, miteinander gut klarzukommen, erwachsen erotisches und emotionales Interesse. Beim Narzissten ist Bewunderung dafür die unabdingbare Voraussetzung.

Er braucht also viel Bestätigung. Hören Sie ihm zu und erinnern Sie sich dessen, was er sagt. Sie dürfen ihn niemals überragen. Verabschieden Sie sich von der Vorstellung, Sie seien ihm überlegen. Gerade sie ist es nämlich, die eine für Sie schwierige Situation schafft: Finden Sie ihn etwa nicht unentbehrlich?

Geben Sie ihm nichts, was er nicht selbst verlangt hat

Wer mit einem Narzissten zusammen ist, weiß, dass er das ständige Bedürfnis nach Wiederauferstehung verspürt. Er will in der Liebe und im Leben stets von vorn anfangen. So als würde ihm der Abschied vom Alten und die Neugier aufs Neue das Überleben sichern.

Immer in Bewegung sein – das ist die einzige Art, wie der Narzisst sich ein Miteinander vorstellen kann. In einer »Kasinokultur« (Zygmunt Bauman), in der die Spiele schnell aufeinanderfolgen, geht es darum, stets organisiert zu sein; denn tatsächlich gewinnt der, der an mehreren Tischen gleichzeitig zu spielen und schnelle Szenenwechsel zu vollziehen vermag. Daher haben Langzeitplanungen wenig Sinn. Jedes Spiel muss akzeptiert werden, wie es kommt. Jede Episode wird für sich betrachtet, die einzelnen Ereignisse eines Lebens werden nicht mehr verbunden.

Wir haben es mit einer vom Konsum geprägten Lebensart zu tun, die nach sofortiger Befriedigung verlangt – Impulshaftigkeit und Episodenhaftigkeit prägen die Moderne. Der einzig echte Wert ist hier die Fähigkeit, Befriedigung aus Gegenständen, Menschen, Ereignissen, Beziehungen zu ziehen. Der Narzisst ist also ohnehin schon ständig auf Achse und bringt der Welt ein mehr als reges Interesse entgegen. Stellen Sie sich das Chaos vor, wenn Sie noch mehr Projekte vorschlagen, die Reize weiter steigern ... Das Ziel ist ja nicht gemeinsame Aktivität, sondern gemeinsames Empfinden.

Wenn wir also die Träume des Narzissten akzeptieren, statt sie zu zerpflücken – auch wenn sie nie Wirklichkeit werden –, haben wir damit einen Weg gefunden, gemeinsame Emotionen zu schaffen.

Nehmen Sie düstere Stimmungen nicht allzu ernst

Der Narzisst ist zum längeren Genuss kaum fähig. Er fühlt sich in kürzester Zeit ausgelaugt. Dann macht die Erregung der Apathie Platz. Alles, was sich anbietet, wird sofort konsumiert, auf der Stelle. Das gibt ihm unmittelbare Befriedigung, doch wenn diese verflogen ist ... Für den Narzissten sind es die Empfindungen, die ihn locken. Diese bieten das größte Potenzial unmittelbar, wenn sie entstehen. Bauman meint, Glück hingegen ergebe sich nur auf Dauer. Daher besitzt der Narzisst kein Talent zum Glück. Doch schreibt er die Verantwortung dafür natürlich den anderen zu.

Die Geschichte der Narzissten ist ewige Augenblicksgebundenheit. Alles dreht sich um das eigene Ich. Die Außenwelt wird zur Innenwelt umgewandelt und privatisiert. Dabei ist es ganz schön anstrengend, nur immer die eigenen Seelenzustände zu leben – ohne die Anker der Welt und des Sozialen. Dies geht gelegentlich mit tiefer Depression einher und mit ständigen Stimmungsschwankungen. Doch es ist von entscheidender Bedeutung, die düsteren Stimmungen des Narzissten zu akzeptieren. Sie gehören zu ihm und stellen einen Aspekt dar, den er selbst an sich schätzt. Es gilt also, ihn zu respektieren, ihn dafür nicht zu bestrafen, aber andererseits selbst nicht in eine ähnliche Stimmungslage zu verfallen.

Sie würden ihm gern Spiel, Spaß und Spannung bieten? Lieber nicht. Das ist zwar gelegentlich durchaus möglich, aber es besteht die große Gefahr, dass er Sie der Seelenlosigkeit und Oberflächlichkeit zeiht. Eine neue Liebe, eine neue Herausforderung befreit Narzissten zwar von der Dunkelheit, sodass sie – zumindest für kurze Zeit – mitspielen, glauben sie doch schließlich, nun sei die Finsternis ein für alle Mal besiegt. Doch wenn Beziehung oder Beruf zur Routine werden, stellt sich auch die Tristesse wieder ein. Dann wird es Aufgabe der Partnerin sein, den Slalom zwischen hellen und dunklen Farben zu absolvieren und dem Geliebten nicht ins Dunkel zu folgen.

Verlangen Sie keine Liebesbeweise

Dem Narzissten sind persönliche Beziehungen einesteils erwünscht, anderenteils stete Quelle der Sorge. Sehnsucht und Angst, die Vorstellung zu lieben, sich zu engagieren, Rechte und Pflichten gegeneinander abzuwägen – all das weckt in ihm Unsicherheit, weswegen er nur zögerlich reagiert. Liebe heißt für ihn, dass er sich dem Schicksal als Geisel überlässt.

Für den Narzissten wäre es sinnvoll, könnte er zwischen »geben« und »da sein« unterscheiden. Dann wäre er in der Lage, Letzteres zu tun, ohne sich von den Forderungen der Partnerin erdrückt zu fühlen, ohne Schuldgefühle, weil er diesen nicht genügt. Für uns Frauen wiederum wäre es gut, wenn wir im Hinterkopf behielten, wie schwierig es für diese Männer ist zu bleiben. Sobald sie sich unwohl fühlen, gehen sie zum Angriff über und sorgen dafür, dass ihre Partnerin Minderwertigkeitskomplexe entwickelt.

»Liebst du mich? Wie sehr liebst du mich? Liebst du mich mehr als die andere?« Dies als Einstieg in ein Gespräch zu verwenden ist bei jedem Typ Mann ein absoluter Tiefflieger. Keiner wird solche Fragen je zu schätzen wissen. Der Narzisst schon gar nicht. In seinen Augen bekommt die Partnerin dadurch einen »zwanghaften« Zug. Narzissten mögen es nicht, wenn man sie an die Abhängigkeit erinnert, die aus der Liebe resultiert. Sie sind nun mal nicht gern auf andere Menschen und deren Entscheidungen angewiesen, die sie abwarten müssen.

Es ist auch weder nützlich noch ratsam, die Tragfähigkeit der Beziehung auf die Probe stellen zu wollen. Der Narzisst ist faszinierend. Der Preis, den Sie dafür bezahlen, ist hoch: Sie werden seiner niemals sicher sein. Die Kunst liegt darin, gemeinsame Emotionen zu schaffen ... so als begegnete man sich ständig zum ersten Mal.

Die Narzisstin in uns

»Nähe ist etwas Atmosphärisches. Wenn du sie
nie erlebt hast, weißt du nicht, was dir fehlt.«
Jane Fonda[1]

»Ich wollte die Liebe nicht, weil sie Chaos ist,
weil sie den Geist zum Schwanken bringt wie vom Wind
geschüttelte Himbeeren.«
Anaïs Nin[2]

In den bisherigen Kapiteln hieß es, dass der Narzissmus vor allem durch folgende Merkmale charakterisiert sei:

- eine ausschließlich ichzentrierte Wahrnehmung der Wirklichkeit,
- ein hohes Engagement für die Interessen der eigenen Person,
- ein gefährliches Schwanken des Selbstwertgefühls,
- Flucht als Selbstverteidigung und
- die Verleugnung der eigenen Schwäche, ein schwaches, neidisches Selbst, das sich hinter der Fassade einer nach außen hin selbstsicheren, selbstbewussten Persönlichkeit versteckt.

Wir haben uns auch bereits mit der problematischen Gefühlswelt des Narzissten befasst. Diese Spezies muss zum Beispiel ihr Umfeld begeistern. Gleichzeitig müssen

Narzissten jemanden um sich haben, der sie braucht und so ihr Selbstbild bestätigt. Sie sind zuweilen aber auch regelrechte Charmebolzen. Sie stellen sich mitunter infrage und lassen dem anderen die Möglichkeit, dies ebenfalls zu tun.

Dies gilt hauptsächlich für den narzisstischen Mann. Für mich als Frau ist es weit schwieriger, über die narzisstischen Züge meines Geschlechts[3] zu sprechen, da ich ebenfalls narzisstische Anteile besitze, folglich die analytische Distanz gelegentlich verloren geht. Vielleicht wirken meine diesbezüglichen Anmerkungen über Frauen sogar etwas harsch, was daran liegen mag, dass Frauen mich weniger faszinieren als Männer; zum anderen aber auch daran, dass wir Frauen uns selbst gegenüber immer weit kritischer sind.[4] Außerdem präsentiert der weibliche Narzissmus sich selten offen. Er »blüht« vielmehr im Verborgenen, Geheimen. Das hat mehrere Gründe:

- Frauen sind stammesgeschichtlich auf Beziehungserhalt programmiert. Sie lernen früh, auf den anderen zu achten und sich um ihn zu kümmern.
- In der Erziehung von Frauen wird die Gefühlskomponente betont. Sie denken immer an die Gemeinschaft als Ganzes, nicht nur an sich selbst.
- Frauen sind daran gewöhnt, aus dem Hintergrund zu agieren, auch wenn sie faktisch »das Regiment führen« (zum Beispiel als Haus»herrinnen«). Sie brüsten sich dessen nicht so sehr und zeigen ihre Macht möglichst nicht offen.
- Im Vergleich mit Männern werden Frauen erst seit kurzer Zeit dazu angehalten, Eigenschaften wie Egoismus, Erfolg und Durchsetzungsvermögen zu entwickeln, wie sie für den Narzissten charakteristisch sind.

- Die Gesellschaft ermutigt vor allem bestimmte Seiten des Narzissten: Sie will ihn außergewöhnlich, einmalig – einen Mann voller Überraschungen. Nur wenige Frauen im achtzehnten und neunzehnten Jahrhundert haben diese Vorgaben erfüllt. Es waren solche, die ein Leben außerhalb der Norm führten, häufig Partnerinnen nicht minder exzentrischer Männer. Ich spreche hier von Frauen wie der Contessa di Castiglione, Alma Mahler, Lou Andreas-Salomé (die Freud und Nietzsche spielend die Stirn bot) und Mata Hari, deren Mythos immer noch lebendig ist. Oder von abenteuerlustigen Frauen, die sich zu einer Zeit, als Frauen normalerweise das Haus zu hüten hatten, aufmachten, um ferne Länder zu erkunden (wie die Schriftstellerin Tania Blixen). Oder großen Wissenschaftlerinnen, die nur deshalb den Nobelpreis nicht bekamen, weil wir in einer Männerkultur leben.[5]
- Doch auch die weiblichen Oberhäupter großer Geschlechter sind hier zu nennen, Frauen, die ihre Familie mit Entschiedenheit führten. Sowie Filmschauspielerinnen oder andere Künstlerinnen (Greta Garbo, Ava Gardner, Eleonora Duse, Maria Callas). Fast alle großen Schauspielerinnen zeigen klare narzisstische Elemente in ihrem Verhalten, sie müssen sie sogar entwickeln, um zu reüssieren. Alle Künstlerinnen, die je erfolgreich waren, mussten andere verdrängen oder benutzen, mitunter quasi »über Leichen gehen«, um an die Spitze zu kommen.[6] Außerdem gibt es immer noch sehr wenige Frauen, die als Regisseurinnen, Malerinnen, Bildhauerinnen, Schriftstellerinnen etc. arbeiten.
- Möglicherweise gibt es auch eine Art grundlegender paralleler Schaltung zwischen den Sexualorganen, dem Erleben der Sexualität und dem narzisstischen

Charakter. Das Sexualorgan des Mannes befindet sich »außen«, dementsprechend ist seine Sexualität aktiv und demonstrativ. Auch der Narzisst ist demonstrativ, grandios und setzt auf das Außergewöhnliche. Frauen tragen ihr primäres Sexualorgan »innen«, dementsprechend ist ihre Sexualität »innerlicher« und verborgener, und sie verhalten sich weniger solipsistisch und offenkundig.

- Der weibliche Narzissmus ist von einem Paradox geprägt, das ihm in gewisser Weise die Spitze raubt. Ich spreche von der kulturellen Abhängigkeit vom Mann und dem schwarzen Loch, in dem Frauen landen, wenn sie sich auf ein Beziehungsspiel einlassen, das auf wechselseitiger Unzufriedenheit beruht. Temperamentvoll und liebebedürftig, wie sie sind, riskieren sie, sich einem Mann völlig auszuliefern und ihre Unabhängigkeit zu verlieren, ja absolut nichtssagend zu werden. Der soziale Mythos, der zu diesem Frauenbild gehört, ist die Frau als »Rippe Adams«, als seine Magd, die ihn rettet, ihm dient, ihn verehrt. Nicht umgekehrt.

- Männer sind in unserer Gesellschaft immer noch selten bereit, sich den Launen und Wünschen einer Frau zu unterwerfen, vor allem wenn diese Frau »Macht« besitzt. Würde ein Mann je akzeptieren, hervorgeholt und wieder in die Ecke gestellt zu werden, wie es Frauen vonseiten des Narzissten geschieht? Der Preis, den die Frau dafür bezahlen würde, wäre zu hoch. Und seit wann überlässt ein Mann der Frau die Festlegung der Eckpfeiler der Beziehung und passt sich ihren Bedürfnissen an? Würde ein Mann je das Messen mit zweierlei Maß hinnehmen, das dem Narzissten hinsichtlich seiner und ihrer Bedürfnisse eigen ist? Frauen hingegen, die der Konfrontation mit dem Männlichen erst gar nicht ausgesetzt sind, die von ihren Partnerinnen verwöhnt und in ihren narzisstischen Mechanismen bestärkt werden, können sich erlauben, sich verehren und anbeten zu lassen: Ich spreche jetzt von homosexuellen Frauen. Eine Hetero-Narzisstin hingegen muss sich ständig um die Macht streiten, um die Rollendefinition, die im Kontakt mit dem anderen Geschlecht so wichtig ist.

In den letzten vierzig Jahren kam es zu einer stärkeren Gleichberechtigung zwischen Mann und Frau. Die kollektive Kontrolle ließ ebenso nach wie die rigide Rollenverteilung. Die Frau ist nun aufgerufen, ihre Individualität zu entwickeln. Sie nimmt am öffentlichen Leben teil. Wenn dies auch nicht für alle Frauen gilt, so doch für einen wesentlich größeren Teil als früher. Nun steht der Weg des Narzissten auch dem schwachen Geschlecht offen. Mit der Folge, dass dieser Persönlichkeitsaspekt sich – im Guten wie im Bösen – bei vielen Frauen deutlicher zeigt.

Der Soziologe Ulrich Beck meint, dass in einer Zeit, in der die Geschichte sich mehr oder weniger auf das ewige Jetzt reduziert und alles sich nur um die Achse des Ichs und des persönlichen Daseins dreht, der Narzissmus eine größere Bedeutung erlangt.[7] Zygmunt Bauman, ebenfalls Soziologe, geht davon aus, dass die Individualität heute vom Lebensschicksal bestimmt wird. Die Elemente, die das Individuum ausmachen – also der Bezug auf individuelle Ressourcen und die persönliche Verantwortung für die eigenen Entscheidungen –, seien der freien Wahl entzogen. Der Mensch sei heute ein Individuum de jure, aber nicht de facto. Das einzige Mittel, das uns noch bliebe, unser Schicksal zu kontrollieren, sei die Erzählung und Ausgestaltung der eigenen Lebensgeschichte.[8]

Auch die Frau, die nun an der Gesellschaft teilhat, lebt im Widerspruch zwischen den Anforderungen der Welt und dem Gefühl, diesen nicht genügen zu können. Die Flucht in den Narzissmus wird also zur Strategie, um einen Teil der eigenen Selbstachtung wiederzugewinnen. War Glück früher noch eine »Belohnung«, so wird es mittlerweile als »Recht« betrachtet. Glück zu erlangen ist für den größten Teil der Menschen das wichtigste Motiv ihres Handelns. Die Gesellschaft wird in die Pflicht genommen, ihre Aufgabe ist es, ihre Mitglieder glücklich zu machen. Dieses Recht auf Glück fördert die individuelle Wahlfreiheit, zu der auch die Wahl der eigenen Identität gehört. Damit einher geht eine Entwicklung, in der – laut Beck – das Außen immer mehr »ins Private hineinzerspringt«. Dabei ist eine Weltsicht gefragt, die das Verhältnis zwischen Ich und Welt sozusagen auf den Kopf stellt und beides für die Ausformung einer individuellen Lebensgeschichte verfügbar macht.[9]

Auch die Frau, deren Aufgabe es traditionell war, den heimischen Herd zu hüten, hat begonnen, sich auszuloten. Die neue Art ihres sozialen Daseins jenseits präfabrizierter Rollenmodelle hat dafür gesorgt, dass auch sie die Jagd als solche schätzt, nicht aber den Besitz der Beute, wie Bauman dies beschreibt. Die Verführung ist interessanter als die Beziehung. Das Begehren am Leben zu erhalten ist spannender, als für seine Erfüllung zu sorgen.

Der starke affektive Schmerz, der Frauen häufig in die Psychotherapie bringt, scheint mir charakteristisch für die Zeit, in der wir leben. Er zeigt auch, dass Frauen sich nur dann in ihrem Element fühlen, wenn sie etwas zu begehren haben. Das Begehren selbst ist narzisstischer Natur und hat sich selbst zum Objekt. Aus diesem Grund bleibt es für immer unbefriedigt. Das Verlangen ist mitunter sogar wichtiger als das Leben selbst.

Wie das Leben so spielt
Ginevra ist eine hübsche junge Frau von dreiundzwanzig Jahren, die eine nahezu virtuelle Beziehung mit einem fünfundzwanzig Jahre älteren Mann führt. Diese ist ausgesprochen flüchtig, für Ginevra aber sehr wichtig. Sie denkt ständig an den Mann. Andere mögliche Beziehungen führt sie nur mit wenig Einsatz. Ihr Herz schlägt allein für ihn. Alles, was sie tut, hängt ausschließlich davon ab, was sich im Zusammenhang mit ihm ereignet (in den meisten Fällen allerdings nicht geschehen) hat. Ginevra findet alles leicht: die Arbeit, die Freundinnen, die Liebhaber, alles außerhalb jener Beziehung halt. Andererseits beschreibt sie ihr Leben als mühselig, weil sie es mit ebendiesem Verhältnis mit diesem Mann identifiziert.

Dabei ist die Zweisamkeit von Ginevra und ihrem älteren Liebhaber völlig abstrakt: Die beiden sehen sich nur, wenn der Zufall es so will. Sie verbringt Stunden damit, ihm nachzuspionieren, aber sie ruft ihn nicht an. Sie denkt an nichts anderes und begehrt ihn heftig, aber sie bittet ihn um nichts. Wenn sie ihn sieht, tut sie so, als ließe er sie kalt, wie er selbst es auch tut. Sie hat den Eindruck, ihre Gefühle verbergen zu müssen, als stellten sie eine Bedrohung dar, etwas, dessentwegen sie sich schuldig fühlen müsste.

Der Mann weiß mit absoluter Sicherheit nicht, welche Bedeutung er für Ginevra hat. Wenn sie ihn sieht, ist bei ihr alles blockiert. Ihr Gehirn hört auf zu arbeiten, sie kann nicht mehr denken. Im Alltag hingegen wirkt sie ausgesprochen kompetent und »flüchtig-modern«. Auf diese Weise können die beiden einen gemeinsamen Mythos teilen und die eigene Ambivalenz leben, ohne sich die Hände mit einer wirklichen Beziehung »schmutzig machen« zu müssen.

Wäre es für Ginevra nun eine Lösung, ihr zu helfen, dass sie sich mehr auf ihren Alltag einlässt? »Ich habe zu viel Angst, mich zu verlieren. Ich schaffe es einfach nicht, etwas wirklich an mich heranzulassen. Da käme ich mir vor wie ein Kamikaze.«

Das Verlangen lässt tausend Möglichkeiten erahnen, das Leben ist etwas völlig anderes.

Männern gelingt es meist, sich selbst zu ihrem kostbarsten Wert umzudeuten. Das liegt an der Freiheit, deren sie sich lange Zeit erfreut haben. Sie müssen sich noch nicht um alle Aspekte des Lebens kümmern: um Kinder, Haushalt, Wohnung und dergleichen. Auf jeden Fall hatten sie mehr Zeit, sich in »Selbstverliebtheit« zu üben. Für einen Mann ist die Bezeichnung »Narzisst« geradezu ein Ehrentitel. Bei einer Frau hingegen signalisiert sie Hochmut und Egoismus, die sich bei ihrem Geschlecht in gewissen Grenzen halten sollten. Das Leben einer Frau organisiert sich um mehrere »Hindernisse« herum: Kinder, das Bedürfnis, auch rein sexuelle Affären mit Emotionalität aufzuladen, das Privatleben, das so viel Energie verbraucht, die Mehrfachrollenbelastung, mit der Frauen normalerweise fertig werden müssen.

Sprechen wir also von den willensstarken Frauen, die es schaffen, dass sich alles um sie dreht. Dabei sollten wir nicht vergessen, dass eine gesunde Dosis Narzissmus im Leben durchaus nützlich, sogar unentbehrlich ist. Auf den folgenden Seiten allerdings geht es um ein Zuviel an

Egoismus und Narzissmus, das letztlich schadet. Aber auch die narzisstische Frau fährt besser damit, wenn sie ihre egoistischen Aspekte als Stärken erlebt statt als Hemmschuh.

Narzisstische Frauen achten nicht besonders auf ihre Mitmenschen. Sie zeigen sich wenig sensibel im Hinblick auf das, was der andere braucht, und sind in erster Linie auf sich selbst konzentriert. Wie der männliche Narziss ist die »Narzisse« intellektuell anregend. Auch ihr Leben organisiert sich um die Bilder vom Puer und vom Senex herum (Kraft und Weisheit, Bedürftigkeit und körperliche Schwäche). Narzisstinnen bleiben lange jugendlich und interessieren sich immer für Themen, die man typischerweise bei jungen Frauen vermutet. (Andererseits regredieren sie nie zum Kleinkind, wie das beim Narzissten häufig vorkommt.)

Selbstachtung ist das Fundament des Selbstgefühls. Diese allerdings schwankt bei Narzisstinnen oft beträchtlich. Solche Frauen sind von ihren Launen abhängig, auch wenn sie es besser als ihr männliches Pendant schaffen, sich auf den Alltag einzustellen. Sie lieben Herausforderungen. Je schwieriger, umso besser. Die Aufmerksamkeit, die sie sich selbst widmen, bewirkt, dass sie sich bestens verkaufen: Sie fordern, machen klar, was sie wollen, gehen keiner Auseinandersetzung aus dem Weg, lieben es, gefordert zu werden, können gut streiten, aber auch Fehler eingestehen, derentwegen sie sich nicht kleinmachen.

Bauman schreibt über diesen modernen Persönlichkeitstyp, dass er nicht mehr zwischen Sein und Haben zu unterscheiden weiß, weil beides letztlich Abhängigkeit ist. Abhängigkeit aber ist dem modernen Menschen ein Graus. Für Bauman geht es in der Moderne nicht darum zu haben oder zu sein, sondern zu nutzen und zu benutzen.[10] Jemanden zu benutzen steigert das Identitätsgefühl. In dieser Disziplin erweist sich auch die Narzisstin als wahre Meisterin. Jene augenblickshafte, vom Kontext abhängige Lebensweise liegt ihr.

Das gute Gefühl, das man aus dem Genuss zieht, erlischt allerdings auch sofort wieder, sobald dieser vorüber ist. Wir sprechen hier also von Menschen, die Beziehungen benutzen, die vom einen zum anderen wandern, als würden sie die Hemden wechseln. Viele narzisstische Frauen suchen ständig neue Empfindungen, um das Vergnügen auszukosten, das sich in der Folge einstellt. Andere Narzisstinnen nutzen dazu die Welt der Information und Kultur. Oder die Welt der Nachrichten und Krisen, mit einem Wort: alles, was kurzlebig ist. Und wer nicht in der Lage ist, diese Welten zu »benutzen«, ist kein Narzisst. Wir stehen vor einer Art »serieller Sammelwut«, die Bauman wie gesagt als »Kasinokultur« bezeichnet – das ständige Bedürfnis nach Wiedergeburt und Neuanfang. Das Alte hinter sich zu lassen und sich dem Neuen zuzuwenden wird in der Welt der Kontingenz zur wichtigen Überlebensstrategie.

Doch auch die Narzisstin kann das Vergnügen nicht festhalten. Der Genuss erlischt innerhalb weniger Augenblicke. Diese Frauen übernehmen die Verantwortung für ihr Vergnügen nicht. Verantwortung wird stets an andere delegiert. Und wenn sich das Glück nicht einstellt, dann wird auch das Schuldgefühl darüber nach außen projiziert, auf Menschen und Situationen gleichermaßen.

Der schwierigste Lebensbereich ist gleichwohl auch für die Narzisstin die Liebe. Hier braucht sie ständig Konfrontation und Bestätigung zugleich. Sie braucht den anderen ganz, all seine Aufmerksamkeit, all seine

Zuwendung – aber dann und nur dann, wenn sie es will. Daher kann man auch nicht wirklich von Liebe sprechen: Wo diese Frauen ihr Herz verborgen haben, ist nicht so ganz klar. Emotionalität, Leiden, Schmerz und Angst vor der Macht des anderen – dies ist in Liebesdingen das tägliche Brot der Narzisstin.

Was sie umwirbt, was sie braucht und unbedingt haben will, das ist nicht der selbständige Partner in seiner Individualität, sondern »der andere« als Objekt, das ihr Befriedigung schenkt. Ziel ihrer Bemühungen ist es, sich zu beweisen, wie liebenswert sie ist und wie sehr sie geliebt wird. Was ihr wiederum zeigt, wie phantastisch, leidenschaftlich, bewundernswert und außergewöhnlich sie ist.

Ein anderes wichtiges Thema der Narzisstin ist »Macht«. Der Wunsch nach Macht ist tief in ihr verankert, ist innig mit ihrer barbarischen, selbstherrlichen Persönlichkeit verknüpft, in der letztlich alles wurzelt. Jeder Wunsch gerät ihr zum Recht, ihre Rücksichtslosigkeit sorgt dafür, dass sie den anderen »erpresst« oder geht – zumindest damit droht –, wenn sie nicht die Regeln des Zusammenseins erzwingen kann, die sie sich vorstellt.

Doch welcher Mann erträgt so eine »egozentrische« Frau? Und um welchen Preis? Genau das ist die Achillesferse der Narzisstin. Sie bricht ein vor jemandem, der ihr signalisiert, dass er sie nicht haben will. Dann verwandelt sie sich plötzlich in ein zartes Mauerblümchen, das jederzeit in Tränen ausbrechen kann. Andererseits kann die Ablehnung durch einen anderen auch dazu führen, dass sie sich zunehmend stärker auf sich selbst zurückzieht und immer weniger zu Auseinandersetzungen bereit ist.

Neben Liebe und Macht ist auch Zeit ein Grundpfeiler der narzisstischen Weltsicht. Die Narzisstin langweilt sich schnell. Sie braucht interessante Projekte, Herausforderungen, einen Alltag voller Intensität, der ihr Lob und Bestätigung verspricht, ob es dabei um Arbeit oder Vergnügen geht, ist nicht von Belang. Sie will Anregung, Überraschung, an bedeutsamen Ereignissen Anteil nehmen, aber natürlich nicht von der zweiten Reihe aus. Eine unter vielen zu sein ist für sie inakzeptabel.

Alt zu werden ist für Männer eine Tragödie, weil es für sie den Tod in greifbare Nähe rückt. Für die Narzisstin ist der Kampf mit dem Altern vielmehr ein Dauerbrandherd, den sie meistern will, wobei sie häufig auch eine gewisse Weisheit entwickelt. Einige Frauen holen sich ihre Jugend über den Partner zurück, andere haben neue Interessen, und manche nutzen ihre Macht über andere, um dem Alter entgegenzutreten.

Wie das Leben so spielt

Desideria ist eine Frau von siebzig Jahren, die schon immer sehr schön, willensstark und voller Energie war. Ihr Mann hielt sie stets auf Distanz, gab ihr aber trotzdem ein Gefühl der Sicherheit. Als er starb, war sie am Boden zerstört. Dann aber übernahm sie die Führung der Familienangelegenheiten. Sie fühlte sich allein.

Während eines Kuba-Aufenthalts lernte sie einen gutaussehenden sechzigjährigen Mann kennen, der sehr gebildet ist, gut tanzen kann und ihr intensiv den Hof machte. Aus einer Laune heraus – und weil sie ein wenig unter Einsamkeit litt – beschloss sie, ihn zu heiraten, ohne das Ganze allzu ernst zu nehmen …

Ihr neuer Gatte begleitete sie nach Italien. Sie stellte ihn ihren Töchtern und Enkelinnen vor und kämpfte wie eine Löwin darum, dass diese ihn akzeptierten. Als alle ihn dann als Mitglied der Familie betrachteten, wurde Desideria klar, dass er ihr auf die Nerven ging. Daher brachte sie ihre Familie mit demselben Durchsetzungswillen dazu, ihn zu vergessen, und schickte ihn zurück nach Kuba.

Tatsächlich zeigt die Narzisstin eine konsumhafte Einstellung zum Leben, die immer nach unmittelbarer Befriedigung strebt: Der einzige Wert, den sie kennt, ist die Fähigkeit von Menschen, Objekten und Ereignissen, ihr Befriedigung zu schenken. Doch diese Frau zögert auch nicht, sich zu rächen, wenn sie sich nicht ausreichend geschätzt und begehrt fühlt. Sie ist durchaus in der Lage, ihre Wut zu zeigen (offen oder verdeckt, vergessen aber wird sie nie) und sich mit anderen anzulegen, sie fertigzumachen, aus ihrem Leben zu verbannen und keinesfalls um ihretwillen zu leiden. Sie benutzt andere Menschen und gibt ihnen das Gefühl, für sie wichtig zu sein, solange sie sie gebrauchen kann.

Die Narzisstin und die Liebe

»Liebe bedeutet, sich dem Schicksal als Geisel auszuliefern.«
Zygmunt Bauman

»Ich bin eine Idiotin geworden wie Gertrude Stein. Eben das ist es, was die Liebe aus intelligenten Frauen macht.«
Anaïs Nin

Gerade auf dem Gebiet der Liebe »schwingen« narzisstische Frauen mit höchster Frequenz, daher zeigen sich auch speziell hier persönliche Schwierigkeiten am deutlichsten. Sie erleben Beziehungen einerseits als Möglichkeit, das Leben in vollen Zügen zu genießen, andererseits fühlen sie sich davon immens bedroht.

Beim männlichen Gegenpol haben wir zwischen dem grandiosen und dem depressiven Typ unterschieden. Zwei ähnliche Kategorien lassen sich auch auf weiblicher Seite aufstellen: die *solipsistische* und die *leidende* Narzisstin. Sie unterscheiden sich in ihrer Art, den Partner und die Beziehung zu benutzen.

Die *solipsistische* Narzisstin ist unfähig, mit einem anderen Menschen zu leben. Sie setzt keine Kinder in die Welt, investiert alles in die Karriere; und wenn sie einen Partner hat, dann dient dieser nur ihren persönlichen Zwecken und ihrem Wohlbefinden. Für diese Frau geht die Karriere über alles, und sie hat klare Ziele im Leben. Mit der Liebe setzt sie sich wenig auseinander, auch wenn die Intensität des amourösen Erlebens sie anzieht. Falls sie mit einem Partner zusammen ist, wird dieser automatisch zum »Spender« von Aufmerksamkeiten und Wohltaten. Als Individuum sieht sie ihn nur selten.

Er ist eine Art Lakai für sie – oder der Ritter, der ihr dient. Häufig handelt es sich um einen sehr viel jüngeren Mann, der sich sehr um sie bemüht. Mitunter ist es aber auch ein Ehemann, der es vorzieht, im Hintergrund zu bleiben.

Wie der Narzisst häufig der Ernüchterung anheimfällt und Höhen und Tiefen erlebt, kennt auch die Narzisstin den allumfassenden Lebensschmerz, das *mal de vivre*. Ebendies ist es, was nicht nur ihre Beziehung zum Partner, sondern auch zu sich selbst prägt: Sie leidet, erfährt eine Krise nach der anderen, es geht ihr schlecht, aber sie denkt gar nicht daran, ihn teilhaben zu lassen, und sieht auch nicht recht ein, was das eine mit dem anderen zu tun haben soll.

Wenn die Narzisstin einen Partner hat, hält sie ihn sich zumindest so weit vom Leib, dass er sie nicht bei ihren Projekten stört, denn diese sind es, die ihr eigentliches Leben ausmachen. Sie hat die Beziehung unter Kontrolle und gibt vor, sie funktioniere blendend, auch wenn sie nichts dafür tut, dass es so bleibt. Diese Egozentrikerinnen zeigen sich fast immer lebendig, aber kühl, kapriziös, geradezu überschäumend in außergewöhnlichen Situationen. Im Alltag erlebt man sie allerdings fast erloschen.

Immer sind sie hochintelligent und versuchen, die Aufmerksamkeit auf sich zu ziehen. Sie halten die Bank und organisieren ihr Umfeld. Es geht ihnen gut, wenn sie nicht lieben; allein aber sind sie so gut wie nie. Unabhängig, autonom, unzufrieden und scheinbar unerreichbar, nutzen sie ihre Partner als Verlängerung ihrer selbst. Diese aber haben das Gefühl, etwas ganz Besonderes zu sein, weil solche Frauen ihnen ihre Aufmerksamkeit schenken. Narzisstinnen streben immer nach dem Ideal und versuchen nach Möglichkeit, niemanden wirklich zu brauchen. Liebe und Freiheit – diese beiden einander entgegengesetzten Pole wollen sie vereinen, obwohl sie beides nicht wirklich kennen.

Der Prozess der »Selbstschöpfung« findet für diese Frauen im Sozialen statt – über das, was sie tun, und die Energie, die sie dafür einsetzen. Eine solche Frau sucht sich stets neue Aufgaben und fängt am liebsten stets wieder von vorn an. So holt sie immer mehr Schwung, um noch höher zu steigen. Das Private wird rationalisiert, was den Kontakt zum eigenen Selbst nicht unbedingt verbessert.

Einer meiner Freunde meinte einmal, Narzisstinnen seien Frauen, die als »Single in einer Beziehung« leben. Um ein deutliches Bild von diesem Frauentyp zu bekommen, müssen Sie nur an die von Meryl Streep so genial verkörperte Figur der Miranda Priestly im Film »Der Teufel trägt Prada« denken, deren Vorbild die langjährige *Vogue*-Chefredakteurin Anne Wintour gewesen sein soll.

Wie das Leben so spielt

Cristina hat Erfolg im Beruf. Neugierig und unternehmungslustig, wie sie ist, hat sie – dieses sympathische Energiebündel – sich einen älteren Ehemann gesucht, dessen Leben sie sozusagen managt wie eine Firma. Sie spricht von der Liebe, als sei dies ihr einziges Lebenselixier, und erzählt immer wieder von ihren Eroberungen und den anschließenden außergewöhnlichen amourösen Erlebnissen. In Wirklichkeit fürchtet sie sich zu Tode vor der Liebe. Möglicherweise hatte sie noch nie eine Beziehung auf Augenhöhe.

In diesem Wirbel aus Freunden, Ereignissen, Bestätigung und Begehrtwerden gibt ihr die feste Beziehung Halt. Und sie vernachlässigt ihren Ehemann keineswegs: Sie ruft ihn mehrmals täglich an, informiert sich, wie es ihm geht, fragt nach, ob er auch ordentlich gegessen hat, und geht abends mit ihm aus.

Doch ihr Hauptinteresse gilt ihrer Arbeit, und ihr Herz geht in ihrem Lebensprojekt auf: streunende Tiere zu retten. In dieses Projekt steckt sie ihre gesamte emotionale und intellektuelle Energie. Sie erlebt Fortschritte und Rückschläge. Ich habe sie wegen dieses Projekts schon weinen gesehen. Ihre Beziehung hingegen nimmt sie einfach als gegeben hin. Zwischentöne blendet sie aus und geht einfach gerade ihren Weg. Die Bedürfnisse des anderen interessieren sie nicht, sie wäre gar nicht in der Lage, sich von ihm nervös machen zu lassen. Sie liebt seine Intelligenz, seine Kreativität und sein Geld – durchweg Aspekte, die sie als ihr »angemessen« betrachtet – und spielt eben die Rolle, die er von ihr erwartet, ohne sich jedoch verletzbar zu machen.

Die beiden erinnern mich an Stachelschweine, die sehr vorsichtig miteinander umgehen ...

Nachrichten von der Couch

Diana, die ebenfalls im Beruf sehr erfolgreich ist, kam in die Therapie, um ihre Beziehungen zu analysieren, in denen es ihr nicht gut ging. Das Muster war immer das gleiche: Sie lernte eine Frau kennen, wurde neugierig, begehrte sie und begann, sie zu umwerben, obwohl sie eine Partnerin hatte. Sobald die »Offizielle« eifersüchtig wurde, wurde Diana wütend, weil sie sich kontrolliert fühlte und die Klagen ihr auf die Nerven gingen. Dieses Genervtsein nutzte sie dann als Grund, um sich in der bestehenden Beziehung zurückzunehmen und die »heimliche« ein bisschen weiter voranzutreiben. Die feste Partnerin reagierte hierauf noch eifersüchtiger und wütender.

An diesem Punkt könnte Diana eine der beiden Liaisons beenden und sich nur noch einer Frau zuwenden, um mit ihr den »Neuanfang« zu zelebrieren. Sie könnte überlegen, was in der Vergangenheit passiert ist, und sich künftig anders verhalten. So würde sie sich infrage stellen und auf die Partnerin zugehen. Aber Diana tut nichts dergleichen und steht am Ende immer mit zwei unbefriedigenden Beziehungen da sowie mit zwei Partnerinnen, die ihr gleichermaßen vorwerfen, nie genug Zeit zu haben. Hier zieht sie nun den Schutzwall hoch, um sich dahinter zu verschanzen. Schließlich muss sie sich verteidigen.

Diese Pattsituation dauert mitunter Monate. Diana verzettelt sich, lügt beide Partnerinnen an, macht nicht realisierbare Vorschläge, steckt Kritik ein und wird am Ende nicht selten von beiden verlassen. Als hätte sie nicht den Mut, in eine einzige Liebesgeschichte zu investieren – aus Angst, verlassen zu werden, den Ansprüchen nicht zu genügen, »eingefangen« zu werden, keine Anregungen mehr zu finden, auf etwas verzichten zu müssen und die eigene Persönlichkeit nicht mehr zur Geltung bringen zu können. Mit zwei Frauen an ihrer Seite, wie erbost sich diese auch immer zeigen mögen, schafft Diana es, für sich zu bleiben und ihr Leben zu organisieren.

Natürlich könnte sie auch das als Lebensmodell versuchen, doch es gelingt ihr nicht, dieses Recht für sich zu fordern (hier stieße ein Mann sicher auf weniger sozialen Widerstand, wenn er seine Vorstellungen durchsetzen wollte) oder die aktuelle Situation wenigstens als Anfang zu betrachten.

Wie das Leben so spielt

Seit Silvia ihre drei Kinder hat, geht sie davon aus, dass sie ihr Leben lang mit ihrem Mann Marco zusammenbleiben wird. Da auch er ein recht narzisstischer, problematischer und häufig abwesender Partner ist, funktioniert die Beziehung recht gut. Silvia interessiert sich kaum für ihn, hört ihm nur oberflächlich zu und fühlt sich trotzdem als perfekte Ehefrau. Sie glaubt, dass er für immer und ewig bei ihr bleiben wird. Daher genügt es ihr, die körperliche Anziehungskraft zwischen den Partnern zu erhalten (was ja auch schon nicht wenig ist). Sie wählt Kleidung, die ihm gefällt, achtet darauf, dass sie nicht zunimmt, und pflegt sich sehr.

Wenn sie mit Freunden unterwegs ist, lässt sie sich den Hof machen, nur um sich Marco wieder anzunähern, sobald beide nach Hause gehen. In ihrer Beziehung wechseln sich Augenblicke großer Nähe mit solchen mangelnder Zuwendung und wechselseitiger Vorwürfe ab. Sowohl Silvia als auch Marco haben ihre Grillen und stellen ihre Ansprüche. Jeder der beiden ist fähig, den anderen zu akzeptieren, wenn dieser umgekehrt Toleranz zeigt. Sie führen ihr Leben scheinbar unabhängig voneinander. Er ist der lockere, soziale Typ, sie die leidende Hausfrau.

Sie scheinen sich kaum zu kennen, doch schaffen sie es, sich gegenseitig zu respektieren, vielleicht weil sie sich nicht so sehr für den jeweils anderen interessieren. Sie passen sich auf instinktive, natürliche Weise aneinander an, ohne auch nur den Versuch zu unternehmen, die Bedürfnisse des Partners zu verstehen.

Silvia leidet und bittet alle um Hilfe. Anscheinend kümmern nur ihre Kinder sich um sie, die es gewöhnt sind, sie leiden zu sehen. Den Kindern wird es einmal schwerfallen, sich von dieser Mutter zu lösen. Marco will Silvia nicht um Hilfe bitten, weil sie Angst hat, enttäuscht zu werden. Sie spürt, dass ihr Partner schwach ist, doch sie will ihn weiter idealisieren. Er hingegen gibt sich damit zufrieden, sie zu verführen. Vielleicht hält er sich auch für ihr viertes Kind, doch das würde keiner der beiden je zugeben.

Wenn Narzisstinnen sich stark fühlen, weil sie schön sind, stark, liebenswert und am Gipfel ihrer Karriere, kennen sie keinerlei Skrupel. Sie sehen den anderen als Instrument an, das sie nach Belieben benutzen können: »Hast du nicht Lust, mich zu besuchen? Dann kannst du mir beim Einräumen der Bücher helfen.« Sie sind unfähig, sich ihre Gefühle und ihre Angst vor dem anderen einzugestehen. Sie verdrängen, wie wichtig die Beziehung für sie ist, weil sie sich lieber als vollkommen autonom betrachten, als Frau, die auf niemanden angewiesen ist. Und so holen sie die Menschen hervor und stellen sie wieder weg – ganz nach Belieben.

Die Arbeit kommt zuerst, doch wenn sie nichts mehr zu tun haben, soll der Partner ihnen vollkommen zur Verfügung stehen und ihnen jeden Wunsch von den Augen ablesen. Sie sind durchaus fähig, eine Beziehung auf Distanz zu führen und den anderen trotzdem als Schulter zu empfinden, an der sie sich anlehnen können. Am liebsten leben sie ihre Gefühle indirekt aus.

Da die Narzisstin Ehrgeiz für beide entwickelt, ist sie meist ein fordernder Typ. Wenn der Partner Erfolg hat, heftet sie sich diesen ans Revers. Liegt der Erfolg jedoch bei ihr, dann teilt sie ihn keineswegs. Vielmehr rechnet sie nach, was sie zu bieten hat und was der Partner ihr dafür gibt. Sie verlangt viel, und das auch ganz offen, ob es nun um Geld geht oder um Prestige, Sex, Gefühl, Zusammensein oder Anwesenheit. Sie wechselt mit Leichtigkeit den Partner und nimmt die Beziehung selbst auf die leichte Schulter. Sie nimmt das Schöne, geht einer Bindung aus dem Weg und lässt sich nicht zu sehr ein.

Wenn die Narzisstin auf ein Machtspiel eingeht, achtet sie sehr genau auf das Gleichgewicht des Gebens und Nehmens. Manchmal erinnert sie an die Gottesanbeterin, die darauf programmiert ist, das Männchen zu verführen, nur um es nach der Begattung zu verspeisen. Das Männchen, das diese Bedrohung spürt, tut alles, um sich nicht einfangen zu lassen und weiter unbehelligt seiner Wege zu gehen. Doch je mehr er sich ihr zu entziehen sucht, desto ausgeklügelter werden ihre Strategien. Wenn dies geschieht, folgt für das Männchen unweigerlich ein schreckliches Ende. Ach wie viele Narzisstinnen gibt es doch, die der Gottesanbeterin gleichen: die sich in einen Mann verlieben, etwa nur weil er ihnen nützlich ist. Wenn sie ihn dann haben, verlieren sie sehr schnell das Interesse, da er ihnen eben nichts mehr bringt oder sie nicht mehr von ihm fasziniert sind ... Diese Frauen wechseln Beziehungen sehr schnell. Immer wenn sie gehen, sind sie davon überzeugt, dass die Schuld beim anderen liegt. Sie drängen sich dem Mann richtiggehend auf, nur um festzustellen, dass er ihnen nicht mehr gefällt, sobald sie ihn erobert haben.

Die zweite Kategorie sind die *leidenden Narzisstinnen*. Diese Frauen benutzen andere Menschen, um sich Energie zu verschaffen und die Lust am Entdecken von Neuem lebendig zu halten. Sie glauben immer, ihr soziales Leben halte sie auf Trab, in Wirklichkeit aber fühlen sie sich nur im Haus wirklich wohl. Die einzige Gefühlslage, die sie akzeptieren, ist das Unbehagen, in das sie sich hineinkuscheln wie das Baby in die Wiege.

Der Mann, den die leidende Narzisstin gleichwohl wenig schätzt, wird zum Kaleidoskop, durch das sie die Welt betrachtet. Mitunter sucht sie sich »unwichtige« Partner, weil sie glaubt, diese besser in der Hand zu haben. Ihre Grandiosität kommt erst zum Vorschein, wenn sie den Partner »gezähmt« hat und sich als unumschränkte Herrscherin fühlen kann. Auf diese Weise reduziert sie die Probleme, die für sie mit dem Leben in einer Beziehung verbunden sind. Erst dann fühlt sie sich richtig lebendig und kann ihre »Großmannssucht« zum Ausdruck bringen. Doch natürlich bleibt ihr das Risiko des Leidens. Sie ist stets auf Abwehr bedacht und doch sehr fordernd. Auf diese Weise wird sie zur Sklavin der Bedeutung, die sie für den anderen besitzt und die sie durch allerlei Prüfungen testen will. Sie braucht den Partner, um sich lebendig zu fühlen, andererseits will sie auch über ihn bestimmen, um keine Ängste zu entwickeln.

Die Narzisstin ist hochsensibel für alle Zwischentöne, soweit es sie selbst angeht. Bei allem, was den Partner betrifft, hört sie hingegen nur mit halbem Ohr hin. Um Liebe zu erhalten, die für sie Quelle der eigenen Identität ist, selbst wenn sie dies nie zugeben würde, ist sie sogar bereit, weniger ichbetont aufzutreten und ihre »Autarkie« zu verbergen: An diesem Punkt tappt sie in die Falle, die sie selbst gestellt hat, weil sie sich plötzlich für abhängiger und bedürftiger hält, als sie in Wirklichkeit ist. Dann leidet die Narzisstin, und zwar richtig. Denn nun verlegt sie ihre Grandiosität ins Leiden und in das Opfer, das sie gebracht hat.

Der weibliche Narzissmus spielt sich also mehr oder weniger im Verborgenen ab. Daher muss man meist häufiger als einmal hinsehen, bevor die Tendenz, alles dem eigenen Ego einzuverleiben, deutlich sichtbar wird. Wenn die leidende Narzisstin die Macht in der Beziehung dem anderen überlässt, wird sie abhängig, worunter sie enorm leidet: Sie projiziert auf die schwierige Beziehung alle Probleme, die sie im Leben hat, sodass ihre Grandiosität eine negative Färbung annimmt. Sie lebt sie nur im

Leid, in der Angst, in der Unzufriedenheit ... Das Gefühl, nicht liebenswert zu sein, die Schwäche, das zwangsläufige Verlassenwerden, die Angst vor der Welt – all das legt sie nun in das Leiden an der Beziehung, wobei sie nichts davon mit dem Partner teilt. Sie äußert ihre Ängste nicht, sondern kocht sie in der Einsamkeit aus.

Dieser Typus Narzisstin ist vom Leiden abhängig. Sie würde die Partnerschaft immer wieder dazu verwenden, um ihr Leid zu vermehren. Dadurch stellt sie ihrem Glück selbst ein Bein und sucht stets nach Möglichkeiten, die Zahl der Hindernisse und Hemmschuhe in der Beziehung zu erhöhen.

Im Hinblick auf sich selbst und ihr Gefühlsleben verhalten sich leidende Narzisstinnen deutlich autodestruktiv. Die Nähe, die sie schaffen, hat einen Zweck: Sie wollen den anderen an sich binden. Dies könnte zwar dafür sorgen, dass ihre Schutzwälle bröckeln, doch andererseits öffnet die Narzisstin sich nicht wirklich. Meist ist diese Nähe nichts weiter als Fassade, die sie nur deshalb aufrechterhält, damit sie ihr Opfer besser verführen kann. Sie selbst aber lässt sich nicht verführen (was ihr jedoch nicht bewusst ist). Die Unzufriedenheit mit dem Leben wird bei ihr zur Abwehrstrategie, um auf sich selbst konzentriert bleiben zu können.

Wie das Leben so spielt
Frida ist eine unterkühlte Schönheit, die sehr streng und verächtlich sein kann. Was Männer betrifft, so lebt sie in völliger Unabhängigkeit von ihnen. Sie behandelt sie nicht eben gut, sondern zeigt ihnen ständig, dass sie sie nicht braucht. Sie lebt erst richtig auf, wenn sie ein Publikum hat. Ihre »Fans« schenken ihr Energie, ihr Freund allerdings – der über ein

hohes soziales Prestige verfügt, ihr aber nichts bedeutet, weshalb sie ihn wie einen alten Lappen behandelt – schenkt ihr emotionale Sicherheit, sodass sie in der Welt gut funktioniert.

Frida braucht Paolo, auch wenn sie ihn nicht schätzt und ihn gerade mal so zu ertragen scheint. Sie braucht es, dass er sie bewundert und gleichsam an ihren Lippen hängt. Nur auf diese Weise wird sie mit ihren eigenen Ängsten fertig, ihren depressiven Anwandlungen, in denen sie sich zu verlieren meint. Er steigt auf das Machtspiel gar nicht ein. Er hat sie gern, er will sie, auch wenn sie ständig auf der Flucht vor ihm zu sein scheint und ihm stets die kalte Schulter zeigt.

Wenn man Frida fragte, ob Paolo für sie eine Bedeutung hat, würde sie niemals mit Ja antworten. Sie will sich selbst als unabhängig sehen, als autonomen Menschen ohne Bedürfnisse.

Dieser zweite Typ – der wie der erste sehr intelligent und gewöhnlich auch erfolgreich ist – zeigt seine Außergewöhnlichkeit also eher in der Leidens- als in der Lebensfähigkeit. Die Narzisstin stellt sich der Welt über ihre ambivalente Beziehung zum anderen, den sie gleichzeitig als Verfolger und als Retter betrachtet, auf jeden Fall als Persönlichkeit, gegen die es sich zu wehren gilt. Das Bedürfnis nach dem anderen sowie die Ambivalenz des Selbstbildes (stark–schwach) bewirken, dass sie viel mit dem Partner unternimmt, seine Interessen teilt, sich gelegentlich sogar auf seine Stimmung einstellen kann.

Diese Frau gibt sich Mühe, gleichwertig zu erscheinen, um akzeptiert zu werden. Also spielt sie die Rolle der »Versöhnlichen«, verzichtet dabei aber keineswegs auf den Wunsch, den Partner auszutauschen: Die Narzisstin braucht den anderen, hat aber Angst vor seiner Macht.

Sie »seziert« den Partner und betrachtet seine positiven und negativen Züge als komplett voneinander getrennte Persönlichkeitsaspekte. Sie benimmt sich, als wären die positiven und negativen Anteile nicht die zwei Seiten ein und derselben Person. Dies ist für sie eine optimale Strategie, um die Bedeutung des Partners nach Möglichkeit herunterzusetzen.

Wenn diese Frauen den Partner als stark und mächtig sehen, wenn sie das Gefühl haben, ihn nicht kontrollieren zu können, fühlen sie sich gefährdet und bekommen Angst vor der Beziehung. Für die Narzisstin des zweiten Typs ist es charakteristisch, dass sie leiden muss, doch dass sie sich gern im Schmerz verzehrt. Dass sie dem anderen Macht überlässt, ohne sich mit ihm auseinanderzusetzen. Dass sie ihre Unzufriedenheit nicht mit dem Partner teilt, sondern diese ganz für sich behält oder nur mit einigen Auserwählten teilt. Dass sie sich einzigartig fühlt, eben weil sie leidet. Wer kann schon leiden wie sie? Sie ritualisiert den Schmerz und bleibt bei ihrer Ambivalenz. Da sie keine Kompromisse eingehen will, riskiert sie, sich allzu sehr von der Welt abzuwenden.

Wie das Leben so spielt

Barbara hat eine sehr schmerzhafte Liebesgeschichte hinter sich. Sie wird im Berufsleben geschätzt, ist aber emotional betrachtet sehr allein. Sie wünscht sich Anschluss, leugnet diesen Wunsch jedoch.

Sie neigt dazu, sich in narzisstische Männer zu verlieben, denen sie sich sozusagen auf dem Silbertablett darbietet. Sie liefert sich ihnen vollständig aus. Und so hat sie fast immer Partner, die sie am Anfang zu vergöttern scheinen. Barbara allerdings bringt erst Interesse auf, wenn die Beziehung schwierig wird und sie leiden lässt. Sie sucht sich Herren aus, die sie bald wieder ablehnen, wie ihre Eltern sie abgelehnt haben – mit einer subtilen, egoistischen Grausamkeit.

Häufig zeigt sie sich wütend, weil sie in der Außenwelt keine Unterstützung und keine Anregungen findet. Sie denkt, ihr Partner müsste sie verstehen und ihr helfen. Doch sie bittet ihn um nichts. Angeblich will und braucht sie ja nichts. Sie würde sich nie dazu herablassen, ihre Wünsche offen zu zeigen. Sie denkt, ihr Partner müsse sie auch so verstehen. In Wirklichkeit aber gibt sie ihm gar nicht erst die Möglichkeit, ihr zu helfen. Nichts, was er tut, könnte sie zufriedenstellen, denn kein Ereignis der Welt wäre je genug.

Tief in ihrem Inneren fühlt Barbara sich nicht geliebt und nicht liebenswert. Diesen Seelenzustand bringt sie in jede Beziehung ein. Sie trägt aktiv dazu bei, dass diese scheitert. Unzufriedenheit, kaschierte Abhängigkeit, Erwartungshaltung, Unergründbarkeit ihrer Wünsche – all das sorgt dafür, dass kein Partner ihre Erwartungen zu erfüllen vermag. Dann kann sie wieder leiden, bis es nicht mehr geht.

Wenn sie aus diesem Beziehungstraum erwacht, fühlt sie sich sehr allein. Im Grunde agiert sie immer nur eine bestimmte Regieanweisung aus, die sich niemals ändert. Da sie mit sich selbst nicht gut zurechtkommt, stürzt sie sich auf Schnaps. Darin sucht sie die innere Ruhe, die in ihr nicht unbedingt angelegt ist.

Barbara lechzt nach Zuwendung und Bestätigung und sieht nicht, inwieweit sie selbst zu ihrer Isolierung und zur Verarmung der Beziehung beiträgt. Sie wünscht sich von einem Mann genau das, was er ihr nicht geben kann. Darunter leidet sie sehr. Unbefriedigt und zornig versucht sie, sich in der Beziehung auf indirekte Weise – durch Schweigen und Distanz – durchzusetzen, ohne zu merken, dass sie gerade so ihr Leiden noch verstärkt.

Nachrichten von der Couch
Auch Olimpia, die wir mittlerweile gut kennen, ist eine begabte Frau, die ein sehr intensives und befriedigendes Berufsleben hat. Sie hatte ein paar wichtige Beziehungen, denen sie wenig Aufmerksamkeit schenkte. All diese Verbindungen wurden von ihr aufgelöst. Sie hat zwei Kinder, die aber weit entfernt wohnen.

Olimpia hat die Männer, die sie kennenlernte, immer beschützt. Sie war stets von deren Schwäche überzeugt und von ihrer Angst vor Frauen (im Allgemeinen). Sie hat sich also nie auf eine »gefährliche« Beziehung eingelassen, doch träumt sie seit jeher von einem Mann, dem sie offen sagen könnte, was sie denkt, mit dem sie sich auf Augenhöhe messen und mit dem sie bis in die späte Nacht hinein diskutieren und schmusen könnte.

Sie wünschte sich eine Konfrontation, ein »Armdrücken«, bei dem es nicht darum geht, wer am Ende gewinnt, sondern darum, wechselseitig Kraft und Wissen zu steigern. Doch in ihren Beziehungen stellte sie meist nur allzu bald fest, dass die Partner ihr nicht gewachsen waren. Dabei empfindet sie auch ein Sich-nicht-einlassen-Können als Schwäche des anderen. Dies löste bei Olimpia meist tiefe Enttäuschung aus.

Als sie Furio kennenlernt, sieht sie in ihm den intelligenten Mann voller Autorität, auf den sie sich ihrerseits einlassen möchte. Jedes Mal, wenn Furio die Beziehung beendet, ist Olimpia verzweifelt, weil sie mit ihm ja auch den Teil ihrer selbst verliert, den sie in ihm sieht. Darüber hinaus verliert sie die Projektion ihrer familiären Hintergründe. Furio ist ganz er selbst – mit seinen vielen Vorzügen, seiner Energie, aber auch seinen Schwächen. Gleichzeitig ist er Teil von Olimpias grandiosem und gleichzeitig ängstlichem Selbst. Wenn Furio sich also von ihr entfernt, erleidet Olimpia einen zweifachen Verlust, was sie dazu bringt, erneut den Kontakt mit ihm zu suchen. Unzählige Male nehmen die beiden die Beziehung wieder auf, doch jeder bleibt sich dabei gleich – Furio, der nicht in der Lage ist, den Alltag zu leben, ohne an Elan einzubüßen, und Olimpia, die einerseits zu aktiv ist, andererseits auch schon viel eingesteckt hat. Sie traut sich ebenfalls nicht, sich ganz auf eine Beziehung einzulassen, in der sie sich unsicher fühlen würde. Sie achtet auf jede Kleinigkeit, kontrolliert jedes Detail, weil sie Angst hat und eine viel zu idealistische Sicht dieser Beziehung pflegt. Sie kann sie nicht einfach laufen lassen, sondern muss sich auch noch um deren »i-Tüpfelchen« kümmern. Sie lässt nicht los und schafft es nicht, das Leben so zu nehmen, wie es kommt, ohne ihr Umfeld zu manipulieren – aus Angst, aber auch aus einer inneren Anspruchshaltung heraus, was zueinander im Widerspruch steht.

Sie schreibt ihm, dass sie mit ihm Glück, Zwang, Achtung, Intensität und Hochmut erlebt. Er aber empfindet sie – zu Recht oder zu Unrecht – als manipulativ. Er vertraut ihr nicht, hat Angst vor ihrer Stärke, aber auch vor ihrer Bedürftigkeit. Die beiden schaffen es nicht einmal, in einer als negativ definierten Beziehung zusammenzubleiben. Olimpia sieht nicht ein, dass es ihr in einer Beziehung schlecht gehen soll, und will auf ihr Idealbild nicht verzichten.

Die Angst begleitet diese Frauen auf Schritt und Tritt: Sie ist eine ihrer Methoden, sich der Welt zu nähern, doch intelligente Narzisstinnen lernen mit der Zeit, sie zu relativieren. Die Angst wird deutlich in der Unvermeidlichkeit und Notwendigkeit des Leidens, das im nüchternen und gefühlsarmen Klima der Ursprungsfamilie der Narzisstin seine Wurzeln hat, aber auch in der Ambivalenz sich selbst und der Umwelt gegenüber. Wie der Narzisst fällt auch die Narzisstin in ihr Leiden wie in ein schwarzes Loch. Sie nutzt es, um ihre ganze Intensität auszuleben. Die Narzisstin hat stets das Gefühl, verzweifelt zu sein, sich verloren zu haben. Den Schmerz hingegen erkennt sie wieder. Sie lebt ihre Tragödie, kann ihre Ziele nicht erreichen und glaubt deshalb, ihre Grenzen würden überschritten. Sich im Schmerz zu fühlen ist eine Art, sich am Leben zu wissen, sonst wäre das Dasein doch viel zu einfach und banal. Dann müsste man Kompromisse eingehen, sich an die elementarste Wirklichkeit halten. Doch wenn man leidet, kann man die Aufmerksamkeit von Neuem nur auf sich selbst richten und die Idealisierung des Selbstbilds auf allen emotionalen Ebenen aufrechterhalten.

Mit dem Leben fertig zu werden ist daher keine Gabe, die der Narzisstin in die Wiege gelegt wird. Gewöhnlich ist sie Frucht ausdauernder Erfahrung, wenn sie lernt, den Schmerz zu beherrschen und mit der Realität klarzukommen. Schafft die Narzisstin es hingegen, ihre Energie für ihr eigenes Wohlbefinden einzusetzen und ihre Ziele zu verwirklichen, fördert sie sich selbst und kann ihre eigenen Interessen mit Leidenschaft verfolgen.

Wie das Leben so spielt

Marialaura hatte einen narzisstischen Vater und eine große Liebe, einen Mann, der ähnlich egoistisch war und sie sehr leiden ließ. Von ihm fühlte sie sich stark abhängig.

Nachdem sie beides überwunden hat, lässt sie sich auf eine »unwichtige« Beziehung ein, einen Mann, bei dem sie ihrerseits fordernd und launisch ist, eine Art Sohn, um den sie sich kümmern kann und zu dem sie einen gewissen Sicherheitsabstand wahrt. Scheinbar kann sie nur zu ihm vollkommen ehrlich sein, doch diese Aufrichtigkeit ist begleitet von einer geradezu legendären Launenhaftigkeit. Mit ihm lebt sie auch ihre Selbstzerstörungsmechanismen aus und mutet ihm ständig ihre schlechte Laune zu.

Im Beruf ist sie engagiert, kompetent und tatkräftig. Sie ist überzeugt davon, ein »Recht auf Erfolg« zu haben. Wenn sie dann nach Hause kommt, überfällt sie eine ungeheure Trägheit. Sie nabelt sich von der Welt ab und verliert den Kontakt zu sich selbst. Sie betrügt ihren Partner häufig mit Männern, die sie im Arbeitsleben kennenlernt. Tatsächlich ist die Tatsache, Männer verführen zu können, wichtig für ihr Selbstbild. Daher findet sie sich häufig in irgendwelche »romantische« Liebeleien verstrickt, die ihr jedoch umgehend auf die Nerven gehen. Meist zieht sie sich dann entsetzt zurück. Diese nicht realisierbaren Liebesverhältnisse nutzt sie, um ihren Schmerz zu steigern und ihre Freude am Leben zu mindern, die ohnehin nicht sehr ausgeprägt ist. Doch nur allzu bald macht die Erregung dem Überdruss Platz.

Sie bezieht ihren Partner jedoch nicht in ihr Leiden mit ein: Es genügt ihr, dass er zum Zeugen ihres Martyriums wird und es respektiert, ohne von ihr wesentliche Änderungen zu verlangen. Sie weint, ist verzweifelt, lässt sich hängen und hat immer einen guten Grund, warum es ihr schlecht geht, auch wenn dieser häufig wechselt. Das Leiden und die Mühseligkeit des Daseins sind für Marialaura Lebensthemen, da sie mit sich selbst und ihrer Umwelt einfach nicht zurechtkommt.

Wie das Leben so spielt

Barbara kennen wir bereits. Sie ist mit Gianni zusammen, einem begabten Narzissten. Die beiden bilden eine Leidensgemeinschaft. Ebendas ist es, was sie verbindet. Der Schmerz ist der Kitt, der ihre Beziehung zusammenhält.

Sie treffen sich, wenn ihre Verpflichtungen erfüllt sind.

Dann brauchen sie relativ viel Zeit, um sich aufeinander einzustimmen und auf den anderen eingehen zu können. Obwohl Barbara den ganzen Tag nur an ihn denkt, erlebt sie Gianni, wenn er zu ihr kommt, doch als Feind und fürchtet sich vor der Macht, die sie ihm eingeräumt hat. Und dennoch erwartet sie, dass er die Regeln des gemeinsamen Spiels bestimmt. Wenn Gianni sich von seiner üblichen Apathie übermannen lässt, versucht Barbara nicht, ihn herauszuholen. Sie schlägt ihm nicht etwa vor, Hausarbeit zu machen oder gemeinsam etwas zu unternehmen. Stattdessen »wartet« sie und lässt sich vom allgemeinen Klima der Resignation anstecken. Dann fühlt jeder der beiden sich allein und verlassen.

Sie haben kaum sexuelle Kontakte. Wenn es zu welchen kommt, sind sie meist unbefriedigend. Doch immerhin fühlen sie sich in einer gewissen Distanz miteinander sicher. Jeder der beiden hat so viel Angst vor der Macht des anderen, dass keiner ihn nach Wünschen oder Phantasien fragt. Beide haben derart Angst, in Abhängigkeit zu verfallen, dass die geringen sexuellen Kontakte, welche die Distanz zwischen den beiden noch erhöhen, sie nicht im Geringsten betrüben.

Sie treffen sich bei Barbara, und zwar jeden Abend, obwohl sie nichts verabreden. Sie fürchtet Tag für Tag, dass Gianni nicht kommen könnte. Er hingegen stellt sich pünktlich ein, obwohl er so tut, als ginge ihn das alles gar nichts an. Sie gehen nur selten aus, unternehmen nichts miteinander, haben noch nie ein Wochenende miteinander außer Haus verbracht oder eine Reise unternommen. Die – auch körperliche – Distanz scheint der Hauptbestandteil ihrer Beziehung zu sein. Die unabdingbare Würze aber bietet das gemeinsame Leiden.

Ein weiterer wichtiger Charakterzug der Narzisstin ist es, dass sie sich immer und überall gegen den anderen wehrt. Sie macht dies quasi automatisch, ohne lange darüber nachzudenken. Wenn die Narzisstin sich überhaupt verliebt, dann hat sie Angst vor der Liebe und vor der Macht, die mit ihr einhergeht. Daher bringt sie in der Beziehung eine ganz subtile Form des Sabotagemechanismus in Gang: Sie macht den anderen lächerlich und setzt ihn herab, nur um die Macht zu schwächen, die er über sie hat – wie ein Kind, das alles tut, um sein Spielzeug kaputt zu machen, aber am Ende weint, weil es nun nichts mehr zum Spielen hat. Sie fühlt sich überlegen und versucht, sich möglichst auf nichts einzulassen, ja, sich dem Partner keinesfalls hinzugeben. Andererseits führt sie allerlei mitunter lächerliche Regeln und Abreden ein, um ihre eigene Individualität zu demonstrieren. Doch diese Abwehrstrategien in der Liebe kommen ihr kaum je zu Bewusstsein. Meist lebt man sie auch nur in schwierigen Zeiten aus.

Die Narzisstinnen sabotieren also den Beziehungsalltag. Sie stellen sich nie infrage und dulden keine Phasenverschiebungen. Weder die Intensität der Auseinandersetzung noch die Langeweile der Routine findet Gnade vor ihren Augen. Sie gehen keine Kompromisse ein. Lieber ergreifen sie die Flucht, um sich an einen sicheren Ort zu begeben: eine Seifenblase, in der alles für immer in der Schwebe bleibt. Am liebsten flüchten sie sich in die Illusion, dass Sicherheit und Unabhängigkeit in der Beziehung sich unter einen Hut bringen lassen.

Auch die Narzisstinnen gehören zu den Nestflüchtern. Sie drohen ihrem Partner ständig damit »abzuhauen«, oder sie schwören sich dies selbst. Das Unbehagen, das Grundlage dieser Entscheidung ist, wird jedoch nie thematisiert. In einer »schwierigen« Beziehung konstruiert die Narzisstin sich den anderen wie ein Gespenst: »Ich habe ein nicht existentes Wesen geschaffen, einen grausamen Folterknecht. Jetzt, wo es vielleicht schon zu spät ist, werde ich mir dessen bewusst.« Meist fühlen Narzisstinnen sich in der Beziehung überlegen, auch wenn sie dies nur selten anklingen lassen. Es geht vielmehr um eine gewisse Haltung, ein gelegentliches Heben der Augenbraue oder eine schneidende Antwort. Der Konflikt mit dem männlichen Element macht sich im »Untergrund« bemerkbar.

Häufig wählt die narzisstische Partnerin einen ebenso narzisstischen Mann. Dann bieten sich grundsätzlich zwei Möglichkeiten:

- Jeder der beiden geht seinen Weg und benutzt den Partner, um sich Sicherheit zu verschaffen, doch ohne den anderen als wichtigen Teil des Lebens zu betrachten. Dies funktioniert vor allem, wenn die Beziehung beiden Vorteile verschafft. Die zwei leben nebeneinanderher wie Parallelen, die sich niemals berühren.
- Einer der beiden, meist ist es die Frau, projiziert auf den anderen den ungeliebten Teil seiner selbst und benutzt den Partner, um den eigenen Schmerz zu leben. Dies ist ein Versuch, sich von der mangelnden Liebe, von der Angst zu heilen: »Er liebt mich nicht. Ich wehre mich und kümmere mich um ihn, als wäre er das schwarze Loch im Zentrum meiner selbst. Dabei versuche ich, mich nicht so schlecht behandeln zu lassen. Ich brauche ihn mehr als alles andere, weil mir sonst ein Teil meiner selbst verloren geht. Mit ihm zusammen lerne ich, meine verkümmerten Persönlichkeitsanteile zu akzeptieren.« Diese Art der Beziehung verändert sich allerdings mit der Zeit: Das Ungleichge-

wicht wird immer stärker. Es kommt zu Augenblicken, in denen einer der Partner zum Angriff übergeht, dann wieder muss er sich gegen seine eigenen schmerzenden Gespenster verteidigen. Auch in diesem Fall wird der Schmerz zum wesentlichen Bestandteil der Beziehung, ob die beiden nun zusammen oder getrennt sind.

Nachrichten von der Couch

Angela hat einen großen Teil des Lebens ihrem Mann gewidmet. Beide sind im Beruf sehr engagiert und wollen Karriere machen. Es lief alles wunderbar. Sie standen stets vor Herausforderungen und befassten sich mit beruflichen Projekten. Ihre Interessen waren der Außenwelt zugewandt. Sie hätten – so Angela – nie über ihre Beziehung sprechen müssen.

Dann allerdings lernte sie Fausto kennen, einen Narzissten par excellence. In ihn verliebte sie sich Hals über Kopf. Er wollte sie vollkommen für sich haben, stellte ihre Wertvorstellungen infrage, war ganz Aufmerksamkeit und lehrte sie, auch in kleinsten Dingen mit ihm in Harmonie zu leben, wobei er seine narzisstischen Anteile hemmungslos ausleben konnte. Doch sobald er sein Ziel erreicht hatte, zog er sich zurück. Von diesem Moment an war der gemeinsame Alltag unerträglich. Er lebte ganz in seiner Welt, war höchst unzufrieden und möglicherweise sogar depressiv. In jener Zeit begann Angela zu leiden.

»Die Vorstellung, ihn zu verlieren, ist für mich der Anfang vom Ende«, sagt sie verzweifelt. »Ich habe nicht mehr die geringste Lust zu leben.« Dabei erinnert sie sich noch so gut an die Zeiten, in denen das Zusammensein mit ihm normal war, in denen sie noch nicht so verletzlich war und alles bestens lief. Dieses Paar lebt eine geradezu kosmische

Einsamkeit. Die Schweigeperioden mehren sich. Nur eine gelegentliche Unterhaltung über ihr gemeinsames Hobby verspricht noch Abwechslung in einer Beziehung, die von Tag zu Tag schlechter wird und die man mit Fug und Recht als »Eiswüste« bezeichnen kann.

Angela jedoch macht nicht Schluss, sondern entwickelt eine gewisse Sturheit: Sie will über die Irrationalität dieser Beziehung obsiegen. Sie will sie retten und ihren Geliebten zurückgewinnen, obwohl sie ihm die alleinige Schuld an ihrer beider Unglück gibt. Wie kann es sein, dass sie nicht auch auf diesem Gebiet erfolgreich ist, wo sie doch die anderen Bereiche ihres Lebens so gut im Griff hat?

Um sich durchzusetzen, liefert sie sich dem anderen entweder willenlos aus, oder sie attackiert ihn verzweifelt. Beides reißt den Partner nicht aus seiner Haltung heraus. Alles, was sie unternimmt, um Fausto an sich zu binden, ist in seinen Augen falsch: ein Machtspiel. Doch Angela meint, Fausto sei der erste und einzige Mann gewesen, der ihre Seele berührt habe, der ihre Schwäche kenne und sie ihr gezeigt habe. Sie möchte wirklich bei ihm bleiben. Sie könne ohne ihn nicht leben, weil sie das Gefühl habe, ihn zu brauchen: »Er hat mich gelehrt, neue Prioritäten zu setzen. Die Arbeit, die ich zu meiner Sicherheit brauchte, steht nun nicht mehr an erster Stelle, sondern an dritter. Jetzt steht an erster Stelle die Beziehung zu Fausto und dann die zu meinen Kindern. Dabei habe ich sie jahrelang als den wichtigsten Punkt meines Lebens behandelt. Ich schäme mich nicht, das einzugestehen. Zu dieser Zeit war ich ziemlich gelassen und ruhig. Als ich Fausto kennenlernte, habe ich mich zum ersten Mal ganz meinem Herzen überlassen. Heute steht er an erster Stelle, aber ich habe nicht das Gefühl, dass dies für ihn genauso ist. Und das schafft in mir ein grundlegendes Gefühl von Frustration und Misstrauen.«

Am Ende wird Angela gehen, nachdem sie alles versucht hat. Sie wird eine andere Beziehung aufnehmen, in der sie sich sicherer fühlt, weil sie weniger engagiert ist.

Der wichtigste Unterschied zwischen weiblichen und männlichen Narzissten ist, dass die Letzteren sich ganz als Opfer ihrer selbst und der Welt fühlen können. Frauen nehmen diese Rolle nur selten bewusst an, selbst wenn sie sich im Innersten so fühlen mögen. Natürlich kommt es vor, dass auch sie sich verfolgt wähnen. Doch meist kämpfen die Frauen um die Freiheit vom Leiden und um eine gewisse Lebensweisheit. Die Narzisstinnen verstärken also beides: ihre narzisstischen Persönlichkeitsanteile und ihre Fähigkeit zu leben. Sie werden »stark«, mitunter zu stark. Männer, die Angst haben, sich zu binden, werten dies häufig negativ, wenn sie von ihrer Partnerin sprechen.

Auf emotionaler Ebene zeigt die Narzisstin sich eifersüchtig. Sie will alle Aufmerksamkeit für sich haben und ist bereit, dafür noch den schrecklichsten Mann zu becircen. Die Frauen, die am meisten leiden, zeigen sich gleichzeitig sehr sensibel ihrem Umfeld gegenüber. Die anderen hingegen sind diesbezüglich vollkommen unempfindlich. Beide jedoch sind fordernd und entschlossen: Sie behandeln ihre Partner entweder so, als seien diese die wichtigste Person in ihrem Leben, oder so unbedeutend wie eine Fruchtfliege. Liebe und Freundschaft empfinden diese Frauen nicht als Geschenk, sondern als ihr gutes Recht.

Wie bereits gesagt wurde, lebt die Narzisstin sehr gut allein. Ihre Liebe hält sie, so gut es geht, auf Distanz. Wenn der Partner aber versucht, ihr näherzukommen,

- bricht sie auf einem Gebiet, das nichts mit Emotionen zu tun hat, einen Streit vom Zaun, den sie mit erbitterter Energie führt, weil sie unbedingt gewinnen will,
- fühlt sie sich schwach und versucht, ihn auf indirekte Weise zu treffen, oder
- will sie eine Beziehung, »in der beide Partner sich weiterentwickeln«, doch nur, wenn sie die Regeln diktiert.

Einen starken Mann zu treffen ist für jede Frau ein Traum. Doch Frauen funktionieren im Allgemeinen besser, wenn der Partner ihnen erlaubt, die Beziehung zu steuern, und ihnen nachgibt. Auf diese Weise kann er die ganze Energie, Neugier, Organisationsgabe und Intensität der Partnerin auskosten. Ist eine Narzisstin mit einem »mächtigen« Mann zusammen, ist sie stolz auf ihre Eroberung und sorgt dafür, dass ein wenig von dem Glanz, den Macht oder Wissen ihrem Partner verleihen, auch auf sie abfällt. Wenn dies gelingt, ist sie der Auffassung, dass damit ja nur ihren Talenten der notwendige Tribut geleistet wird.

Nachrichten von der Couch

Wenn Anna es nicht schafft, ihren Partner zum Erreichen bestimmter Ziele zu motivieren, tauscht sie ihn gegen einen anderen aus, der ihr auf dem von ihr vorgegebenen ehrgeizigen Pfad folgt.

Ihren ersten Partner – wie auch alle folgenden – lernte sie kennen, als dieser gerade an einem Tiefpunkt seines Lebens angekommen war. Sie nahm ihn mit auf die Gipfel des Glücks, nur um ihn danach wieder in den Staub zurücksinken zu lassen. Jede ihrer Beziehungen dauert ein paar Jahre an, in denen auch Kinder geboren werden. Daher zählt

Annas Familie auch viele Häupter, doch die Unzufriedenheit ist ihr ständiger Begleiter. Ich habe sie nur ein einziges Mal zufrieden erlebt: Damals war sie schwanger, schien in sich selbst zu ruhen und war mit der Welt im Reinen. Wenn aber der Partner bzw. die Kinder selbständiger werden und ihre Hilfe, sprich Kontrolle, nicht mehr brauchen, wird Anna unruhig: Sie fühlt sich verloren. Dann rückt ihre latente Unzufriedenheit wieder stärker in den Vordergrund, und sie spricht hauptsächlich darüber, wie unglücklich sie ist. Das geht so lange, bis sie einen neuen Mann findet und alles wieder wunderbar scheint. Dieser Zyklus wiederholt sich auf immer die gleiche Art, die Zeiträume zwischen den Stationen verkürzen sich zusehends: Begegnung, Begeisterung, Enttäuschung, Begegnung, Verlassen des bisherigen Partners.

In unserer Zeit kommt es immer häufiger vor, dass Frauen mit jüngeren Männern zusammen sind. Diese Art der Partnerschaft funktioniert besonders gut, wenn die Frau narzisstisch veranlagt ist. Das liegt zum einen daran, dass sie in einer solchen Beziehung nicht unbedingt ihre üblichen Machtspielchen durchzieht, zum anderen kann eine solche Frau so Aspekte der Mütterlichkeit leben, ohne unbedingt deren negative Seiten kennenzulernen. Es ist doch ein gewisser Unterschied festzustellen zwischen der Sorge um ein Kleinkind und der um einen jungenhaften Erwachsenen ... Die narzisstische Frau in dieser Konstellation

- fühlt sich stark,
- kann auf ihre Machtkämpfe verzichten, die mit einem Gleichaltrigen an der Tagesordnung wären,
- kann ihren Mutterinstinkt durch andere Formen der Liebe ausleben,

- spiegelt sich in den bewundernden Augen ihres Geliebten wider,
- genießt die körperliche Präsenz des Partners, da sie sich neben ihm jünger und schöner fühlt,
- geht das Risiko ein, vom Partner schlecht behandelt zu werden, und
- erträgt die Momente der Unaufmerksamkeit, weil dadurch die Spannung aufrechterhalten wird: Das Spiel bleibt lebendig; die Narzisstin muss stets auf der Hut sein und taucht nie in die Öde und Langeweile des Alltags ein.

Wie bereits gesagt wurde, ist diese Frau jederzeit zum Seitensprung bereit, wenn sie einen Mann findet, der sie mehr interessiert als ihr bestehender Partner. Dabei will sie diesen eigentlich nicht betrügen, doch Untreue fällt ihr eben leicht. Sie spaltet die emotionalen Anteile (das Bedürfnis, geliebt und bestätigt zu werden) einfach ab und überträgt sie auf den neu Angekommenen – für eine Nacht oder für das ganze Leben. In der Therapie erzählt sie erst Monate danach von diesem Ereignis, als sei es ein »Einschub« in ihrem Leben, der wenig bedeutsam war. Als sei der Liebhaber ihr Instrument und keine reale Person.

Frau und Sex

> »Damit es beim Sex klappt, muss wenigstens
> ein Quäntchen Hass vorhanden sein.«
> *Eine Freundin*

Der narzisstische Mann hat, wenn er ein neues Beutetier erspäht, eine ganz besondere erotische Ausstrahlung, da er sich selbst und das Vergnügen einsetzt, das er zu schenken weiß, um seine eigene Anziehungskraft zu erhöhen. In der Phase der Werbung gibt er sich die größte Mühe, seine Partnerin zufriedenzustellen, danach jedoch muss man ihn dazu erziehen, die nötige Hinwendung aufzubringen. Er hat eine eher solipsistische Sexualität: Er behält seine Phantasien für sich und kümmert sich auch praktisch am liebsten um sich selbst. Er will die Partnerin verführen, gleichsam »kaufen«, aber nicht, weil er einen intimen Austausch möchte, weil er geben und nehmen will.

Der narzisstische Mann betrachtet es sozusagen als Ehre, dass seine Partnerin mit ihm – vor allem im Alltag – zusammen sein darf. Die Narzisstin hingegen investiert viel in die Sexualität, aber deutlich weniger in den Alltag. Sie träumt von Augenblicken unendlicher Intensität, die sich losgelöst vom Rest des Lebens ergeben. Sie stellt sich vor, wie sie sich im anderen verliert, wie der andere sie »wirklich« liebt. Und sie will ihre verführerische Seite unter Beweis stellen, sooft es geht. Ihre Erregung beschränkt sich allerdings auf die Genitalien, sie entwickelt kein »Gefühl« der Sexualität. Sie nimmt ihre Bewunderer gern »an den Haken« und nutzt ihre Libido, um sich vor ihren Gefühlen zu schützen. Und so wird die Intimität gern zum Meisterwerk der Narzisstin: ein kaltes, angsterfülltes Kunstwerk, das verborgen wird.

Die Narzisstin macht aus der Sexualität, nicht aus der Erotik, eine Art Brille, durch die sie den Alltag betrachtet. Sie sieht darin eine Möglichkeit, sich zu verlieren. Sie ist auf sexuellem Gebiet durchaus fähig, sich einzulassen, und erhöht, da sie das Risiko liebt, auch gern den Einsatz. Der Koitus funktioniert mit ihr wunderbar, aber mit Liebe hat er nichts zu tun. Diese Frau träumt immer davon, die unerreichbare Verschmelzung zu erfahren.

Die Narzisstin achtet sehr auf ihr Äußeres: Sie zieht sich so an, dass sie dem Mann gefällt. Und sie trägt nur Sachen, die hundertprozentig zu ihrem Umfeld passen. Natürlich fällt sie trotzdem auf. Die Sexualität ist für sie vor allem Beweis des Begehrens, das sie beim andern hervorruft, manchmal, indem sie sich eben nicht hingibt. Dann erfreut sie sich nur am Verlangen, mit dem der Partner ihr begegnet.

Sie umgibt sich gern mit anderen Menschen, vor allem mit solchen, die viel Aufhebens um sie machen, nur um sich nicht allein zu fühlen. »Ich habe ein ansehnliches Sortiment«, sagte mir beispielsweise einmal eine ziemlich außergewöhnliche Frau. »Männer, mit denen ich ins Kino gehe. Kunstbegeisterte, mit denen ich Ausstellungen genieße. Einen, mit dem ich leidenschaftlichen Sex habe. Ich komme mir vor wie eine Königin!«

Die Narzisstin hat ein reges Sozialleben. Sie braucht Freunde, braucht Anregungen. Für sie ist die Intensität des Erlebens wichtig, daher legt sie Wert auf Sex. Sie kennt keine Angst davor und denkt, dass sie ein Anrecht auf die Befriedigung ihrer Lust hat. Meist formuliert sie auch ihre Bedürfnisse sehr klar.

Die Narzisstin und Kinder

Man erwartet von Frauen, dass sie ihre Kinder und die Familie lieben. Tatsächlich gilt dies als wesentliche Anforderung an die weibliche Psyche. In Wirklichkeit aber ist die Angelegenheit komplizierter. Gerade in meiner Arbeit als Psychologin stoße ich immer wieder auf Formen seelischer Gewalt wie mangelndes Interesse, Achtlosigkeit, Kritik, Abwesenheit oder fehlende Liebe.

Wenn die Narzisstin beschließt, eine Familie zu gründen, tut sie dies mit demselben Elan, mit dem sie auch andere Vorhaben anpackt. Sie möchte, dass sie funktioniert wie ein Schweizer Uhrwerk. Sie organisiert, plant, fordert. Am liebsten würde sie ihre Kinder nach ihrem eigenen Vorbild formen. Sie hegt hohe Erwartungen an sie und zeigt sie gern als kostbare Prestigeobjekte vor, statt sie als Individuen wahrzunehmen. Sie zeigt selten ihre Gefühle und umgibt die Kinder nicht gerade mit einer Aura der Mütterlichkeit. Sie strahlt keine Wärme aus, die die vielzitierte psychoanalytische »mütterliche Umgebung« schafft, wie man sie erwartet. Stattdessen entwickelt sie sich zur funktionalen Mutter. Da ihr der Mutterinstinkt fehlt, ersetzt sie ihn durch eine Reihe von Funktionen, die sie in ihrer Rolle ausfüllen zu müssen glaubt. Sie tut alles, was man von ihr erwartet, mitunter auch noch mehr. Doch im Allgemeinen hat sie andere Prioritäten. Sie ist in Gedanken ständig bei anderen Themen, ihr Herz öffnet sie nie.

Die Narzisstin zeigt gern, was für eine glückliche Familie sie doch hat. Alles andere wäre für sie eine persönliche Niederlage. Wenn das Ganze mit dem geringstmöglichen Aufwand vollkommen erscheint, ist ihre Welt in Ordnung. Einige Narzisstinnen stürzen sich in ihre

Arbeit und investieren dabei ihre ganze Energie, andere wiederum delegieren so viel wie möglich und kümmern sich nur um Details oder Prioritäten. In beiden Fällen geben sie sich ihren Kindern sozusagen »wohldosiert«: Entweder müssen sie ins Fitnessstudio, organisieren etwas oder müssen zur Arbeit. Und doch tun sie so, als sei alles zum Besten bestellt.

Sehr häufig machen sie eines der Kinder zum kleinen Erwachsenen, damit sie ihre Verantwortung abgeben können. Sie überlassen die Kinder dem Babysitter oder sich selbst, ohne überhaupt zu merken, wie wenig Zeit sie ihnen schenken. Wenn es überhaupt einen Kontakt zu den Kindern gibt, dann findet er vor allem auf der Ebene des Spiels statt, in dem die Narzisstin zeigen kann, was für eine außergewöhnliche Mutter sie ist. Gefühlsbezeugungen hasst sie. Sie scheinen ihr Angst zu machen und bringen sie in Verlegenheit. Dieses Verhalten bringt sie auch ihren Kindern bei. Narzisstinnen haben schon als Kinder gelernt, sich hinter ihrem Schutzwall zu verbergen, und geben dieses Verhalten an die eigenen Kinder weiter. Viele Frauen, die Kinder ohne Partner haben wollen, sind in Wirklichkeit narzisstische Persönlichkeiten, die ihren Mythos der vollkommenen Unabhängigkeit leben wollen und eine durch und durch negative Vorstellung vom Mann haben.

Für die Narzisstin ist der Sohn eine Erweiterung ihrer selbst. Sie liebt es, wenn ihr Kind vor den Augen der anderen gut dasteht. Sie schätzt es, wenn sie mit ihm intensive Gespräche führen kann, bei denen sie nicht selten eine lehrerhafte Attitüde einnimmt. Da sie die äußeren, idealisierten Aspekte zu wichtig erachtet, geschieht Folgendes: Sie ermutigt ihn, anders zu sein, als er ist, und sich so zu zeigen, wie sie ihn haben möchte. Auf diese Weise sorgt sie dafür, dass ihr Kind ein »falsches Selbst« entwickelt. Es passt sich dem an, was von der narzisstischen Mutter gefordert wird, und achtet wenig auf das, was es wirklich will.

Eine narzisstische Mutter holt ihr Kind hervor, wenn sie es braucht, und legt es danach wieder ab. Diese fordernde Haltung in Beziehungen – die es sich zum Ziel setzt, das Kind nach dem eigenen Bild zu formen und es für all das zu sensibilisieren, was der Mutter wichtig ist – entsteht ganz leicht und wird manchmal mit echter Nähe verwechselt. Trotzdem werden diese Mütter als kalt und strafend erlebt. Dem erwachsen gewordenen Kind fällt es gewöhnlich schwer, sich von der Muter zu lösen. Gerade Söhne bleiben häufig »Gefangene« ihrer Mutter und schaffen es nicht, sich von dieser Figur zu lösen, die sie als zu stark empfinden. Der Sohn hat Angst, ihren Zorn zu spüren und das Idyll zu stören, das die Narzisstin sich und ihm so gern vorspielt. Manchmal bleiben die Kinder auch in ihren Wünschen blockiert, weil sie Angst haben, die Mutter darin zu verwickeln.

Wenn ihr Sohn sich als schwache Persönlichkeit erweist oder andere Schwierigkeiten hat, leidet die narzisstische Frau darunter mehr als ein Mann. Sie nimmt dies als ganz persönliche Niederlage. Schwäche ist für sie ohnehin eine Art Schicksalsschlag. Solche Frauen leben glücklicher, wenn sie eine große Familie haben und ihre Energie darauf verwenden müssen, diese zusammenzuhalten. Darin sind sie ohnehin richtig gut. Solange sie leben, wird die Familientradition aufrechterhalten, da sie diese mit ihrer außergewöhnlichen Persönlichkeit füllen: mit allem, was sie erlebt und geschaffen haben, durch die Riten, deren Hüterin sie sind. Wenn die narzisstische Mutter dagegen das Zeitliche segnet, löst sich damit häufig auch der Familienverband auf. Das Band, das alles zusammenhielt und das von ihr mit solcher Selbstverständlichkeit gesponnen und gehalten worden war, ist gerissen.

Der männliche Narzisst hingegen kümmert sich weit seltener um die Kinder. Er widmet ihnen weniger Zeit, ist allerdings in den besonderen Augenblicken des Lebens für sie da. Das ist sein Zugeständnis, das auch nur dann gilt, wenn das Kind sich vollkommen auf ihn einstellt. Es muss gemeinsame Interessen, gemeinsame Erlebnisse, gemeinsame Ziele geben. Der Narzisst will sich in seinem Kind wiedererkennen. Individuelle Aspekte, die es von ihm unterscheiden, schätzt er gar nicht. Daher ignoriert er auch dessen Schwächen. Und er kritisiert das Kind öfter, als er es lobt. Jedenfalls hat er keine Lust, ihm in Alltagsangelegenheiten zu helfen. Eher das Gegenteil trifft zu; denn gewöhnlich sind es die Kinder, die diesen Vätern helfen, als wären sie deren Sklaven. Selten sieht man einen Narzissten, der sein Kind an der Hand durchs Leben geleitet. Diese Männer wissen ihren Kindern nichts beizubringen, wenn sie ihnen nicht gerade eine Vorlesung halten können. Sie kommen gar nicht auf den Gedanken, dass das Unglück des Kindes etwas mit ihnen zu tun haben könnte. Ebenso wenig, wie sie auf die Idee kommen, ihr Unglück rühre aus der Beziehung zu ihren Kindern. Ein Patient erklärte mir einmal, wenn er alles, was er wisse, an seinen Sohn weitergebe, verliere er ja das, was ihn einzigartig und unverzichtbar mache: »Ich verliere keine Zeit damit, ihm dies und jenes zu erklären. Eines allerdings stimmt: Mitunter verlange ich, dass er denkt wie ich.«

Diese Väter predigen ihren Kindern die Milch der Unabhängigkeit, in Wirklichkeit aber wollen sie, dass alles ihrem »Busen« entstammt: Alles, was das Kind weiß, soll von ihnen kommen. Narzisstische Mütter sind diesbezüglich nicht anders. Mitunter sabotieren sie – unbewusst – sogar die Familiengründung der Kinder, um weiterhin unumschränkt über sie zu herrschen. Oder sie jagen sie aus dem Haus, noch bevor sie sich von ihnen »abnabeln« können, und schaffen so noch mehr Abhängigkeit.

Um mit einer solchen Mutter klarzukommen, braucht man eine starke Persönlichkeit.

Die Ursprungsfamilie

Häufig haben narzisstische Frauen einen narzisstischen Vater, der sie teils zum Mittelpunkt seines Lebens machte, teils vollkommen ignorierte. Oder sie haben eine mächtige Mutter, die ihr Leben lang eine wichtige Ansprechpartnerin bleibt, mitunter sogar zum Vorbild für das eigene Leben wird. Die Verbindung zum »wichtigen« Elternteil ist für die Narzisstin nicht selten der Anker, auf den sie sich ihr Leben lang beziehen kann. Diese Verbindung prägt ihr Beziehungsverhalten und gehört zu den lebhaftesten Erinnerungen überhaupt.

Ein anschauliches Beispiel finden wir in der Autobiographie Jane Fondas, in der sie ihren Vater beschreibt: »Zu mir war er nicht nett. Er konnte nett zu Menschen sein, die er nicht kannte, sogar zu vollkommen Unbekannten [...] Ich hingegen konnte mit ihm nicht einmal dreißig Minuten ununterbrochen reden [...] Sobald die Haustür sich hinter ihm schloss, kam seine dunkle Seite zum Vorschein. Wir, die wir ihm nahestanden, wussten wohl, dass wir nun ein Minenfeld betraten, das wir auf Zehenspitzen und mit höchster Vorsicht überqueren mussten, um seinen Zorn nicht zu erregen. Diese Dauerspannung sorgte dafür, dass sich in mir die Überzeugung herausbildete, Nähe sei etwas Gefährliches und man sei nur dann sicher, wenn der andere so weit entfernt wie möglich ist [...] Emotional betrachtet war mein Vater immer sehr auf Distanz bedacht. Er strahlte eine Kälte aus, in die meine Mutter nicht einzudringen vermochte [...] Dann waren da seine Wutausbrüche. Nicht vom mediterranen Typ wie ›Jetzt mal raus damit, und dann hat die liebe Seele Ruh‹, sondern eine nach innen gerichtete, protestantisch-kalte Wut, die kein Zurück kannte [...] Ein absolut betäubendes Schweigen. Meine Mutter muss wirklich sehr einsam gewesen sein. Ich glaube, sie dachte wie ich, dass sie für seine Launen verantwortlich sei [...] Für ihn waren selbst seine eigenen emotionalen Bedürfnisse Schwachstellen. Meiner Ansicht nach war er der Auffassung, ein starker, reifer Mann brauche andere Menschen nicht, es sei denn für bestimmte unabdingbare Notwendigkeiten wie Sex, Arbeit oder den Schutz vor dem Alleinsein.«[11]

Trotz dieser Kritik betrachtet Jane Fonda ihren Vater als das große Idol ihres Lebens und beschreibt die Atmosphäre, in der sie groß wurde, als außergewöhnlich.

Es ist schwierig für diese Kinder, sich von jenen abwesenden, fordernden Eltern geliebt zu fühlen, die stets zerstreut, auf Abwehr bedacht und schrecklich launenhaft sind. Gelegentlich sind beide Eltern narzisstisch veranlagt. Dann bleibt dem Kind der Zweifel an der elterlichen Liebe auf ewig erhalten. Er gesellt sich zu der Angst, sie zu enttäuschen und wütend zu machen. Die Elternbeziehung ist und bleibt ungesichert. Dabei ist sie nach wie vor die wichtigste Beziehung im Leben des Kindes. Diese Eltern können grausam und kalt sein. Sie geben Versprechen, die sie dann nicht einhalten. Mitunter sind sie dem Kind nahe, dann eröffnen sich auch für das Kind – wie für den Partner – ungeahnte Möglichkeiten. Doch dieses Potenzial gerät dann schlicht in Vergessenheit.

»Meine Eltern haben mir kein Gefühl der Sicherheit vermittelt«, erzählt eine Patientin. »Sie haben jede Emotionalität im Keim erstickt, ob mit Strenge oder durch indirekte Manöver. Ich mag meinen Vater nicht, vor allem seine mangelnde Bildung. Er benutzt Menschen, um sich an ihnen aufzubauen, spielt die Opferrolle und glaubt, immer und ewig recht zu haben. Ich fühle, dass er Besitzansprüche stellt, also würde ich am liebsten weglaufen. Für mich ist auch das eine Art seelischer Gewalt.«

Wenn die Eltern dem Kind nicht ausreichend Unterstützung bieten, führt dies zur Festschreibung bestimmter archaischer Abwehrmechanismen, die das Kind als normale Verhaltensweisen annimmt, wobei es nicht selten zu Ängsten kommt, die sich um das Thema »Desintegration der Persönlichkeit« ranken. In diesem Fall werden die Beziehungen des Einzelnen benutzt, um Selbstachtung und Selbstgefühl zu regulieren.

Ändert sich unsere Beziehung zur Ursprungsfamilie, jetzt, da es allgemein heißt, die Kinder blieben länger zu Hause und müssten dafür weniger tun? Wird die Situation einfacher, wo es nun keine Großfamilien mehr gibt und wir uns nur mit den Eltern auseinandersetzen müssen und nicht auch noch mit den Großeltern? – Vielleicht sind unsere Beziehungen ja irgendwie »lockerer« geworden, doch problematisch sind sie nach wie vor.

Wie man seinen narzisstischen Anteilen die Spitze nimmt

Als Narzisstin wird man nicht geboren, man wird dazu gemacht. Meist sind dafür die Erfahrungen in der Ursprungsfamilie ausschlaggebend. Wichtiger allerdings ist, dass man nicht als Narzisstin sterben muss, wenn man bereit ist, sich selbst infrage zu stellen und sich seine eigenen Verhaltensweisen bewusst zu machen, bzw. wenn man lernt, auf andere einzugehen. So können wir allmählich unsere schlimmsten Charakterzüge gleichsam abschmirgeln. Intelligente Menschen lernen auf diese Weise, zu leben und Beziehungen mit anderen Menschen zu führen: Wenn wir ein ruhigeres Dasein haben wollen, müssen wir vor allem andere in unser Herz lassen.

Es gibt einige wichtige Denk- und Verhaltensweisen, die unsere Sucht, alles allein anpacken zu müssen, eindämmen und so unsere narzisstischen Anteile mildern können.

Mögen Sie sich selbst und tun Sie, was Sie zufrieden macht

Die Narzisstin schätzt sich selbst zwar gelegentlich sogar zu sehr: Sie weiß gewöhnlich, was andere an ihr gut finden und welche ihrer Eigenschaften ihr im Leben weiterhelfen. Doch sie braucht konstante Bestätigung, und häufig übernimmt sie die Verantwortung für ihre dunklen Seiten nicht. Noch viel schwieriger ist es für sie, sich emotional zu öffnen. Sich selbst unter allen Umständen schätzen zu können ist etwas, was wir lernen müssen: Die Narzisstin weiß ja, dass sie jederzeit einen glanzvollen Auftritt hinlegen kann, wenn sie sich großartig fühlt und von anderen unterstützt wird. Es gibt jedoch Situationen, in denen ihr diese Fähigkeit plötzlich abhandenzukommen scheint. Dann schleichen sich Unsicherheit und Angst ein. Doch gerade dann ist es wichtig, die Verantwortung für diese Gemütslagen zu übernehmen und sie zu analysieren, um

- festzustellen, dass es sich um vorübergehende Zustände handelt,
- herauszufinden, dass wir andere nicht instrumentalisieren müssen,
- Zugang zu unserer Kreativität zu bekommen,
- besser mit uns selbst und mit diesem schleichenden Gefühl des Nichtdaseins klarzukommen, vor dem wir uns so sehr fürchten und gegen das wir uns stets zur Wehr setzen, indem wir unsere Außergewöhnlichkeit fast zwanghaft unter Beweis stellen wollen, und
- zu erkennen, wie die Unsicherheit in unserer Kindheit von uns Besitz ergriffen hat: Welche Umstände haben dazu geführt, dass wir uns ein großartiges Selbst konstruieren mussten, um die Stimme unserer Angst zu übertönen, dass wir nichts wert seien oder verlassen würden? Auf welche Weise wurden wir als kleines Kind verlassen? Welche Emotionen kochen bei dem Gedanken daran noch heute in uns hoch?

Machen Sie sich frei von dem Bedürfnis nach Bestätigung durch andere

Die Narzisstin ist von anderen Menschen unglaublich abhängig: Sie braucht sie, um sich sicher und lebendig zu fühlen. Was daran schlimm sein soll? Es ist doch wunderbar, viele Freunde zu haben, auf die man zählen kann ...

Sie haben es gemerkt: Ich habe von »Freunden« gesprochen, nicht von Personen, die uns wenig bedeuten, die für uns austauschbar sind, die wir aber benutzen, um uns von ihnen Bestätigung geben zu lassen und unser Selbstgefühl wiederzugewinnen. Ich habe nicht von einem »Publikum« gesprochen, sondern von Menschen, mit denen wir eine Bindung eingehen, die mit der Zeit stärker wird und sich vertieft. Von Freunden, die man mag, Kollegen, mit denen man sich ernsthaft, aber immer konstruktiv und wohlwollend, auch selbstkritisch auseinandersetzt. Also nicht von Leuten, die sich unsere Show ansehen und dann ihre Punkte vergeben. Wir brauchen Begegnungen mit Menschen auf Augenhöhe, nicht mit solchen, die aus unserer Sicht mit dem Hintergrund verschmelzen und von uns nur dann hervorgeholt werden, wenn wir sie brauchen.

Bringen Sie Herz und Kopf in Einklang

Es hat wenig Sinn, unseren Kopf nur dann zu gebrauchen, wenn es uns gut geht, und unseren Emotionen lediglich in solchen Situationen Aufmerksamkeit zu schenken, in denen wir uns mies fühlen. Kopf und Herz in Einklang zu bringen bedeutet, den Alltag intensiver zu leben und im Hier und Jetzt zu sein, ohne in die Zukunft auszuweichen oder in eine »glorreiche« Vergangenheit abzudriften. Es bedeutet auch, die Langeweile aushalten zu lernen, ohne vor ihr zu flüchten. Es heißt, dass wir einfach mal dabeibleiben, unser Unbehagen ertragen, ohne ihm mit den üblichen Mechanismen aus dem Weg zu gehen. Dass wir unsere Tiefpunkte akzeptieren, sie leben und uns fragen: Was ist es, was sich in uns bemerkbar macht? Welche Gespenster tauchen da scheinbar aus dem Nichts auf und was wollen sie uns sagen? Welche Erinnerungen, Empfindungen, Tatsachen wollen sich uns mitteilen? Welchen Geschmack bringen sie mit sich?

Wenn wir eine Ausstellung besuchen, ist es wichtiger, dass wir unser Herz öffnen und darauf achten, was in uns geschieht, als dass wir die Augen so weit wie möglich aufreißen und für andere interessiert tun. Wenn wir tanzen gehen, muss unser Herz der Musik folgen. Das ist wichtiger als die Frage, wie wir in diesem Moment von den anderen wahrgenommen werden. Und es ist von entscheidender Bedeutung, dass wir uns im Alltag fragen, was unser Herz zu all dem sagt, was uns so widerfährt, dass wir die Rückverbindung zu unseren Gefühlen suchen, uns fragen, welche Sinne wir im jeweiligen Moment benutzen.

Kopf und Herz in Einklang zu bringen stärkt unsere Intuition. Die mexikanische Anthropologin Clarissa Pinkola Estés meint, dass wir zum sternenübersäten Nachthimmel werden, wenn wir unsere Intuition einsetzen: Wir betrachten die Welt aus Millionen Augen.[12]

Lernen Sie, allein zu bleiben

Nichts ist wichtiger, als dass man in der Lage ist, sich selbst zu genügen. Das macht uns sofort sicherer und unabhängiger. Allein bleiben zu können heißt, für kurze Zeit auch ohne den Partner auszukommen, ohne dass es uns dabei schlecht geht, wir uns allein vorkommen oder anfangen, uns geringzuschätzen. Aber es bedeutet auch, dass wir unser Leben allein organisieren können und niemanden brauchen, um ganz bestimmte Vorhaben zu realisieren. Es bedeutet, dass wir mit uns selbst in Dialog stehen, einen Nachmittag genießen können, an dem wir nichts tun, außer für uns allein zu kochen. Oder einen Spaziergang im Park zu machen. Es ist wichtig, dass wir lernen, ohne Publikum auszukommen, das unserem Tun und Lassen Bedeutung zu verleihen scheint.

In der Praxis verordne ich meinen Patientinnen nicht selten folgende kleine Übung: Machen Sie eine kleine Reise ohne Begleitung. Fangen Sie mit einem Tag an. Dann fahren Sie mal ein Wochenende weg. Am Ende versuchen Sie es mit einem längeren Urlaub. Auf diese Weise lernen Sie, mit sich selbst allein zu sein und es zu genießen. Wenn wir so darüber nachdenken, wird uns klar werden, dass wir ohnehin vieles ganz allein machen, doch meistens geht es um andere Menschen, selten um uns selbst. Wenn man uns dann fragt, ob wir gut allein sein können, antworten wir mit Nein. Doch daraus lässt sich leicht ein Ja machen, wenn wir lernen, mit uns selbst zurechtzukommen. Sie werden wahrscheinlich staunen, wie viele schöne Begegnungen Sie haben können, wenn Sie »solo« losziehen.

Lösen wir uns vom sklavischen Angewiesensein auf ein Publikum. Wir wollen doch nicht werden wie diejenigen

Männer, die – sie mögen mir verzeihen – jede Partnerin akzeptieren, nur damit sie nicht allein sein müssen ...

Lernen Sie, nicht anders sein zu wollen, als Sie sind

Fangen wir doch an, uns zu schätzen, uns unserer schönen und abstoßenden Seiten gleichermaßen zu erinnern, uns Wünsche, Ziele und Möglichkeiten zu vergegenwärtigen. Viele Narzisstinnen haben das Gefühl, niemals zu genügen. In Wirklichkeit aber sind und tun sie häufig mindestens einen Hauch zu viel des Guten. Der Großteil dieser Frauen denkt, dass »die Welt« ständig mehr von ihnen will; »die Welt« aber (vor allem die männliche) schätzt sie nach ganz anderen Gesichtspunkten ein. Das Leben ist nicht ein einziger Wettlauf.

Wenn wir uns erlauben, auch unsere negativen Aspekte zu akzeptieren und angemessen damit umzugehen, gewinnt unser Bild plötzlich an Abstufungen und an Tiefe. Wir leben mit unseren natürlichen Widersprüchen und weigern uns, immer künstlich gleich zu sein. Besonders wichtig ist es, auch unsere Schwächen anzunehmen, denn zuweilen schwach zu sein ist menschlich. Und häufig schätzen andere Menschen es sogar besonders, wenn man sich verwundbar zeigen kann, wenn man seine Ängste und Verletzungen nicht versteckt. Denn gerade dann kann man sich auch gut in jemand anderen hineinversetzen.

Wir glauben immer, wir müssten vor Scham im Boden versinken, wenn wir unsere Schwächen zeigen. Das traf vielleicht zu, als wir noch klein waren: Wenn wir in einer Welt, die uns offensichtlich keinerlei Schutz bot, unsere Angst gezeigt hätten, wäre uns möglicherweise tatsächlich etwas passiert. Für viele Frauen war es wichtig, sich in der Kindheit bestimmte Abwehrstrategien zuzulegen. Heute ist das aber nicht mehr so: Wir sind erwachsen geworden.

Doch es gibt noch einen weiteren Punkt, der es für die Narzisstin geraten scheinen lässt, ihre eigenen Schwächen zu akzeptieren: Wir lernen, nicht vollkommen sein zu wollen. Nicht hundertprozentig so, wie der andere uns haben will. Wir kreieren eigene Wünsche und Gedanken, die mit anderen nichts zu tun haben, auch wenn sie deren Zustimmung finden können.

Sie lesen dieses Buch, das bedeutet im Normalfall schon, dass Sie stark genug sind, um Bewusstheit und Neugier zu entwickeln. Und dies heißt, wir lernen, unsere falschen Glaubenssätze aufgeben und ein für alle Mal zu begreifen, dass auch in der Schwäche Stärke liegt.

Lernen Sie zu schätzen, was Sie haben oder können

Immer mehr zu wollen heißt, dass wir uns einbilden, das Gras jenseits unserer Gartenmauern sei grüner. Wir glauben, die »anderen« seien mutiger, erfolgsverwöhnter, begabter, leidenschaftlicher, verliebter, intelligenter, schlauer als wir. Stattdessen sollten wir uns klarmachen, dass es auch den anderen nicht besser geht. Sie langweilen sich mitunter und müssen sich ebenso mühen wie wir, ihr Leben mit Sinn zu erfüllen.

Am besten ist es daher, wir fangen an, uns diesbezüglich umzuhören: Gibt es nicht da und dort Menschen, mit denen wir etwas unternehmen können, was uns gefällt? Oder haben wir Möglichkeiten, wie wir uns selbst etwas Gutes tun können?

Zu diesem Zweck empfehle ich eine sinnvolle Übung, die man abends vor dem Einschlafen machen kann: Fragen Sie sich, was Sie heute an Positivem und Schönem erlebt und getan haben. Wenn Ihnen die Bilanz zu mager erscheint, tun Sie etwas, um dies zu ändern. Mit »Positivem« meine ich allerdings nicht die üblichen Machtspiele, bei denen wir uns toll vorkommen, sondern zum Beispiel Momente, in denen wir anderen selbstlos unsere Aufmerksamkeit geschenkt haben, ohne dabei unsere Schutzwälle hochzufahren. Die ein Aufeinander-Zugehen ermöglicht haben. Mit »Schönem« hingegen meine ich solche Situationen, in denen wir uns wohl gefühlt haben, die wir genießen konnten. Oder Momente, in denen uns wie selten zuvor deutlich geworden ist, was jetzt gerade wirklich geschieht.

Genießen wir also auch das vermeintlich Gewöhnliche, nicht nur das angestrebte Außergewöhnliche. Dies ist ein Rat, dem zu folgen jeder Narzisstin gut zu Gesicht stünde, eben weil sie Angst vor der Routine hat und ihr Leben stets mit zu vielen Menschen und Ereignissen anfüllt.

Blicken Sie dem schwarzen Loch in Ihrem Inneren fest ins Auge

Und dann sind da noch das Verlassenwerden, die Enttäuschung, die Kälte und die Kritik – mit denen wir fertig werden müssen, weil sie unvermeidlich sind. Woher aber nehmen wir die Überzeugung, dass wir immer nur enttäuscht werden? Was ist in unserem Leben passiert, mit welchem Typ Eltern hatten wir zu tun, welche Werte vermittelte uns unser Elternhaus? Welche Erfahrungen haben unser Liebesleben geprägt? Es ist wichtig, dass wir die

Vorurteile, die unser Leben steuern, klar erkennen. Dies aber ist häufig nur mit Hilfe einer dritten Person möglich. Manchmal wachsen Menschen auf in der unbewussten Überzeugung, die Welt sei ein Ort voller Gefahren und man müsse sich deshalb ständig in höchster Achtsamkeit befinden. Oder in der Vorstellung, man besäße nur dann einen Wert, wenn jemand anderer dies bestätigt. Oder man glaubt, unter keinen Umständen die eigene Schwäche zeigen zu dürfen.

Es ist nicht so leicht, jene Erfahrungen herauszufiltern, derentwegen wir heute noch glauben, uns schützen zu müssen: Manchmal sind dazu Jahre der Analyse nötig. Dann genügt wieder ein einziges Erlebnis, und wir haben Zugang zu der Grundannahme, die unser Leben prägt. Dann können wir klar sehen, können gleichsam den Finger drauflegen und uns selbst, statt ins schwarze Loch zu fallen, mit ein wenig Glück endlich begreifen.

Zu guter Letzt

Gibt es denn die typische Narzisstin wenigstens im Film? Kaum. Die Narzisstenrolle bleibt größtenteils Männern vorbehalten, die berühmten »Hurensöhne«, die großen Verführer, die sich fallweise ein wenig überlebt haben, aber immer noch faszinierend sind. Frauen im Film sind eher neurotisch, Alkoholikerinnen, vielleicht auch ein klein bisschen »nuttig«, aber Filme, in denen die Hauptfigur eine starke und gleichzeitig schwache Frau ist, sind selten. Wir begegnen im Kino nur gelegentlich solchen Frauengestalten, die uns schon ob ihrer Komplexität anziehen.

Es war schon die Rede von dem Film »Der Teufel trägt Prada«, in dem eine absolut böse und gefühllose Narzisstin eine der Hauptrollen ist: eine echte Panzerfaust. Dann Diane Keaton, die in »Was das Herz begehrt« eine erfolgreiche Schriftstellerin spielt, die keine Liebesgeschichte will, die das Leben nur unnötig kompliziert macht. Als sie sich in Jack Nicholson verliebt (der nichts von ihr wissen will), verzweifelt sie. Sie weint, weil sie sich so schrecklich schwach fühlt. Fanny Ardant gibt in »Acht Frauen« eine Narzisstin, die sexuell zweigleisig fährt, künstlich, gierig und unerreichbar ist. Sie wirkt gleichzeitig strahlend und berechnend: eine echte »Narzisse« eben, wie für die Bühne geschaffen. In »Vom Winde verweht« fühlt sich Scarlett O'Hara von dem Abenteurer Rhett Butler gleichzeitig angezogen und abgestoßen. Sie ist jung und voller Hoffnung, doch vor ihm hat sie Angst, trägt er doch ebenso narzisstische Züge wie sie und versucht er, sie in sein Spiel zu verwickeln. In »Die oberen Zehntausend« spielt Grace Kelly einmal mehr sich selbst – abwesend, kalt und unberührbar, obwohl sie sich doch so sehr nach Liebe sehnt.

Liliana Cavani hat einen Film über die Dreierbeziehung zwischen Lou Andreas-Salomé, Nietzsche und Paul Rée gedreht: »Al di là del bene e del male«. Die weibliche Hauptperson ist stark und freiheitsliebend. Sie mag es, gesellschaftliche Regeln zu brechen, und zeigt sich voller Energie und Leben. Nietzsche nannte sie einmal »die blonde Bestie«. Er, der unendlich eifersüchtig auf sie war, erkannte klar, dass es ihr besser als ihm gelang, ohne Skrupel zu leben. Eine Frau, die drei Männer beschäftigte. Sie wird einen vierten heiraten und sich Paul Rée als »Hausdame« halten. In »Basic Instinct« ist es Sharon Stone, die mit den Männern spielt. Sie zeigt sich unergründlich und ungreifbar, ist ganz auf sich selbst konzentriert und unfähig, andere nicht für sich zu benutzen.

Natürlich darf auch Cruella de Vil nicht fehlen, die Narzisstin aus dem Film »101 Dalmatiner«. Sie ist zwar nur als Bösewicht angelegt, doch zeigt sie einige deutlich narzisstische Charakterzüge: Sie hört niemandem zu, will um jeden Preis ihre Wünsche erfüllt sehen, hat keinerlei Skrupel und beutet andere gnadenlos aus.

Es gibt also viel zu wenig Narzisstinnen auf der Leinwand, vielleicht weil es im Kino meist um Liebe mit Happy End geht. Doch allmählich kommt auch die Narzisstin zu ihrem Recht, zumindest in Fernsehserien. Ein paar anschauliche Beispiele sind »Sex and the City« oder »Desperate Housewives«.

Und so möchte ich diesen kleinen Exkurs in die Welt des Zelluloids damit beenden, dass ich daran erinnere, was Liebe ist: Liebe ist ... mit dem anderen zusammen zu sein. Clarissa Pinkola Estés[13] meint dazu, dass Liebe immer dann vorhanden sei, wenn wir aus unserer Phantasiewelt herauskatapultiert werden, wenn wir lernen, diesem Gefühl ins Gesicht zu sehen und zu bleiben, obwohl jede Körperzelle uns sagt: »Flieh!« Genau davor hat die Narzisstin Angst. Meist weiß sie auch gar nicht, wie das geht.

Vielleicht wird die Narzisstin noch nicht genug geschätzt. Vielleicht hat noch niemand erkannt, wie komplex und facettenreich ihr Charakter ist. Oder die Welt wird mit ihr nicht fertig. Vor allem die Männer, die sie für schwierig halten, für zu anspruchsvoll. Und zu mächtig. Sie halten sie gern auf Abstand. Vielleicht.[14]

Und was nun?

Vielleicht sollten wir ein paar Puzzleteile austauschen, damit wir sehen können, wie das Bild sich dann verändert.

Eines Tages geht unser hübscher Narziss auf die Jagd und erblickt die Nymphe Echo. Echo »verfolgt« ihn nicht. Sie läuft ihm nicht nach und möchte nicht an seiner Seite sein. Dieses Mal spielt sie mit den anderen Nymphen und merkt gar nicht, dass er da ist. Die Mädchen spielen Ball. Sie scheinen sich köstlich zu amüsieren. Sie lachen in einem fort und laufen einander nach auf der grünen Wiese.

Neugierig geworden, kommt Narziss näher. Anfangs liegt er dabei noch flach auf dem Bauch und achtet darauf, nicht gesehen zu werden. Dann aber bleibt er einfach am Rand der Wiese stehen und schaut zu. Die Nymphen schenken ihm immer noch keinerlei Aufmerksamkeit. Und plötzlich bekommt auch er Lust, Ball zu spielen. Er wirft eine imaginäre Kugel hoch und fängt sie. Wäre es nicht hübsch, wenn die Mädchen mitspielten? Warum eigentlich nicht? Bald spielen alle miteinander, mit aller Leichtigkeit und Fröhlichkeit. Er fühlt sich wohl, er hat sich selbst vergessen.

Ein paar Tage später trifft der Jüngling Echo erneut. Sie hat es eilig, was ja nicht selten ist. Sie scheint ein Ziel zu haben, zumindest weiß sie genau, wo sie hinwill. Sie interessiert sich offenbar kein bisschen für ihn, nun, sie will wohl erst gar nicht mit ihm reden. Also ergreift er die Initiative und spricht zum Spaß Worte, die aus einer fernen Zeit herüberzuhallen scheinen: »Der Zweifel packt mich an.« – »Die Eier fortgetan?« – »Die Eier fortgetan.« – »O Gott, was ficht mich an?« Auf diese Weise spielen sie eine Weile miteinander. Es bereitet den beiden Vergnügen. Narziss gefällt es, weil Echo nichts von ihm fordert. Echo scheint ihn nicht zu brauchen, sie will offensichtlich nicht um jeden Preis mit ihm zusammen sein. Sie lässt ihn los. Mag sein, sie glaubt, er würde zurückkommen. An einem bestimmten Punkt gehen beide ihrer Wege, ganz selbstverständlich. Vielleicht werden sie sich ein andermal wieder blendend miteinander amüsieren.

Ein paar Tage vergehen. Narziss verbringt sie, wie üblich, über sein Spiegelbild gebeugt, das ihm jedes Mal zulächelt, wenn er ihm ein Lächeln schenkt. Der »lautere Quell mit silberglänzendem Wasser«, der weder von Hirten oder Tieren noch von herabfallenden Ästen je getrübt worden war, um den Gras stand, »das die Nähe des Wassers ernährte«, wirft das Bild des Knaben zurück. Doch dann sieht er auf dem Wasserspiegel zwei weiße Vögel vorüberziehen, eine Wolke und einen Schatten, den er nicht klar erkennen kann. Zum ersten Mal wendet Narziss den Blick von sich ab: Er hebt den Kopf gen Himmel, weil er wissen will, was dort über ihm schwebt. Fasziniert bleibt sein Blick am Azurblau haften. Er sieht sich um: Sind da nicht noch andere Wesen? Schafe, ein Eichhörnchen, Vögel am Himmel ...

Und so erkennt er das Leben in seinem Umfeld und vergisst, an sich selbst zu denken. Zum ersten Mal gelingt es ihm, seine Liebe weit werden zu lassen, sodass sie auch den Rest der Welt umfasst. Die Erkenntnis der Welt lässt in ihm den Wunsch nach Freude und Vergnügen entstehen. Sollte er nicht mal nachsehen, wo die Nymphen jetzt spielen? Er müsste ja nicht stehen bleiben. Es würde wohl genügen, wenn er vorbeiginge, um zu sehen, was sie so treiben.

Dann wieder beugt Narziss sich völlig unbehelligt über sein Spiegelbild, von sich fasziniert wie eh und je. Doch plötzlich kommt Wind auf. Die Wasseroberfläche kräuselt sich: Er sieht sich nicht mehr. Er kann den wunderschönen Knaben mit dem verliebten Blick, der so bereitwillig in seinen taucht, nicht mehr erkennen. Die Wellen wollen nicht nachlassen, das Wasser wird dunkel, das Bild verschwimmt mehr und mehr.

In letzter Zeit war ihm des Öfteren der Gedanke gekommen, dass er eigentlich keine Identität habe, wenn dieser schöne Jüngling ihn nicht liebe. Alles, was er war und sein wollte, war er doch für ihn. Doch diese Augen, die ihm Leben schenken, scheinen sich nun geschlossen zu haben. Der Verzweiflung nahe, schießt es ihm plötzlich durch den Kopf: Hat es denn einen Sinn zu lieben, wenn dieses Gefühl nicht erwidert wird? Kann man überhaupt grenzenlos lieben? Macht die Liebe stark oder schwach? Was empfindet er jetzt? Und was war gestern? Wie wird es morgen sein? In Gedanken versunken, erhebt er sich und fängt an herumzuwandern. Die Quelle, seine Zuflucht, hat er ganz vergessen.

Als er sich das nächste Mal über den Wasserspiegel beugt, setzt sich ein Eichhörnchen neben ihn. Es sieht ihn an. Auf den nötigen Sicherheitsabstand bedacht, nagt es eine Nuss. Es scheint keine Angst zu haben. Allerdings zieht es das Bein ein wenig nach. Vielleicht ist es verletzt?

Eines Tages kommt Artemis. Sie will sehen, was aus Narziss geworden ist. Also verwandelt sie sich in eine blinde Alte und humpelt auf ihn zu. »Du bist allein. Du leidest. Dich verzehrt die Wut«, sagt sie, während sie ihm ungeschickt über den Kopf streicht. »Wie allein du bist! Wie tief verwundet!« Dann geht sie fort, ohne ihm noch Zeit für eine Antwort zu lassen.

Die Worte der Alten erschüttern Narziss: Er kann an nichts anderes mehr denken. Langsam erhebt er sich und sucht nach Nüssen. Ist er nicht wie dieses Eichhörnchen? Verwundet. Sehnsüchtig blickt er sich um. Wo kann es nur stecken?

Anhang

Kurz gesagt

- Der Narzisst zeigt sich faszinierend und verführerisch.
- Er ist im Innern zutiefst verwundet,
- schnell mit Urteilen bei der Hand, und
- er tritt provokativ auf.
- Er gibt sich gern kritisch: Wenn die Partnerin stark zu sein scheint, geht er auf sie los. So kann auch er sich stark fühlen. Manchmal wählt er eine starke Frau, um sie entsprechend zu schwächen. Wird sie jedoch zu schwach, verlässt er sie, weil sie ihn nicht mehr interessiert.
- Der Narzisst wertet die anderen ab, um sich selbst aufzuwerten. Er erkennt intuitiv die Schwachstellen bei seinem Gegenüber und nutzt dies schamlos aus.
- Er ist unberechenbar, und es macht ihm Spaß, andere zu überraschen.
- Er muss sich unentbehrlich vorkommen.
- Er schätzt es, wenn andere sich schwach zeigen, damit er ihnen zu Hilfe eilen kann.
- Der Narzisst erträgt nicht einmal den Anschein von Kritik, und er wird wütend, sobald jemand auch nur Anstalten macht, ihn zu beurteilen.
- Was den Narzissten interessiert, wird nicht aufgrund eines objektiven Urteils positiv eingeschätzt, sondern nur, weil es »seines« ist: Es wird zur Erweiterung des Ichs, nur deshalb weiß er es zu schätzen.

- Der Narzisst will umhegt und versorgt werden, wenn er in einer Beziehung bleibt. Er erwartet, dass die Partnerin sich all seinen Wünschen anpasst.
- Er fühlt sich gefangen und scheint seine eigenen Gefühle und Bedürfnisse nicht zu kennen.
- Er hat Angst vor Nähe, die bei ihm keine positiven Gefühle auslöst und daher als bedrohlich erlebt wird.
- Der Narzisst strebt nach der kalten Autonomie der vollkommenen Unabhängigkeit.
- Er schafft es, die Partnerin in sogenannten Doublebind-Situationen festzuhalten: »Was du auch tust, es ist das Falsche.«
- Er sieht die Welt unter einem ganz eigenen Blickwinkel, sitzt dabei seinen Illusionen auf und
- erregt sich auch maßlos ob nichtiger Petitessen.

Der Narzisst in der Literatur

Ich möchte Ihnen einige Bücher vorstellen, die meiner Ansicht nach das Persönlichkeitsbild des Narzissten sehr deutlich beschreiben. Sie tragen dazu bei, das in diesem Buch Gesagte zu vertiefen ... und rufen nicht selten ein wissendes Lächeln hervor. Natürlich ist die Aufzählung alles andere als vollständig. Ich beziehe mich auch nur auf meine persönliche Leseerfahrung, die ich mit Ihnen teilen möchte. Einer der Klassiker ist natürlich *Das Bildnis des Dorian Gray* von Oscar Wilde. Ein narzisstischer Dandy schließt einen Pakt mit dem Teufel und altert fortan nicht mehr. Stattdessen altert sein Porträt, das er vor allen Menschen versteckt, weil es ihn so hässlich zeigt.

Auch das *Tagebuch des Verführers* von Sören Kierkegaard

ist in dieser Hinsicht recht aufschlussreich. Darin geht es um einen Mann, der in einer Schublade einzelne Blätter findet. Es stellt sich heraus, dass es sich dabei um das Tagebuch eines »Verführers« handelt, in dem ein Leben beschrieben wird, das ganz dem Diktum der Lust unterworfen ist. Zwei Charakterisierungen aus diesem Buch illustrieren sehr klar die Natur des Narzissten. So heißt es über den Verführer selbst, er bediene sich anderer Menschen nur als Anregung, um sie dann abzuwerfen wie ein Baum seine Blätter. Er verjünge sich dadurch, die Blätter aber verwelkten. Und die verführte Frau sagt, manchmal sei er so geistvoll gewesen, dass sie sich neben ihm wie ein Nichts vorkam, dann wieder so ungestüm und leidenschaftlich und verführerisch, dass sie vor ihm gleichsam zu beben begann. Ein andermal wiederum begegnete er ihr, als sei sie eine völlig Unbekannte, auch wenn er sich ihr zu weiteren Gelegenheiten bedingungslos hingab. Aber plötzlich, wenn sie ihn in den Armen hielt, verflog alles, und sie umfingen nur Nebelschwaden.

Doch nun zu den leichteren Büchern aus unserer Zeit:

- Alain de Botton: *Versuch über die Liebe*, Frankfurt a. M. 1997. Botton erzählt das Schicksal einer Beziehung von der ersten Verliebtheit bis zur Alltäglichkeit. Der Narzisst ist männlich. Er verliert bald den Schwung der ersten Zeit und ist von diesem Moment an nicht mehr in der Lage, seiner Partnerin etwas zu geben.
- Umberto Galimberti: *Liebe. Eine Gebrauchsanweisung*, München 2004. Ein philosophischer Aufsatz über die Liebe, in dem der Autor einige Züge, die für den Narzissten typisch sind, als grundsätzliche Eigenheiten des Lebensgefühls Liebe verkauft. Glücklicherweise ist nicht jede Beziehung so.

- Ethan Hawke: *Aschermittwoch*, Köln 2002. Ein sehr beredter Roman, in dem der Narzisst ohne jede Scheu seinen Egoismus und seine Schwierigkeiten bei der Aufnahme und Aufrechterhaltung einer für ihn wichtigen Beziehung schildert. Die Geschichte findet ein gutes Ende, weil der Protagonist absolut bei seiner Partnerin bleiben will und deshalb seine narzisstischen Züge vor allem mit Humor ein wenig abmildert.
- Margaret Mazzantini: *Geh nicht fort*, München 2004. Eine faszinierende Geschichte: Timoteo, der narzisstische Held des Romans, lässt vor seinem inneren Auge sein Leben Revue passieren. Er erklärt, weshalb es für ihn schwierig war, seine kühle und perfekte Frau zu lieben, die er als gleichwertig wahrnimmt. Stattdessen »verliebt« er sich in Italia, eine Frau, die er weit unter ihm einstuft, sich aber fraglos und bedingungslos seinen Wünschen anpasst.
- Alessandro Piperno: *Mit bösen Absichten*, Frankfurt a. M. 2007. Der in mancher Hinsicht durchaus fragwürdige Roman beschreibt Bepy, einen charismatischen Mann, der immer eine Bühne braucht, auf der er sich produzieren kann. Der Alte, der unter einer erfrischenden Logorrhö leidet, reagiert allergisch auf Innerlichkeiten und ist von einem unantastbaren Selbstbewusstsein beseelt, ein Pansexueller ohne Hintergedanken. Der scheinbar so starke, in Wirklichkeit aber von Schwäche geprägte Charakter des Narzissten wird auf bewundernswert genaue Weise geschildert.
- Mordecai Richler: *Wie Barney es sieht*, München 2002. Die Autobiographie eines jungen Kanadiers, der im Laufe seines Lebens Kontinente, Freunde und Ehefrauen wechselt, ohne mit der Wimper zu zucken, aber nichts aus seinen Erfahrungen lernt. Diese »wahre Geschichte

eines vergeudeten Lebens« zeigt eine unleugbar narzisstische Persönlichkeit durch die ironische Brille.
- Philip Roth: *Das sterbende Tier*, München 2003. Jedes Buch von Philip Roth schildert eine narzisstische Persönlichkeit – oder ihn selbst. Es geht hier um einen sexbesessenen Mann, der nicht fähig ist zu altern und daher eine junge Frau an seiner Seite braucht. Diese Art des sexuell-sentimentalen Egoismus wird auch in anderen Büchern des Autors beschrieben.
- Eric-Emmanuel Schmitt: *Kleine Eheverbrechen*, Zürich ²2006. Ein wunderbares Stück über die Schwierigkeiten des Lebens zu zweit. Das Buch hat ein Happy End, da der Held, der sich als weniger narzisstisch erweist als die Heldin, alles tut, um mit dieser Frau zusammenbleiben zu können.
- Arthur Schnitzler: *Casanovas Heimfahrt*, Berlin 1985. Die Novelle nimmt Casanovas Lebensweg auf, als er sich bereits dem Ende zuneigt. Casanova weist die Liebe einer gleichaltrigen Frau zurück, die ihn verehrt. Stattdessen fädelt er eine Intrige ein, um eine junge Frau zu verführen. Diese wendet sich schaudernd von ihm ab, als sie die Wahrheit erkennt. Schnitzler lässt hier die betrügerische, verzweifelte Seite Casanovas Revue passieren.

Der Narzisst auf der Leinwand

Wo fangen wir beim Kino nur an? Kino und Narzissmus scheinen eine untrennbare Einheit zu bilden. Zum einen ist natürlich der Beruf des Schauspielers eine ideale Betätigung für einen Narzissten, zum anderen haben viele der Akteure ihren Teil dazu beigetragen, in den von ihnen dargestellten Persönlichkeiten die Züge des »ewigen Narzissten« zu prägen: Marlon Brando in »Die Faust im Nacken«, Vittorio Gassman in »Verliebt in scharfe Kurven«, Alain Delon in »Gattopardo«, Harvey Keitel und Keith Carradine in »Die Duellisten«, Marcello Mastroianni in »Achteinhalb« und »Scheidung auf Italienisch« oder Richard Gere in »Ein Mann für gewisse Stunden«. Natürlich könnten wir die Liste noch fortführen, zum Beispiel mit Omar Sharif, Sean Connery, Jack Nicholson oder Clint Eastwood. Darüber hinaus ist die Liebe in vielen Filmen das zentrale Thema: als Phantasie, Projektion, Leidenschaft, die sich von der Welt löst und sich einem tristen Alltag voller Kompromisse entgegenstellt. Dies allein ist ja schon Narzissmus schlechthin.

Daher möchte ich hier nur auf einige mehr oder weniger aktuelle Filme näher eingehen, die ich mir vor dem Hintergrund angeschaut habe, dass ich dieses Buch schreibe. Diese Filme schienen mir mitunter exakt das widerzuspiegeln, was ich vermitteln will. Es geht darin um sehr narzisstische Männer und um Frauen, die ihre liebe Mühe mit ihnen haben – narzisstische oder mütterliche Frauen, solche jedenfalls, die den Narzissten zu einer emotionalen Bindung bringen wollen. Auch diese Aufzählung erhebt keinen Anspruch auf Vollständigkeit:

- »Les invasions barbares« (Regie: Denys Arcand, mit Rémy Girard, Stéphane Rousseau, Marie-Josée Croze, Dorothée Berryman, Kanada/Frankreich 2003). Um das Bett eines absoluten Narzissten versammeln sich Freunde, ehemalige Geliebte, Ehefrau und Sohn. Sie haben sich zum Ziel gesetzt, den Narzissten in den Tod zu begleiten, damit er sich weniger wie ein Versager

vorkommt. Der Mann erinnert sich voller Bedauern seiner grandiosen Vergangenheit, während er die Gegenwart nur als Mühe und Plage erlebt. Die Beziehung zu einer jungen Drogenabhängigen hilft ihm.
- »Sideways« (Regie: Alexander Payne, mit Thomas Haden Church, Paul Giamatti, Virginia Madsen, Sandra Oh, Marylouise Burke, USA 2004). Einer der Helden, ein blonder und selbstsicherer Mann, verliebt sich in die erste Frau, die ihm auf einer Reise über den Weg läuft, und spielt mit dem Gedanken, seine anstehende Hochzeit abzusagen. Am Ende weint er bei der Vorstellung, seine Braut könne ihn verlassen, weil er glaubt, sie (als Mutterersatz?) zu brauchen.
- »Lost in Translation« (Regie: Sofia Coppola, mit Scarlett Johansson, Bill Murray, USA 2003). Der Held ist Schauspieler und bezaubert alle, sobald er eine Kamera auf sich gerichtet fühlt. Wenn er aber in seinem Hotelzimmer allein ist, zeigt er sich unentschlossen und verloren. Als er auf eine schöne, junge Frau trifft, blüht er wieder auf.
- »Catch me if you can« (Regie: Steven Spielberg, mit Leonardo DiCaprio, Tom Hanks, Christopher Walken, Jennifer Garner, USA 2002). Die Geschichte eines Jungen, der sein ganzes Leben mit Betrug zu meistern versucht. Er gibt sich als Flugzeugkapitän aus, als Arzt oder Anwalt. Da er über einen enormen Charme verfügt, kommt er ungeschoren davon.
- »Stai con me« (Regie: Livia Giampalmo, mit Giovanna Mezzogiorno, Adriano Giannini, Yari Gugliucci, Marta Mondelli, Claudio Gioè, Italien 2002). Der Film erzählt die Geschichte eines Paares, das sich in der Krise befindet. Die Frau richtet sich vollkommen nach dem Mann, was ihn dazu treibt, sie zu betrügen, weil er un-

fähig ist, ihr etwas zurückzugeben – und so »passiert es«, sobald eine Frau ihm ein Kompliment macht.

- »Le cœur des hommes« (Regie: Marc Esposito, mit Bernard Campan, Gérard Darmon, Jean-Pierre Darroussin, Marc Lavoine, Frankreich 2003). Vier Männer von unterschiedlichem Charakter, die alle narzisstische Züge aufweisen: Einer hat eine Beziehung mit einer jüngeren Frau, die völlig von ihm abhängig ist. Ein anderer betrügt seine Frau, doch als sie ihn verlassen will, läuft er ihr nach.
- »Così fan tutti« (Regie: Agnès Jaoui, mit Marilou Berry, Jean-Pierre Bacri, Agnès Jaoui, Keine Bouhiza, Virginie Desarnauts, Laurent Grévill, Frankreich 2004). Der Vater der Protagonistin ist der König aller Narzissten: Er schafft es weder mit seiner jungen Frau noch mit seiner übergewichtigen Tochter zurechtzukommen, die seinen Erwartungen nicht entspricht. Auch mit seiner Frau arrangiert er sich nur, weil sie ihm eine Tochter geschenkt hat, die für ihn die Projektion seiner selbst in die Zukunft darstellt. Ein sehr effizienter, durch und durch negativer Narziss.
- »Was das Herz begehrt« (Regie: Nancy Meyers, mit Jack Nicholson, Diane Keaton, Keanu Reeves, Frances McDormand, USA 2003). Jack Nicholson spielt einen Mann, der mit dem Altern nicht fertig wird: Er hat eine jüngere Freundin nach der anderen. Als er sich in die Mutter eines der Mädchen verliebt, flieht er, da ihm dieses Gefühl Angst macht.
- »La vita che vorrei« (Regie: Giuseppe Piccioni, mit Luigi Lo Cascio, Sandra Ceccarelli, Italien 2004). Ein Film im Film zeigt ein Paar, das sich sehr liebt, wenn es Publikum hat, sich im normalen Leben aber miteinander langweilt. Der Mann ist narzisstisch veranlagt

und benutzt andere, um sein Selbstgefühl zu stärken. Die Frau versucht, ihn zu lieben und ihm entgegenzukommen, doch er behandelt sie so schlecht, dass sie am Ende rebelliert.
- »Don't come knocking« (Regie: Wim Wenders, mit Sam Shepard, Jessica Lange, Deutschland/USA 2005). Ein Film über die Verzweiflung eines alternden Narzissten, der die Bilanz seines Lebens zieht. Doch diese geht nicht auf. Der alternde Schauspieler trifft eine alte Flamme wieder und wäre bereit, sich erneut zum Mittelpunkt seines Lebens zu machen, doch sie will nicht. Er erfährt erst jetzt, dass er zwei Kinder hat, zu denen er jedoch keinerlei Beziehung herstellen kann, weil er nur sich selbst sieht.
- »Being John Malkovich« (Regie: Spike Jonze, mit John Malkovich, Cameron Diaz, John Cusack, Catherine Keener, Orson Bean, Großbritannien/USA 1999). Eine Reise ins Gehirn des bekannten Schauspielers, die seine Laster, Widersprüche und Schwächen enthüllt.
- »Broken Flowers« (Regie: Jim Jarmusch, mit Bill Murray, Jeffrey Wright, Sharon Stone, Frances Conroy, Jessica Lange, USA 2005). Ein phantastischer Narzisst vom depressiven Typ wird zum x-ten Mal von einer enttäuschten Frau verlassen und verfällt in Depression. Plötzlich erreicht ihn ein Brief, in dem es heißt, er habe einen achtzehnjährigen Sohn. Also macht er sich auf, seine Freundinnen zu suchen, mit denen er zwanzig Jahre zuvor zusammen gewesen war. Doch jede der alten Lieben birgt neue Enttäuschungen: Für ihn ist alles vorbei, trotzdem stört er seine Ehemaligen. Aber die Suche nach dem unbekannten Sohn belebt den Narzissten, als könne er dadurch, dass er diesen wiederfindet, seinem eigenen Leben neuen Schwung verleihen.

Bibliographie

Bauman, Zygmunt: *Amore liquido,* Bari 2003
–, *Intervista sull'identità,* Bari 2003, Originalausgabe: *Identity: Conversations with Benedetto Vecchi,* Cambridge 2004
–, *Flüchtige Moderne,* Frankfurt a. M. 2007
Bernardini de Pace, Annamaria: *Mamma non m'ama. Le madri cattive esistono,* Mailand 2005
Dimaggio, Giancarlo, Michele Procacci und Antonio Semerari: »Deficit di condivisione e di apparatenenza«, in: *Psicoterapia cognitiva del paziente grave,* Mailand 1999
Dimaggio, Giancarlo, und Antonio Semerari: *I disturbi di personalità, modelli e trattamento,* Bari 2003
Fisher, James: *L'ospite inatteso,* Mailand 2001
Grunberger, Béla: *Il narcisismo,* Turin 1998
Hirigoyen, Marie-France: *Die Masken der Niedertracht. Seelische Gewalt im Alltag und wie man sich dagegen wehren kann,* München ²2002
Kohut, Heinz: »The Search of the Self«, in: *Rabbia e vendicatività,* Turin 1982
–, *Narzissmus,* Frankfurt a. M. ⁵1974
Lasch, C.: *La cultura del narcisismo,* Mailand 1979
Lowen, Alexander: *Narzissmus,* München 1992
Orlandi, Alessandro: *Dionisio nei frammenti dello specchio,* Rom 2003
Ovid: *Metamorphosen,* übersetzt und herausgegeben von Hermann Breitenbach, Stuttgart ²1964

Anmerkungen

Einführung

1 Als »Narziss« oder »Narzissten« bezeichne ich hier Menschen vom narzisstischen Persönlichkeitstyp, ohne jedoch zwischen neurotischen (den von der Persönlichkeitsstörung Betroffenen) und »normalen« Narzissten (die gewöhnlich gut integriert sind und unter einer eher allgemeinen Form der Selbstverliebtheit »leiden«) zu unterscheiden.
2 Nach Béla Grunberger genießen Narzissten in unserer Gesellschaft keinen guten Ruf, da das westliche Wertesystem um ein Über-Ich christlicher Prägung herum organisiert ist, das Nächstenliebe zum obersten Gebot macht, die mit Selbstliebe unvereinbar erscheint. Heinz Kohut ging davon aus, dass wir diese scheinheilige Einstellung zum Narzissmus überwinden müssen, die er als ähnlich stark betrachtet wie die heuchlerische Einstellung zur Sexualität vor etwa hundert Jahren.
3 Siehe Marie-France Hirigoyen: *Die Masken der Niedertracht. Seelische Gewalt im Alltag und wie man sich dagegen wehren kann,* München ²2002.
4 Was einen »normalen« Menschen von einem »neurotischen« unterscheidet, ist die Art und Weise, wie er auf Situationen reagiert: Bei einer starken Neurose verhält sich der Betroffene stur immer auf dieselbe Art, bei einem als »normal« bezeichneten Verhaltensmuster hingegen erfolgt die Reaktion situationsangepasst, der Betroffene geht auf die Situation ein.
5 Diese Tendenz ist nicht nur Narzissten eigen. Bei jenen allerdings ist sie das vorherrschende Verhaltensmuster. Robert Johnson, der große amerikanische Analytiker und Jungianer, spricht in dem Zusammenhang von der »Me Generation«, der »Ich-Generation«. Diese zeichne sich durch massive Konzentration auf die eigenen Bedürfnisse aus, welche die narzisstischen Wünsche dem traditionellen Wertekanon vorziehe, als da wären: persönliche Befriedigung, romantische Liebe und leidenschaftliches Verschmelzen mit dem anderen. Für Umberto Galimberti ist die Liebe »zum Schauplatz eines radikalisierten Individualismus geworden, auf dem Männer und Frauen im anderen ihr eigenes Ich suchen. In der Beziehung geht es ihnen weniger um die Herstellung einer Verbindung mit dem anderen als vielmehr darum, ihr Selbst zu entfalten und zu entwickeln [...] Aufgrund dieses merkwürdigen Zusammenspiels wird die Liebe in unserer Zeit für die eigene Selbstverwirklichung unverzichtbar, aber auch unmöglich wie nie zuvor: Was in der Liebesbeziehung gesucht wird, ist nicht der andere, sondern die Selbstverwirklichung durch den

anderen.« Siehe Umberto Galimberti: *Liebe. Eine Gebrauchsanweisung,* München 2004.

6 Freud geht davon aus, dass es zwischen Mutter und Kind eine Phase der ursprünglichen Einheit gibt, in der die beiden miteinander verschmelzen. Er spricht von einem »ozeanischen Gefühl«, in dem das Kind sich als Teil des Lebensflusses sieht, ohne eigene Grenzen wahrzunehmen.

7 Der Begriff »Libido« kommt aus dem Lateinischen und bedeutet dort »Verlangen«. Die libidinöse Energie bezeichnet jene psychische Energie, die das Leben eines Individuums steuert, seinen Lebenstrieb.

8 Jacques Lacan spricht vom »Spiegelstadium«. Damit meint er jene Phase zwischen dem sechsten und achtzehnten Lebensmonat, in der sich die persönliche Identität herausbildet. In diesem Stadium geht das Kind von der rein *biologischen* Existenz in die des *Imaginären* über. (Die nächste Phase ist der Übergang zum *Symbolischen*.) Das Kind sieht sich selbst zum ersten Mal vollständig im Spiegel und erkennt sich selbst. Diese Identifikation mit sich stärkt sein Selbstgefühl als Individuum.

9 Sollte es etwa ein Zufall sein, dass der Mythos von Narziss einen Mann beschreibt? Interessanterweise lebten bis zur Zeit der Frauenbewegung und der sexuellen Revolution nur wenige Frauen ihre narzisstischen Züge aus. Seitdem allerdings nimmt der weibliche Narzissmus stetig zu. Mittlerweile konkurrieren die beiden Geschlechter fleißig um die narzisstische Krone. Auch Paare – als System zweier Personen – zeigen inzwischen narzisstische Merkmale. Die Beziehungen zwischen jungen Menschen sind derweil »postmodern« oder »flüchtig«, wie Zygmunt Bauman dies beschreibt. Sie sind charakterisiert durch die Konzentration auf die Befriedigung der eigenen Bedürfnisse. Daher tun Menschen sich heute mit einiger Leichtigkeit zusammen, verlassen einander aber mit derselben Nonchalance, weil es für sie »besser ist«. Es kommt mehr und mehr zu kontingenten »Wegwerfbeziehungen«, in denen sich auch Frauen als Männerfresserinnen betätigen und Männer sich spiegelbildlich verhalten.

10 Wir leben in einer Gesellschaft, in der der Held ein Individuum frei von allen Beschränkungen ist, in der Unabhängigkeit wichtiger zu sein scheint als moralisch-ethisches Denken und Handeln: Man übernimmt für den Mitmenschen keine Verantwortung mehr. Man interessiert sich nicht mehr für das Schicksal des Partners und schert sich nicht mehr um sein Wohlbefinden. Der andere wird nur noch aufgrund seiner Ästhetik wahrgenommen, nicht als moralische Instanz. Man geht Beziehungen ein – ohne Verpflichtung. Die Gesellschaft wird flüchtiger, unbestimmter, weniger verlässlich. Wenn Sie dieses Thema durch Lektüre vertiefen möchten, empfehle ich Ihnen beispielsweise das Gesamtwerk von Zygmunt Bauman, unter anderem: *Flüchtige Moderne,* Frankfurt 2007, und *Identity: Conversations with Benedetto Vecchi,* Cambridge 2004.

11 Giancarlo Dimaggio und Antonio Semerari: *I disturbi di personalità, modelli e trattamento,* Bari 2003.

Der Mythos

1 Die *Metamorphosen* des Ovid (Metamorphoseon Libri XV) ist eines der Bücher, die unsere abendländische Literatur am stärksten beeinflusst haben. Die »Wandlungen« wurden zwischen den Jahren 3 und 8 n. Chr. verfasst. Das Werk ist in fünfzehn »Bücher«, also Kapitel, gegliedert und in Hexametern geschrieben. Es enthält etwa 250 Mythen, die sich alle um das Thema der Wandlung ranken: Menschen oder mythische Geschöpfe verwandeln sich in belebte oder unbelebte Teile der Natur. Eine gelungene Übersetzung und Ausgabe ist Ovid: *Metamorphosen*, übersetzt und eingeleitet von Hermann Breitenbach, Stuttgart [2]1964. Der Mythos von Narziss und der Nymphe Echo findet sich außerdem in Konon: *Diegeseis*, Buch XXV, München 2002, Plinius der Ältere: *Naturalis historia*, Darmstadt 2008, und Pausanias: *Reisen in Griechenland*, I, 30, 1–2; III, 31, 7–8, Düsseldorf 2001.

Spieglein, Spieglein an der Wand: Wer ist Narziss?

1 Ethan Hawke: *Aschermittwoch*, Köln 2002.
2 Zu Anfang einer Bekanntschaft erscheint der Narzisst stets wunderbar und hochinteressant, seine Probleme werden erst allmählich sichtbar.
3 Alain de Botton: *Versuch über die Liebe*, Frankfurt a. M. 1997.
4 Mit »trügerisch« meine ich, dass andere getäuscht werden, der Narzisst sich jedoch auch ständig dem Selbstbetrug hingibt.
5 Arthur Schnitzler: *Casanovas Heimfahrt*, Berlin 1985.
6 James Hillman lehnt sich in seiner Beschreibung der Ambivalenz an C. G. Jung an: »Ein Leben, in dem Ja und Nein, Licht und Schatten, rechtes und unrechtes Tun nicht unterscheidbar sind und nah beieinanderliegen.« Siehe James Hillman: *Puer aeternus*, Mailand 1999.
7 Umberto Contarello erzählt in seinem Roman *Una questione di cuore*, Mailand 2005, einen Albtraum, der die Weltsicht eines Narzissten bestens repräsentiert: »Da ist ein Fluss, der Hochwasser führt. Das Wasser reißt mich mit. Am Ufer stehen die anderen, meine Freunde, und sehen mir zu. Sie sehen zu und begreifen nicht. Für sie ist es nur ein Bach, und sie verstehen nicht, wieso ich mit diesem Bächlein so lange herummache. Ich schreie: ›Haltet doch die Hand in den Fluss, dann seht ihr es schon.‹ Aber sie hören mich nicht.«
8 An dieser Stelle möchte ich Luigi Torinesi für unsere Diskussionen danken, die mir sehr viel gegeben haben.
9 Der »Schatten« ist ein Begriff aus dem Jung'schen Vokabular. Er bezeichnet die dunkle Seite der Persönlichkeit – jene, die die offenkundigen und bewussten Aspekte begleitet. Mitunter projizieren wir Aspekte unserer Schattenseite auf andere Menschen. Doch stellt die Integration des Schattens einen wichtigen Schritt im menschlichen Wachstums- und Individuationsprozess dar.
10 Die wissenschaftliche Literatur kennt zahlreiche Kategorien, von denen ich hier nur die bekanntesten aufführe: Glen O. Gabbard spricht von

»offenen« *(overt)* und »verdeckten« *(covert)* Narzissten, S. Bach von »inflationären« und »redimensionierten«, Gabbard auch von »unbewussten« oder »hyperwachen« Typen. Alvin Rosenfeld teilt sie ein in Typen »mit dicker« oder »mit dünner Haut«, André Green sieht einen »Narzissmus des Lebens« und einen »Narzissmus des Todes«, wohingegen Francis Broucek von einem »egoistischen« und einem »dissoziativen« Narzissmus spricht. Otto Kernberg hingegen teilt ein in einen »gelingenden« und »nicht gelingenden« Narzissmus.

11 Der Prozess der Identitätskonstruktion findet zur gleichen Zeit statt wie jener, der letztlich zur Integration des Körperbilds in die eigenen Aktivitäten führt.

12 Gabbard erläutert, dass der Begriff »Narzissmus« etymologisch auf *narké* zurückgehe, was »Starre« bzw. »Betäubung« bedeutet. Ein Teil der Tragik dieser Persönlichkeitsstörung besteht ja eben in der Tatsache, dass der Narzisst sich der Möglichkeiten des Lebens nicht bewusst zu sein scheint.

13 Margaret Mazzantini: *Geh nicht fort,* München 2004.

14 Dimaggio/Semerari, a. a. O.

15 Die persönliche Identität ist die Empfindung einer Kontinuität des eigenen Daseins in Raum und Zeit. (Die Eltern bieten gewöhnlich das erste Modell für die Konstruktion der eigenen Identität.) Mit Brüchigkeit der eigenen Identität ist ein Zustand gemeint, in dem die entwickelten Aspekte der eigenen Persönlichkeit nicht sicher verankert sind, sodass ein fragmentarisches Lebensgefühl entsteht. Dies wiederum ist ein subjektives Zeichen für eine brüchige Identität, die uns nicht sicher durch die Wechselfälle des Lebens führen kann.

16 Maria Pace Ottieri: *Abbandonami,* Rom 2004.

17 Anders als Beziehungen »von Angesicht zu Angesicht« sind Beziehungen im virtuellen Raum des Internets leicht herzustellen und ebenso leicht abzubrechen. Sie sind kaum spürbar und stellen keine Anforderungen. Das Zugehörigkeitsgefühl entsteht durch die Tätigkeit des Chattens selbst, nicht durch das, was man von sich gibt.

18 Philip Roth: *Das sterbende Tier,* München 2003.

19 Ich danke Alessandro Orlandi für die fruchtbaren Gespräche mit ihm und möchte hier auf sein Buch *Dioniso nei frammenti dello specchio,* Rom 2003, hinweisen.

20 Giacomo Casanova (1725-1798) war ein venezianischer Abenteurer, dessen Vater verstorben war und dessen Mutter ihn verließ. Er hatte ein aufregendes Leben, wurde jedoch weniger wegen seiner philosophischen Schriften und seiner Unternehmungen bekannt als durch seine amourösen Beziehungen zu vielen Frauen. Don Juan hingegen ist eine fiktive Gestalt und eines der bevorzugten Themen der Commedia dell'Arte. Für ihn ist es wichtiger zu verführen, als zu besitzen, er strebt danach, das Begehren lebendig zu erhalten, nicht, es zu befriedigen. Beide Figuren teilen einige Charakterzüge: Beide sind sie die Inkarnation der Vitalität und Spontaneität. Beide zeigen eine enorme Bereitschaft, sich über Regeln

und Verbote hinwegzusetzen. Sie sind stets auf der Flucht, unfähig, eine authentische Beziehung einzugehen. Beide finden die Freuden der Liebe in einem steten Wechsel.

21 Für C. G. Jung sind die Archetypen Puer (Jüngling) und Senex (alter Mann) in der Psyche stets aktiv. Sie zeigen sich in der Persönlichkeit jedes Individuums. Der Aspekt des Puer wird nicht nur in der Jugend deutlich, ebenso wenig wie der des Senex sich erst mit fortschreitendem Alter bemerkbar macht. Schreibt zumindest Hillman, der große Vermittler von C. G. Jung. Beide Aspekte haben sowohl positive als auch negative Seiten. »Der Puer inspiriert das Heranwachsen, der Senex hingegen stellt den Aspekt des Reifens dar.« Siehe Hillman, a. a. O.

22 Philip Roth beschreibt in seinen Romanen immer wieder alternde narzisstische Männer, die sich mit sehr jungen Frauen zusammentun: »Verstehen Sie mich nicht falsch. Es ist nicht so, als könnte man sich mit Hilfe einer Consuela vorgaukeln, hier biete sich eine letzte Gelegenheit zu einer Rückkehr in die Jugend. Der Unterschied zur Jugend ist nie spürbarer [...] Man kann sich nie darüber hinwegtäuschen, dass sie die Vierundzwanzigjährige ist. Man müsste schon ein Idiot sein, um sich jung zu fühlen [...] Nein, es ist so: Man spürt voller Qual, wie alt man ist, aber man spürt es auf eine neue Weise.« Siehe Roth, a. a. O.

23 Siehe Hillman, a. a. O.

24 Ich danke dem Physiker Michelangelo De Maria für viele interessante Anregungen, die in das Buch Eingang gefunden haben, und für viele spannende Gespräche über das Thema.

25 Eric-Emmanuel Schmitt: *Kleine Eheverbrechen*, Zürich ²2006.

26 Freud zufolge entwickelt sich das Individuum in einem Reifungsprozess, der durch Lernen und Umweltkontakte vorangetrieben wird. Dies geschieht während des Versorgtwerdens und notwendigen Loslösens von Bezugspersonen, in erster Linie der Mutter. Die Sehnsucht nach der totalen Verschmelzung ist die Sehnsucht nach der Phase, in der das Kind mit der Mutter eins war und sich noch nicht als von ihr getrennt erfahren hat.

27 Die Manipulation und Instrumentalisierung anderer Menschen gilt, obwohl beides in unserer Gesellschaft eine Neubewertung erfahren hat, immer noch als eines der wichtigsten Diagnosekriterien bei der narzisstischen Persönlichkeitsstörung.

Gefährliche Liebschaften: Narziss und Bindungsfähigkeit

1 In der Psychologie unterscheidet man zwischen sicherer, unsicher-ambivalenter und unsicher-vermeidender Bindung, was gelingendem, von Angst geprägtem oder fehlgehendem Bindungsverhalten entspricht. In der wissenschaftlichen Sicht gilt der Narzisst als »unsicher-vermeidend«. Er reagiert in interpersonellen Beziehungen mit den immer gleichen Denk- und Verhaltensmustern. In seiner Sicht wird der andere zur Quelle der Gefahr, damit der Narzisst selbst als vertrauenswürdig erscheint.

Das narzisstische Subjekt sieht sich als ungeliebt und ist sicher, dass sein Verlangen nach Bindung ablehnend beschieden wird. Der Narzisst lernt nicht, dass es durchaus auch zu positiven Beziehungen kommen kann. Da er davon ausgeht, dass der andere sich per se ablehnend verhält, wird sein Erkundungsverhalten zwanghaft, und er vermeidet jede Art von Bindung. Diese Haltung geht auf einen »Verrat« der kindlichen Bezugspersonen zurück. Die Fähigkeit, klare Ich-Grenzen zu definieren und sich auf den anderen als Du zu beziehen, leidet darunter.

2 Kinder, die von den Eltern Anerkennung und Respekt erfahren, sind sich ihrer selbst und ihrer Empfindungen stärker bewusst. Dem Narzissten wird diese Anerkennung verweigert, er muss also eine Art der Spaltung hinnehmen, wenn er sich anpassen will: Ein Kind, das sich nicht im Einklang mit seinen Eltern fühlt, wird bedeutsame Aspekte seiner selbst opfern, um sein allgemeines Wohlbefinden aufrechtzuerhalten und jene familiäre Harmonie herzustellen, die ihm wichtig ist. Die Repräsentation der Beziehung des Selbst zum anderen wird nicht in das Muster interpersoneller Beziehungen integriert, übt aber gerade aufgrund seines Fehlens einen enormen Einfluss aus. Die Beziehungsrepräsentationen sind ein wesentlicher Teilbereich eines funktionierenden Selbst, doch werden sie nicht in die Persönlichkeitsstruktur integriert und können daher auch nicht weiterentwickelt werden. Die dissoziierten Anteile verhindern meist die Entwicklung der Bewusstheit, sie schränken das Verhalten im Alltag ebenso ein wie das emotionale Erleben.

3 Heinz Kohut, dem wohl renommiertesten Narzissmusexperten, zufolge fühlt sich das narzisstische Individuum ohne ein Objekt unvollständig.

4 De Botton, a. a. O.

5 Eine genauere Beschreibung dieses Typs finden Sie auf S. 46

6 Siehe Erich Neumann: *Die Ursprungsgeschichte des Bewusstseins*, Düsseldorf 2004. Die verwendeten Termini stammen nicht von Neumann, das Konzept wird hier nur sinngemäß angewendet.

7 Die Große Mutter ist ein Archetyp, der von Jung und anderen Tiefenpsychologen beschrieben wurde.

8 Wie sagt doch das italienische Sprichwort so schön? »In der Liebe gewinnt der, der sich zu entziehen weiß.« Die Macht innerhalb der Beziehung entsteht also aus der Fähigkeit, das eigene Interesse im Zaum zu halten.

9 Viele Frauen haben mir sehr ähnliche Geschichten erzählt: über Männer, die immer wieder für kurze Zeit aus der Beziehung »abtauchen«, sich dabei über ihr trauriges Dasein, die Last des Lebens und das Bedürfnis nach mehr Einsamkeit beschweren. Wenn man boshaft wäre, könnte man anfügen, dass es meist diese Zeit ist, in der sie versuchen, eine Beziehung mit jemand anderem aufzubauen.

10 Ob ein Mann monogam oder polygam lebt, hängt letztlich davon ab, welche frühkindlichen Erfahrungen er gemacht und welche familiären und persönlichen Wertvorstellungen er aufgebaut hat. Darüber hinaus spielen auch die Kultur, in der er lebt, sowie seine Lebenserfahrungen eine Rolle.

11 Interessant ist in dieser Hinsicht eine Aussage aus Galimbertis Buch über die Liebe. Galimberti meint, viele der oben geschilderten Verhaltensweisen seien einfach typisch für Männer. Ich persönlich allerdings schreibe sie eher narzisstischen Persönlichkeitsmustern zu. Galimberti behauptet – meiner Ansicht nach in recht pessimistischer Manier –: »Man verliebt sich in die Leere, nicht in die Fülle, denn Liebe ist Transzendenz, keine symbolische Zweierbeziehung [...] dann bedeutet das, dass Liebe nur dort entsteht, wo Konstruktion, Projektion, Erfindung und Entwurf möglich sind. Tatsächlich lieben wir nicht den anderen, sondern jeder liebt das, was er aus dem Material des anderen geschaffen hat.« Siehe Galimberti, a. a. O.

12 In *Geh nicht fort* von Margret Mazzantini ist die Frau des Protagonisten eine Person, die »keine Lust hat, sich diesen Augenblick der Hingabe zu verderben«. Der Protagonist beschreibt sie so: »Sie gehört mir nicht, hat mir nie gehört [...] Sie plagt sich ab, schwankt zwischen Neugier und der Angst zu leiden [...] Hinter so viel augenscheinlicher Klugheit verbirgt sich eine undurchdringliche Schicht, die taub macht, die Wahrnehmung blockiert: ihr Fluchtweg vor dem Leiden. Das sind die Augen, die sie zeigt, wenn sie in Schwierigkeiten ist, mit denen sie so tut, als verstünde sie mich, obwohl sie mich mit mir selbst allein lässt.« Siehe Mazzantini, a. a. O. Ihr, die trotzdem noch zu individualisiert erscheint, steht die Verkörperung der Echo gegenüber, die in Mazzantinis Roman den Namen »Italia« trägt, eine Frau, die ständig verfügbar ist und keinerlei eigene Identität besitzt. Sie lässt sich viel leichter lieben als die andere, weil sie dem Narzissten erlaubt, ihr überlegen und darüber hinaus der Einzige zu sein.

13 Auf den Seiten dieses Buches ist wenig von solchen »unbewussten« Paaren zu lesen, die gegenseitig Demütigungen und Gewalt einstecken, scheinbar ohne sich dessen auch nur bewusst zu werden. Solche Paare streben nie eine Therapie an und scheinen zu »funktionieren«. Die Partner leben nebeneinanderher und beklagen sich ständig über ihre Beziehung. Auf diese Weise bleiben die narzisstischen Züge latent vorhanden.

14 »Vittorio Foa sagte einmal, dass Freiheit bedeutet, nicht zu wissen, was man morgen tut. Vielleicht gibt es keine Freiheit. Zumindest denkt dies der Philosoph Cacciari. Aus ethischen Gründen, so meint er, sei es jedoch besser, man gehe von ihrer Existenz aus [...] Eine gewollte Entscheidung ist nicht immer eine freie Entscheidung [...] Die Freiheit beruht auf Zwängen: Vor deren Hintergrund können wir entscheiden.« (Cristina Koch, Psychologin und Psychotherapeutin, im persönlichen Gespräch). Freiheit wäre in diesem Fall also die Fessel, für die wir uns entscheiden.

15 Siehe dazu Zygmunt Bauman: *Identity: Conversations with Benedetto Vecchi*, Cambridge 2004.

16 Der Puer aeternus ist ein Archetyp, in dem nach C. G. Jung der Held, der göttliche Knabe, der Königssohn, die Gestalt von Hermes bzw. Merkur und die Figuren des Eros zu einer verschmelzen. Banal ausgedrückt ist der Puer ein Mann, der immer jungenhaft bleibt und stets eine vorläufige Existenz führt. In Wirklichkeit aber ist der Archetyp sehr viel komplexer.

17 Erteilen wir nochmals Galimberti das Wort: »Es ist uns bis auf wenige, kurze Augenblicke im Allgemeinen nicht vergönnt, ein und denselben Menschen gleichzeitig zu lieben und zu begehren. Denn die Liebe, die im Zeichen der Stabilität und der Ewigkeit entsteht, will just das, was das Begehren verweigert [...] Es sind nicht nur der Alltag, die Vertrautheit und die Gewohnheit in diesem Haus, die die Leidenschaft der Liebe zum Erlöschen bringen. Wir selbst wählen Alltag, Vertrautheit und Gewohnheit, um die Leidenschaft aus unserem Zufluchtsort zu verbannen und ihn so vor den Erschütterungen des Abenteuers zu schützen. Denn Sicherheit und Geborgenheit brauchen wir ebenso wie das Abenteuer.« Siehe Galimberti, a. a. O. Dieser Standpunkt ist meiner Ansicht nach machohaft und viel zu pessimistisch.
18 Nuria Barrios: »Letter from Home«, in: *Gli amori che abbiamo vissuto*, Parma 2004.

Das lange Goodbye: Der Narzisst und die Abwendung

1 Lou Andreas-Salomé: *Lebensrückblick*, Frankfurt a. M. 1968.
2 Die Wissenschaft geht davon aus, dass der Narzisst sein Leben um seine »Strategie der Flucht« organisiert. Diese verdeckt letztlich das Faktum, dass er am liebsten in die Kindheit zurückkehren würde, ins Stadium des Verschmolzenseins mit der Mutter. Andererseits ist dies auch der Grund, weshalb der Narzisst unfähig ist, seine erotischen und emotionalen Bedürfnisse unter einen Hut zu bringen.
3 In dem bereits zitierten Roman *Geh nicht fort* von Margret Mazzantini verliebt der narzisstische Protagonist sich in eine Frau ohne eigenen Willen oder eigene Persönlichkeit, die ebenso hässlich wie vulgär ist (»Italia war kein Nichts«), und sucht die Schuld dafür sofort bei seiner Frau: »Meine Erwartungen wurden nicht erfüllt. Kleine unbedeutende Unaufmerksamkeiten: Kein Getränk für mich im Kühlschrank, meine Badehose lag, noch vom letzten Mal, in der Sonne und bleichte aus [...] Ich hatte das Gefühl, nicht erwartet, nicht geliebt zu werden [...] Jetzt streichelte ich ihre Beine, spürte aber kein lustvolles Erschauern.«
4 Tahar Ben Jelloun: »L'amore stregato«, in: *Amori stregati*, Mailand 2003.
5 Ebenda.
6 Für den Narzissten ist Freiheit nur in Einsamkeit vorstellbar.
7 Im Griechischen bedeutet das Verb *phtheirein* sowohl »verführen« als auch »zerstören«.
8 Dimaggio et al., a. a. O.
9 Kohut spricht von einer unstillbaren Wut, die das Ich beherrscht. Die reife Aggression hingegen steht unter der Kontrolle des Ichs. Er zitiert zwei Bücher, in denen die Protagonisten von dieser narzisstischen Wut beherrscht werden: *Moby Dick* von Herman Melville und *Michael Kohlhaas* von Kleist. Er erwähnt auch die chronische narzisstische Wut, eine Form inneren Protests, die sich in isolierten oder kalkulierten Racheakten äußert.

10 »Die einfache Tatsache, dass der andere unabhängig oder anders ist, wird von einem Menschen mit stark narzisstischen Bedürfnissen bereits als Beleidigung erlebt.« Siehe Kohut: »Pensieri sul narcisismo e sulla rabbia narcisistica«, in: *The Search of the Self*, zitiert nach *Rabbia e vendicatività*, Turin 1982.

11 Alicia Giménez-Bartlett: »La frase mai detta«, in: *Gli amori che abbiamo vissuto*, Parma 2004.

12 Hillman, a. a. O.

13 »Der negative Senex ist der Senex, der von seinem eigenen Puer-Aspekt abgespalten ist. Er hat sein inneres Kind verloren [...] Ohne die Begeisterung und den Eros der Sohnesgestalt verliert die Macht ihren Idealismus. Dann ist sie nur noch auf Erhaltung bedacht, sie führt nur noch zu Despotismus und Zynismus. Denn Sinn kann sich nicht nur auf Struktur und Ordnung gründen [...] Die Sexualität wird ohne den jungenhaften Eros zum Gehabe eines alten Bocks, Schwäche zur Steifheit und kreative Isolation zur paranoiden Einsamkeit.« Siehe ebenda.

14 John Updike: *Couples*, New York 1996; deutsch *Ehepaare*, Reinbek 1969.

15 Wir können noch nicht einmal sicher sein, ob die Frau tatsächlich »kühl und rational« ist, wie C. sie beschreibt. In jedem Fall sieht er sie so, was ihm als Rechtfertigung dient, sich anders zu orientieren.

16 Mazzantini, a. a. O.

Die Frauen des Narzissten

1 Es kommt vor, dass die Frauen ihren Partner als Sohn behandeln und sich liebevoll um ihn kümmern, bis sie tatsächlich ein Kind bekommen. In diesem Augenblick beginnen sie, sich einen echten Partner zu wünschen, der ihnen hilft und sie unterstützt. Dann wird die mütterliche Hinwendung zum Partner unvermittelt aufgegeben, wodurch dieser sich betrogen und vernachlässigt fühlt.

2 Ich danke der Psychotherapeutin Cristina Koch, die mich auf den Aspekt aufmerksam gemacht und mich bei diesem Buch unterstützt hat.

3 Mit dem »negativen und stabilen intersubjektiven Feld« meine ich einen psychischen Raum, der von der Beziehung zwischen den beiden Partnern beeinflusst wird, von dem, was jeder der beiden einbringt. Dieses Feld wird auf der Zeitschiene aufrechterhalten: Es kann sowohl adaptiv (also positiv) als auch subtraktiv (also negativ) wirken. Anders gesagt sind damit die psychologischen Faktoren der Partner angesprochen, die den Lebensraum des Paares und den gemeinsamen Tanz beeinflussen und somit eine zusätzliche Werteebene schaffen.

4 Erich Neumann: *Amor und Psyche*, Freiburg ²1979.

5 Ebenda.

6 Gabriel García Márquez: *Erinnerungen an meine traurigen Huren*, München 2004.

7 Romana Petri: *Esecuzioni*, Rom 2005.

Das Paarspiel

1 De Botton, a. a. O.
2 Zygmunt Bauman: *Amore Liquido*, Bari 2003.
3 Andrea Camilleri: *La pazienza del ragno*, Palermo 2004.
4 Margaret Mahler, eine große Psychoanalytikerin, geht davon aus, dass alle Kinder in den ersten Lebensmonaten eine »symbiotische Phase« durchlaufen, die von vollkommener Abhängigkeit zwischen Mutter und Kind gekennzeichnet ist. Die Indianer Nordamerikas glauben, Mutter und Kind teilten während der ersten fünf Lebensjahre des Kindes dieselbe »Aura« und erführen daher dieselben Dinge. Sie gehen davon aus, dass Männer von der Frau, mit der sie Sex haben, eine Art symbiotischer Abhängigkeit entwickeln. Im Fall der narzisstischen Beziehung allerdings können wir von einer kulturell anderen Situation ausgehen, in der die symbiotische Beziehung mehr oder weniger krankhaft ausfällt.
5 So nennt Annamaria Bernardini de Pace in ihrem Buch *Calci nel cuore*, Mailand 2004, familiäre Grausamkeit und Mobbing. Gerade an solchen Beziehungen ist meist ein narzisstischer Mann beteiligt.
6 Katia war schon bei einer Sexualberaterin, die ihr geholfen hatte einzusehen, dass die sexuellen Probleme mit ihrem Mann nicht ihre Schuld seien und sie die ständige Kritik ihres Mannes keineswegs verdiene. In der therapeutischen Arbeit beschlossen Katia und ich gemeinsam, dass es wichtig wäre, an ihrem Selbstgefühl zu arbeiten, ihrer Selbstachtung und ihrer Bereitschaft, sich aufzuopfern. Wir arbeiteten auch an ihrem Teil der Verantwortung für das Paarspiel, welches ihren Mann zum Täter und Katia zum Opfer machte, das es nicht besser verdient.

Fallen für die Partnerin

1 Man denke nur an den Film »Kramer gegen Kramer« von Robert Benton.
2 Von »Abhängigkeit« spricht man, wenn ein Mensch das tut, was ein anderer möchte, von »Co-Abhängigkeit« bzw. »Koabhängigkeit«, wenn er das Gegenteil von dem tut, was ein anderer will. Natürlich gibt es auch die Möglichkeit der Unabhängigkeit (»Ich tue, was ich für richtig halte und was mir Freude macht, unabhängig von anderen«) und der wechselseitigen Verbundenheit (»Ich tue, was ich für richtig halte, nachdem ich es mit den Bedürfnissen des Partners abgeglichen habe«). Allgemein versteht man unter dem Begriff »Co-Abhängigkeit« zweierlei: einerseits die Situation des engen Umfelds von Suchtkranken (also die Lage ihrer Partner, Kinder oder Eltern), andererseits eine Liebes- oder Beziehungssucht, die im Extremfall so weit gehen kann, dass man an einer Partnerschaft festhält, obwohl man an ihr zu zerbrechen droht.

Überlebensstrategien

1 An dieser Stelle möchte ich Frau Dr. Serena Dinelli danken, die als klinische Psychologin tätig ist und mit deren Hilfe ich in zahlreichen Diskussionen die im Folgenden vorgestellten Aspekte ausgearbeitet habe.
2 Ich danke Stella Vordemann, die jede Seite dieses Buchs aufmerksam gelesen hat.
3 Zygmunt Bauman: *Flüchtige Moderne*, Frankfurt a. M. 2007.
4 Nach Freud ist das Lustprinzip dem Realitätsprinzip konträr. In den ersten Lebensmonaten strebt das Kind nach unmittelbarer Befriedigung, doch wenn es älter wird, lernt es, die Befriedigung des Lustprinzips auf später zu verschieben, wodurch ihm die Anpassung an die Wirklichkeit erleichtert wird.

Die Narzisstin in uns

1 Jane Fonda: *My life so far*, New York 2005.
2 Anaïs Nin und Henry Miller: *A Literate Passion*, Fort Washington 1989; deutsch: *Briefe der Leidenschaft*, München 2000.
3 An dieser Stelle möchte ich Sandra Sassaroli danken, der bekannten Psychotherapeutin und guten Freundin, die mir viele nützliche Hinweise gegeben hat.
4 Ich bin fest davon überzeugt, dass Mädchen heute besser aufs Leben vorbereitet werden als Jungen, weil Mütter im Allgemeinen umso weniger Toleranz zeigen, je mehr das Kind ihr eigenes Abbild ist, und mehr Freiraum einräumen, je weniger weit es sich davon entfernt. Diese Strenge zu sich selbst lässt den Mädchen eine »bessere Erziehung« zuteil werden.
5 Vor kurzem gab es in Spoleto eine Ausstellung über »Wissenschaftlerinnen, denen der Nobelpreis verweigert wurde«. Unter den Frauen, die bahnbrechende Entdeckungen machten und den Preis trotzdem nicht erhielten, waren unter anderem: die Kristallographin Rosalind Franklin, die Biologin Nettie Maria Stevens, die Astronomin Annie Jump Cannon, die Astrophysikerin Jocelyn Bell Burnell und die Physikerinnen Lise Meitner und Chien-Shiung Wu. Keine jener Frauen hat je öffentlich gegen diese Ungerechtigkeit protestiert.
6 Oder – wie meine Freundin Chiara sagt –: »Solange es Filme gibt wie ›Fluss ohne Wiederkehr‹, werden wir Frauen uns anstrengen müssen, um den Fallen der Männergesellschaft zu entkommen und uns zur perfekten ›Narzisse‹ zu entwickeln.«
7 Ulrich Beck: *Risikogesellschaft – Auf dem Weg in eine andere Moderne*, Frankfurt a. M. 1986.
8 Zygmunt Bauman: *La società sotto assedio*, Bari 2003.
9 Beck, a. a. O.
10 Bauman, a. a. O.
11 Fonda, a. a. O.
12 Vgl. Clarissa Pinkola Estés: *Die Wolfsfrau*, München 2008.

13 Ebenda.
14 Mein Freund Dario D'Inerti, der ein großer Filmkenner vor dem Herrn ist, hat mich noch auf ein paar weitere Filme hingewiesen: Bette Davis in »Alles über Eva«, Vivien Leigh in »A Streetcar Named Desire«, Sigourney Weaver in »Die Waffen der Frauen«, Glenn Close in »Gefährliche Liebschaften« und »Schlagzeilen«, Demi Moore in »Enthüllung« und Katharine Hepburn in »Leoparden küsst man nicht«.

Ein brillantes Plädoyer für eine werteorientierte Erziehung

320 Seiten. ISBN 978-3-422-33840-5

Viele Eltern vermitteln ihren Kindern, sie seien etwas ganz Besonderes, und versuchen gleichzeitig, ihre Kinder vor jeder Niederlage zu schützen. Die Folge einer solchen Erziehung bewirkt in den Kindern das, was Polly Young-Eisendrath »die Selbstwert-Falle« nennt: eine Gefühlsmischung aus Selbstbezogenheit und Selbstüberschätzung, Versagensängsten und Überforderungsgefühlen.
Polly Young-Eisendrath zeigt, welche Werte und Maximen wieder in den Vordergrund rücken müssen, damit aus den Kindern von heute starke Erwachsene werden.

Überall, wo es Bücher gibt und unter www.arkana-verlag.de

Noch mehr Tipps vom Hundeflüsterer

384 Seiten. ISBN 978-3-422-33782-8

In seinem zweiten Buch beantwortet Cesar Millan die wichtigsten Fragen, die einen Hundefreund bewegen: Wie erlange ich jene ruhig-bestimmte Energie, die bei der Führung von Hunden unabdingbar ist? Wo liegt bei einem Tier die Grenze zwischen persönlicher Eigenart und Instabilität? Warum ist Disziplin wichtig, Bestrafung dagegen kontraproduktiv? Cesar Millan weiß: Wer seinen Hund zu führen vermag, kann in der Regel auch andere Menschen anleiten und – vielleicht noch wichtiger – sich selbst.

»Wenn Cesar kommt, herrscht Hundechaos. Wenn er geht, herrscht Frieden.«
The New Yorker

Überall, wo es Bücher gibt und unter www.arkana-verlag.de

Das Praxisbuch zeigt ungeahnte Möglichkeiten, sich für Verbindung und Nähe zu öffnen

ISBN 978-3-442-33754-5

Eva-Maria Zurhorst und ihr Mann Wolfram zeigen, wie Ihre Partnerschaft durch Beziehungskrisen neue Kraft und Tiefe gewinnen kann. Denn gerade die Krisen rütteln uns wach, lassen uns tiefere Aspekte unserer Persönlichkeit entdecken und bergen das größte Potenzial für gemeinsames Wachstum. Freuen Sie sich mit Eva-Maria und Wolfram Zurhorst auf das Abenteuer Ehe-Alltag!